本书为国家社科基金项目
"基于政务新媒体应用规范化的基层政府减负机制研究"
（项目编号：20BZZ088）的最终成果

TOWARDS
DIGITAL
EMPOWERMENT

THE NEW TECHNOLOGICAL APPLICATION LOGIC
FOR REDUCING BURDENS AT THE GRASSROOTS LEVEL

走向数字赋能

基层减负的新技术应用逻辑

钟伟军 著

北京大学出版社
PEKING UNIVERSITY PRESS

图书在版编目(CIP)数据

走向数字赋能：基层减负的新技术应用逻辑 / 钟伟军著. -- 北京：北京大学出版社，2025.4. -- ISBN 978-7-301-36057-6

Ⅰ．D261.3

中国国家版本馆 CIP 数据核字第 20259W6K35 号

书　　　名	走向数字赋能：基层减负的新技术应用逻辑 ZOUXIANG SHUZI FUNENG：JICENG JIANFU DE XINJISHU YINGYONG LUOJI
著作责任者	钟伟军　著
责任编辑	朱梅全
标准书号	ISBN 978-7-301-36057-6
出版发行	北京大学出版社
地　　　址	北京市海淀区成府路 205 号　100871
网　　　址	http://www.pup.cn　新浪微博：@北京大学出版社
电子邮箱	zpup@pup.cn
电　　　话	邮购部 010-62752015　发行部 010-62750672　编辑部 021-62071998
印刷者	北京鑫海金澳胶印有限公司
经销者	新华书店
	730 毫米×980 毫米　16 开本　19.5 印张　290 千字 2025 年 4 月第 1 版　2025 年 4 月第 1 次印刷
定　　　价	78.00 元

未经许可，不得以任何方式复制或抄袭本书之部分或全部内容。
版权所有，侵权必究
举报电话：010-62752024　电子邮箱：fd@pup.cn
图书如有印装质量问题，请与出版部联系，电话：010-62756370

目　录

绪论 ... 001

第一章　新技术之于政府治理：赋能抑或增负？ ... 027
　　第一节　信息技术发展及政府的技术应用 ... 030
　　第二节　新技术对政府治理的赋能效应 ... 044
　　第三节　增负效应：被忽略的新技术背面 ... 052

第二章　新技术增负的技术—制度—行动者逻辑 ... 061
　　第一节　新技术运用中的技术—制度逻辑 ... 063
　　第二节　技术—制度—行动者框架及其运作逻辑 ... 075
　　第三节　技术—制度—行动者框架下的新技术
　　　　　　增负逻辑 ... 085

第三章　隐形的压力：基层政府数字负担的现状 ... 095
　　第一节　基层政府技术负担的界定与研究设计 ... 098
　　第二节　实证分析：基层政府的新技术负担
　　　　　　及其影响 ... 111
　　第三节　基层政府新技术负担成因的扎根分析 ... 123

第四章　制度塑造技术：新技术的项目化嵌入与基层增负　135

第一节　新技术的嵌入及其增负效应　138

第二节　项目化：政府权威主导下的新技术嵌入模式　144

第三节　案例分析：智治平台项目化嵌入的过程和结果　151

第四节　新技术项目化嵌入的基层增负及其反思　163

第五章　被困的行动者：数字技术运行中的基层增负　175

第一节　新技术环境下基层政府的行动能力与转型　178

第二节　新技术环境中的制度空间转型与增负效应　187

第三节　案例分析：新技术的空间挤压效益与基层政府应对　193

第四节　技术增负：新技术下基层行动者空间困境反思　203

第六章　为形式所累：基层常规任务中的新技术负能　213

第一节　基层日常工作中的电子形式主义及其表现　216

第二节　基层常规任务的运作与电子形式主义　222

第三节　案例分析：常规任务的技术化与基层电子形式主义　233

第四节　任务的异化：基层电子形式主义的生产机制反思　239

第七章　应用规范化：基层新技术负能的专项整治　251
　　第一节　基层新技术负担的专项整治　253
　　第二节　基层新技术负担专项整治的基本内容　262
　　第三节　基层新技术负担专项治理的反思　273

第八章　走向赋能：新技术基层减负的对策建议　279
　　第一节　新技术在基层嵌入的模式转型　281
　　第二节　新技术在基层的运行机制变革　288
　　第三节　新技术赋能基层治理的行动者网络建构　295

后记　304

绪　论

在过去几十年时间里,在我们生活的这个世界,最显著、最深刻的变化莫过于日益先进的数字化技术正以超乎想象的速度和程度与我们每一个人发生联系。新技术的触角已经渗透到了世界的各个角落,进入我们生活的方方面面,并以悄无声息的方式改变着原本的社会结构,改变着人与人之间的交往模式和思维习惯,也改变着个人、组织和群体的行动逻辑。托夫勒(Alvin Toffler)把互联网的兴起视为人类进入"第三次浪潮"的核心推动力,认为新的信息化时代是一个"非群体化传播工具时代","一个新的信息领域与新的技术领域一起出现了,而且这将对所有领域中最重要的方面——人类的思想,发生非常深远的影响。总之,所有这一切变化,变革了我们对世界的看法,也改变了我们连接世界的能力"[①]。

以数字化名义的各种新技术工具从兴起的那一刻起就注定会对公共治理产生深刻的影响。新技术高度交互性、去中心化、即时性等特征被不少人视为数字化治理的标志。而近年来,信息化工具的迭代升级也一直没有中断过,与人工智能日益深入融合,在技术上发生了惊人的变化,但其产生的影响一直是一个颇具争议的问题。对基层政府来说,尽管不少时候对这些新技术的反应似乎要慢半拍,但在数字化治理大潮的推动下,各种新应用也不断进入基层,作为一种赋能增效的工具被广泛应用,新技术的嵌入被广泛地认为大大提升了基层治理的效率和民主化水平。然而,从基层政府的角度来说,新的技术在提升其效能的同时,可能带来的压力和负担是一个值得关注的问题,其中的"苦涩"和"不可承受之重"为基层干部所诟病。

---

① 〔美〕阿尔温·托夫勒:《第三次浪潮》,朱志焱等译,生活·读书·新知三联书店 1983 年版,第 225 页。

一、研究背景与问题的提出

（一）研究背景

基层政府处于国家正式权力体系与社会的交切面，犹如政府体系的"神经末梢"，是社会稳定、和谐的基石，基层稳，则国家安，尤其是对于我国这样一个超大型的发展中国家来说，基层政府无疑在我国政府组织制度中有着非常重要的战略地位。[①] 基层治理体系和治理能力现代化在很大程度上影响着我国国家治理体系和治理能力的现代化。2021年4月印发的《中共中央、国务院关于加强基层治理体系和治理能力现代化建设的意见》强调必须统筹推进基层治理，不断增强基层政权的行政执行能力、为民服务能力、议事协商能力、应急管理能力和平安建设能力。然而，长期以来，我国基层政府一直处于一种"小马拉大车"的负重运作状态[②]，在我国特殊的条块分割结构体系下，在压力型权力运作逻辑中，基层政府面临着治理负荷沉重、正式治理资源匮乏以及治理规则的复合性的结构性困境[③]。一方面，在自上而下的加压加温机制作用下，各种任务伴随着责任层层向基层政府转移；另一方面，与这种权责相对应的资源和权力并没有同时下沉。近年来，随着国家在基层社会的"返场"，大量公共职能和事务重新被纳入科层治理的议程，基层政府面临的这种困境似乎更加突出。[④]

基层政府普遍负担过重、动力不足，从而影响到基层治理的效能，引起了中央的高度重视。[⑤] 2019年3月，中共中央办公厅印发了《关于解决形式主义突出问题为基层减负的通知》，将2019年定为"基层减负年"。过去的几年，习近平总书记在不同场合多次提到"基层减负"，强调解决基层形

[①] 周雪光：《基层政府间的"共谋现象"——一个政府行为的制度逻辑》，载《社会学研究》2008年第6期。

[②] 丁煌、卫劭华：《"小马拉大车"：本土情境中基层政府的负重运作现象考察——基于W区Q镇环保项目推进案例的实证分析》，载《行政论坛》2021年第2期。

[③] 狄金华：《农村基层政府的内部治理结构及其演变》，载《北京大学学报（哲学社会科学版）》2020年第2期。

[④] 杨磊：《返场、控制与捆绑：乡镇干部的压力源及其解释》，载《公共管理与政策评论》2020年第1期。

[⑤] 毛寿龙：《基层减负的秩序维度》，载《人民论坛》2019年第31期。

式主义和官僚主义问题,让基层干部轻松上阵。2022年3月,中央层面整治形式主义为基层减负专项工作机制会议举行,其中肯定了过去三年基层减负方面取得的成效,但是,基层负担过重问题依然值得高度关注。2023年中央一号文件——《中共中央 国务院关于做好2023年全面推进乡村振兴重点工作的意见》也特别强调基层减负问题,要求切实整治基层中存在的各类形式主义、官僚主义等问题,尤其是基层中存在的迎评送检、填表报数、过度留痕等负担,使基层干部真正把精力放在谋发展、抓治理和办实事上来。① 2024年中央一号文件也强调要解决基层"小马拉大车"等问题。减轻基层负担和各种形式主义已经成为激发干部担当作为的重要手段。②

（二）问题的提出

如何有效地减轻基层政府的负担？这是一个非常复杂的问题,从根本上来说,解决这一问题需要通过全面深化改革,不断优化条块关系与纵向政府之间的权责关系,完善相关的制度机制。然而,随着近年来新技术的不断发展和日益渗透,似乎让不少人看到了新的方向和路径,作为效率代表的、基于现代信息技术的新技术被不少人寄予了越来越大的期待。过去的十年左右时间,微信、政务App、钉钉等政务新技术在基层治理中得到了越来越广泛的运用,"互联网+"一夜之间成为基层治理变革的代名词。运用新技术的手段推动治理体系和能力现代化的重要性不断被强调,甚至在一些人眼中,治理现代化就是信息化。在实践中,一些地方政府积极运用新技术推进基层治理的变革,在大数据、政务云等技术的支撑下,各种智能化终端、政务App和信息化平台在基层得以日益广泛的运用,成为基层治理改革的重要浪潮。然而,近年来基层治理的这种打着信息化名义的技术应用创新似乎总是给人一种困惑：一方面,几乎所有的基层都不同程度地从硬件上实现了信息化,各级政府不遗余力地通过自上而下的行政手段推动各种新技术应用的落地,为公众提供更加快捷的服务,实现基层联动综合执法,提升基层政府为民服务的能力;另一方面,新技术的运用似乎并没

---

① 《中共中央 国务院关于做好2023年全面推进乡村振兴重点工作的意见》,https://www.gov.cn/zhengce/2023-02/13/content_5741370.htm,2023年5月10日访问。

② 沈童睿等:《基层减负担 干部添动力》,载《人民日报》2024年1月16日第19版。

有带来令人期待的基层减负效果。

不可否认的是,正如一些研究表明的那样,即使在明显缺乏利润动机和竞争压力的情况下,互联网和新技术的应用能帮助政府用更少的资源做更多事情①,大量新的技术在基层治理中的广泛应用,大大提升了基层政府服务的效能,有效地促进了基层治理中的沟通与参与。但是,不可忽视的是,旨在增效的新技术在实践中不少时候反而增加了基层政府的压力,形成了新技术应用中的效率悖论,产生了明显的增负效应。② 大量新技术在基层的广泛应用在提升基层治理效率的同时也给基层政府增添了新的负担,政务 App、微信信息过载,各种"指尖任务"纷至沓来,一些电子形式主义相伴相随,让一些基层政府疲于应付、不堪重负,③新的技术在不少时候成为绑定基层干部的工具。发挥新技术在基层治理中的增效功能,成为基层减负面临的新的课题。我们想要探讨的是:为什么作为效率象征的新技术嵌入基层在很多时候反而增加了基层的负担?新技术应用与基层政府增负之间到底存在着怎样的机理?在新的技术环境下,到底应该如何在充分发挥新技术提升治理效能的同时又避免可能的负面效应,从而真正实现对基层政府的赋能?

二、文献综述

近年来,基层政府减负是学界关注的重要议题。④ 如何有效地减轻基层政府的压力或负担、激发基层治理的活力一直为我国学界孜孜不倦探索的问题,尤其是 2019 年中央提出"基层减负年"并大力推进基层减负的各项举措以来,对这一问题的研究成为一个热点,并取得了丰富的成果,具体来说,与本研究密切相关的成果主要体现在以下几个方面:

---

① A. F. V. Veenstra, U. Melin, & K. Axelsson, Theoretical and Practical Implications from the Use of Structuration Theory in Public Sector Information Systems Research, The European Conference on Information Systems(ECIS), 2014, pp. 1-11.
② 付建军:《社区治理中的信息技术效率悖论及其形成逻辑》,载《探索》2019 年第 6 期。
③ 王丛虎:《警惕"指尖上的形式主义"》,载《人民论坛》2019 年第 S1 期。
④ 周振超、黄洪凯:《条块关系视域下基层政府负担繁重的成因与治理对策》,载《广西师范大学学报(哲学社会科学版)》2023 年第 1 期。

（一）基层政府的多重负担及其表现

基层政府的负担问题自20世纪80年代以来一直是学界所关注的热点，不少有关基层治理的研究对此都有涉及。"上面千条线，下面一根针"是基层政府负荷重最形象的描述。近几年相关的研究更加系统和深入，总结起来，在既有的成果中，基层政府的这种负担主要表现在以下几个方面：

1. 权小责任重

大量的学者对基层政府面临的权小事多状态进行了深入分析。乡镇、街道是我国最底层的正式权威体系，作为基层人民政府的乡镇和街道更多地体现在对上执行和对下服务。① 尽管20世纪80年代以来，一些权力，如行政领导权、监督检查和制约权以及一些执法权被有意识地向基层下放，但是，这些权力并没有得到充分的体现。② 尤其是农业税改革以后，农村地区基层政权的权力和能力进一步弱化，基层政府的资源汲取能力、社会服务能力、社会规范与社会控制能力不断弱化③，基层组织演变为松散的"悬浮型"政权④。与此形成鲜明对比的是，大量的任务不断层层下压，最终都落在基层政府头上。政府机构根据每年确定的工作重点，给基层政府下达各种任务，包括税收、经济增长、计划生育等。⑤ 由于条块关系的分割和离散特性，来自不同条线的大量任务移到基层，乡镇干部需要同时完成不同类型的工作，陷入分身乏术的困境。⑥ 既包括各种必须不计成本、不惜代价去完成的"中心任务"或"中心工作"⑦，又包括大量存在的常态

---

① 《地方政府与政治》编写组编：《地方政府与政治（第二版）》，高等教育出版社2018年版，第225页。
② 何艳玲：《都市街区中的国家与社会：乐街调查》，社会科学文献出版社2007年版，第67—69页。
③ 杨善华、苏红：《从"代理型政权经营者"到"谋利型政权经营者"——向市场经济转型背景下的乡镇政权》，载《社会学研究》2002年第1期。
④ 周飞舟：《分税制十年：制度及其影响》，载《中国社会科学》2006年第6期。
⑤ 吴理财：《县乡关系的几种理论模式》，载《江汉论坛》2009年第6期。
⑥ 杨磊：《返场、控制与捆绑：乡镇干部的压力源及其解释》，载《公共管理与政策评论》2020年第1期。
⑦ 吴毅：《小镇喧嚣——一个乡镇政治运作的演绎与阐释》，生活·读书·新知三联书店2007年版，第6—17页。

化、常规化、琐碎性、日常性的"细事"或"一般任务"①。这些一般性的任务一旦低于基本的"及格线"要求，也可能带来明显的负面影响。② 随着属地化责任的不断强化，基层政府的"无限责任"往往掩盖了清晰的规则。③ 结果，基层政府承担了大量的、繁杂的任务，却没有被授予必要的权力，上级要求基层政府必须按时按量及时完成任务的同时，却没有给予基层政府保障任务完成的充分手段和权力④，权责失衡，这是基层政府负担重的重要表现⑤。

2. 钱少事情多

与权小责任重相对应的是基层政府相对匮乏的资源窘境。20 世纪 90 年代后期开始，随着乡镇机构人员不断扩张，一些乡镇出现了"有政无财"的局面，财政总支出大于总收入，部分基层政府处于负债运转状态。⑥ 负债运行使得不少乡镇陷入困局，部分地方乡镇政府甚至一度出现了日常运行都难以维持的生存危机⑦，这在 20 世纪 90 年代到 21 世纪初曾引发较大关注。随着农村税费制改革"乡财县管"的推行，乡镇政府"空壳化"现象被学界所关注，在资源匮乏和"一届政府一届财政"的双重压力下，获取经费成为一段时间基层政府运行中日益重要的"中心任务"。⑧ 在农村税费制改革后，基层政府过去依靠收取税费来维持运转，如集资、收费、配套费、捐款、借款等手段来"生存"的空间越来越小，不得不转为依靠上级的转移支付。⑨ 党的十八大以来，中央大力推进乡村振兴战略，推动各种资源向基

---

① 陈玉生：《细事细治——基层网格化中的科层化精细治理与社会修复》，载《公共行政评论》2021 年第 1 期。
② 陈科霖、谷志军：《多元政绩竞赛：中国地方官员晋升的新解释》，载《政治学研究》2022 年第 1 期。
③ 潘桐：《流动的责任边界：基层政府的业务与政治》，载《社会》2023 年第 3 期。
④ 贺雪峰：《基层"责大权小利少"合理吗?》，载《决策》2015 年第 5 期。
⑤ 吕健俊、陈柏峰：《基层权责失衡的制度成因与组织调适》，载《求实》2021 年第 4 期。
⑥ 欧阳静：《资源匮乏、目标多维条件下的乡镇政府运作》，载《改革》2011 年第 4 期。
⑦ 赵树凯：《乡镇治理与政府制度化》，商务印书馆 2010 年版，第 105—127 页。
⑧ 欧阳静：《策略主义——桔镇运作的逻辑》，中国政法大学出版社 2011 年版，第 112 页。
⑨ 周飞舟：《从汲取型政权到"悬浮型"政权——税费改革对国家与农民关系之影响》，载《社会学研究》2006 年第 3 期。

层下沉,基层的这种困境得到了缓解,但又陷入疲于应付、忙而无效的状态。① 受制于"以县为主"的项目制运作形式,基层政府在资源运作中的话语权基本缺失,项目资金并不构成基层政府的治理资源。② 甚至有时候,国家资源下乡总量越大,而由于能力和人员有限,基层政府越难以承接这些资源。③ 与此同时,各种事务和任务大量下沉到基层,加大了资源的压力。在这种资源压力下,基层政府往往必须通过各种正式和非正式的手段以维持运转或解决各种资金"缺口",如基层政府中存在的一些"化缘"行为。④

3. 为形式所累

为形式主义所累是基层负担的重要表现,基层干部把大量的精力耗费在脱离实际、缺乏治理实效的形式主义方面,突出表现是会议多、文件多、检查评比多。⑤ 首先表现在台账多。各种形式化的台账层出不穷,基层干部不得不花费大量的精力来填写各种表格,编写各种文字档案和记录等,编写大量重复的文件以及重复记录相同主题的会议内容。⑥ 通过制造表格来建构问题,通过表格来推动基层改革行动成为基层治理中的一大问题,基层一定程度上出现"表僚主义"。⑦ 新技术的应用在基层同样催生了各种"指尖形式主义"。⑧ 其次是形式化的检查应对。一段时间以来,基层工作中出现"会做的不如会说的,会干的不如会写的,会抓的不如会吹的"

---

① 林彬、刘红波:《逆向压力型体制与农村基层政府空转执行的形成逻辑——基于粤西L镇数字资源下沉的考察》,载《经济社会体制比较》2023年第3期。
② 李祖佩:《乡村治理领域中的"内卷化"问题省思》,载《中国农村观察》2017年第6期。
③ 陈锋:《分利秩序与基层治理内卷化 资源输入背景下的乡村治理逻辑》,载《社会》2015年第3期。
④ 田先红:《弹性财政:基层化缘行为及其解释》,载《西北大学学报(社会科学版)》2021年第2期。
⑤ 周振超、张金城:《职责同构下的层层加码——形式主义长期存在的一个解释框架》,载《理论探讨》2018年第4期。
⑥ 于君博、戴鹏飞:《"台账"的逻辑:科学管理还是形式主义》,载《新视野》2019年第4期。
⑦ 张乾友:《"表僚主义"论》,载《公共管理与政策评论》2022年第5期。
⑧ 赵玉林、任莹、周悦:《指尖上的形式主义:压力型体制下的基层数字治理——基于30个案例的经验分析》,载《电子政务》2020年第3期。

现象①，一些文字工作很大程度上与实际工作状况、工作成效没有关系，只是为了应对上面的检查临时做的"作业"。② 一些时候上级所强调的"精准"只是数字化和指标性的衡量标准，注重文本数据的考核而忽略实际绩效的考察，使得基层不得不把精力放在造材料、编数据等表面工作上。③ 再次是各种形式主义的会议。频繁开会、层层开会、开长会、为了开会而开会、会议实效差，这些成为基层干部为形式主义所累的重要表现。④ 基层干部困于会议室，面临不小的会议负担，这种负担对基层干部的工作目标进展产生了较为显著的负面影响。⑤ 近些年中央强调基层减负，减少不必要的会议，但是一些会议依然占据了基层干部大量时间，特别是"一把手"召集的会议和各种培训会议。⑥ 最后是各种文件多。下发的文件多，甚至产生了一些"反效率"的冗余性文件。⑦

（二）基层政府负担的逻辑与机理

为什么基层政府和基层干部压力重重？学界基于我国特殊政府权责结构和基层治理体系，对基层政府负担的内在逻辑进行了卓有成效的研究，尽管一开始，不少成果并没有提出"基层负担"这一专门的概念，也没有针对这一问题进行专门的剖析，但是，大量的研究对于基层承载的压力和负担都或多或少有所涉及，内含的逻辑对于基层负担这一问题有深刻的启示，而近年来，对这一问题的研究逐渐系统和深入。

---

① 赵聚军：《基层形式主义顽疾：行动逻辑、诱发机制与治理之道》，载《国家治理》2021年第3—4期。

② 欧阳静：《"做作业"与事件性治理：乡镇的"综合治理"逻辑》，载《华中科技大学学报（社会科学版）》2010年第6期。

③ 胡平、李兆友：《基层嵌入式扶贫的形式主义困境与精准治理——基于20起扶贫领域形式主义典型案例的分析》，载《东北大学学报（社会科学版）》2020年第5期。

④ 胡威、唐醒：《我国基层会议减负效果的实证研究——基于A省780名社区党支部书记的调查》，载《中国行政管理》2021年第1期。

⑤ 胡威：《困于会议室——会议负担对基层公务员创新行为的影响机制》，载《学术研究》2020年第6期。

⑥ 麦佩清：《"基层减负年"减负了吗？——基于某直辖市A区259个社区的调研》，载《公共管理评论》2020年第3期。

⑦ 李伟、张程、陈那波：《文件精简何以失败：基层政府文件的冗余性生产及其机制研究——基于A区区镇两级政府的案例研究》，载《中国行政管理》2022年第2期。

1. 压力型体制

为什么基层政府会呈现出重负荷的状态?"压力型体制"这一概念和逻辑的提出无疑是最有影响力和说服力的。早在20世纪末这一概念就被荣敬本、杨雪冬等学者提出来了,认为它是改革开放以后,出于发展和经济赶超压力,各级政府借助强大的政府权威,把上级的各种指标分解为数量化的具体任务,以层层加压的方式实现目标的管理方式和物质化的评价体系。① 这一概念生动地描绘出了我国各级政府是如何在各种压力的驱动下运行的。这种压力来源于几个方面:一是自上而下的经济发展压力以及与之相伴随的考核压力;二是横向政府之间的竞争带来的压力;三是自下而上的社会诉求压力②,其中自上而下的政治行政命令是最核心的压力③。而基层政府正是处于三股压力的末端承载者。"压力型体制"的概念一经提出,在学界就得到了广泛认同,可以说,近年来大多数有关基层政府的研究都或多或少地受到这一逻辑的影响。后续的有关基层政府负担的研究在很大程度上都是在这"大框架"下具体深入地展开的,尤其是自上而下的压力以及相关考核,被认为是基层负担最根本的源头。大量的研究基于压力型体制的分析逻辑对基层政府的负担进行了非常细致深入的分析。

2. 目标责任制

目标责任制可以视为压力型体制研究的进一步深化和细化,是从任务分解和考核的运行过程对基层政府重负荷的机理进行了更为深入的剖析。一些学者注意到,在我国压力型体制的运行实践中,上级政府为了完成其发展目标,出于操作的便利性和简单化,会把这些目标化约为具体的指标和责任,并与下级政府签订目标责任书,要求下级政府如期完成,并进行严格的考核,奖优罚劣。④ 基于这种分析切入点,一些学者对基层政府的负担进行了更加深入的剖析,如张汝立的研究注意到,基层政府的负担和压

---

① 荣敬本等:《从压力型体制向民主合作体制的转变》,中央编译出版社1998年版,第28页。
② 杨雪冬:《市场发育、社会生长和公共权力构建》,河南人民出版社2002年版,第213页。
③ 杨雪冬:《压力型体制:一个概念的简明史》,载《社会科学》2012年第11期。
④ 徐勇、黄辉祥:《目标责任制:行政主控型的乡村治理及绩效——以河南L乡为个案》,载《学海》2002年第1期。

力很多时候来源于上级政府提出的一些不适当的目标要求,但是由于这些目标本身具有绩效评价作用,因此,在这种"激励—绩效—满意"模式压力下,农村基层政府在如何完成这种目标要求的手段选择上出现偏差。① 之后,王汉生、王一鸽对这一问题进行了系统深入的分析,把目标—责任视为压力型体制最为重要的运行方式和路径。目标责任制以构建目标体系和实施考评奖惩作为其运作的核心,它在权威体系内部以及国家与社会之间构建出一整套以"责任—利益连带"为主要特征的制度性联结关系,进而对基层政府的运行以及地方社会的治理等产生了一系列重要而复杂的影响,基层政府的压力在很大程度上源于这种指标体系的层层分解和压力的层层传递。② 这种目标责任制已经成为最常见的加温加压手段之一,几乎渗透到基层政府运行中的每一个领域和环节,导致"责任状"过滥、过杂,使乡镇基层行政干部忙于应付,隔三岔五就要准备材料、开会汇报、陪同检查,不堪重负。③ 通过这种目标责任制,大量的任务层层下压,这种目标责任甚至细化到具体时间、具体的人、具体的事件,包时间、包责任、包结果,具有代表性的就是基层信访治理中的包保责任制。④ 与此同时,基于这种目标责任制的问责将大量模糊性任务引入监督范围,在可监督性不强但合规成本较高的情况下,出现了基层超负的后果。⑤

3. 竞争机制

与不少学者完全从自上而下的纵向政府间关系来探讨基层政府的压力不同,另一些学者侧重于基于政府之间横向的竞争关系来解释这一问题。越来越多的学者注意到,与过去计划经济环境下横向政府之间的封闭状态不同,改革开放以后,中央政府对地方政府官员的监督不但没有弱化,

---

① 张汝立:《目标责任制与手段选择的偏差——以农村基层政权组织的运行困境为例》,载《理论探讨》2003年第4期。
② 王汉生、王一鸽:《目标管理责任制:农村基层政权的实践逻辑》,载《社会学研究》2009年第2期。
③ 袁刚:《"责任状"过多过杂,基层干部该"减负"》,载《人民论坛》2018年第11期。
④ 田先红:《基层信访治理中的"包保责任制":实践逻辑与现实困境——以鄂中桥镇为例》,载《社会》2012年第4期。
⑤ 吕德文:《监督下乡与基层超负:基层治理合规化及其意外后果》,载《公共管理与政策评论》2022年第1期。

反而通过新的干部人事机制使得这种监督比计划经济时代更加完善了。①围绕着晋升目标,地方官员之间展开了较为激烈的竞争,这是一种特殊的激励模式,地方官员为了获得更大的晋升机会,会全力投入到与其他地方政府之间"没有最好,只有更好"的经济发展竞赛之中。② 在这种强大的竞争压力下,为了在"晋升锦标赛"中取得晋升的资本、建立竞争优势,地方政府官员必然会使出浑身解数,力求取得好的政绩,如通过各种手段和方式把任务层层下压,以加温加压的方式实现快速发展,这必然使得处于行政发包和"晋升锦标赛"双重约束和挤压下的基层政府面临责任大、权力小、负担重的现实困境。③

这种"政治锦标赛"不仅限于经济发展领域,在社会治理领域同样如此,不少地方通过信访排名和"一票否决"等竞争性的机制,通过强压力的方式把责任层层下移,基层政府为了实现"不出事"的目标,不得不采取各种刚性的和柔性的手段加以应对④,以至于压力倍增。在公共服务领域同样如此,基层政府也常常陷入"治理锦标赛",上级政府通过强监控—强激励机制,驱动基层围绕地方政府的程序化治理要求、数量化考核体系、综合性评估排序和差序化业绩激励等展开激烈的竞争,从而使得基层政府倍感压力。⑤ 有学者注意到,在"晋升锦标赛"的逻辑下,甚至一些地方政府基于政绩打造考量而自我主动施压、自我加码,加压驱动基层政府,使得压力聚合于基层干部,让基层难以应对。⑥

近几年,有关基层负担的研究更加深入,提出了一些更加细致的视角

---

① Maria Edin, State Capacity and Local Agent Control in China: CCP Cadre Management from a Township Perspective, *The China Quarterly*, Vol. 173, 2003, pp. 35-52.
② 周黎安:《中国地方官员的晋升锦标赛模式研究》,载《经济研究》2007年第7期。
③ 徐文、王正:《行政发包和晋升锦标赛双重约束下基层减负的突破路径研究》,载《安徽行政学院学报》2020年第3期。
④ 贺雪峰、刘岳:《基层治理中的"不出事逻辑"》,载《学术研究》2010年第6期。
⑤ 金江峰:《服务下乡背景下的基层"治理锦标赛"及其后果》,载《中国农村观察》2019年第2期。
⑥ 李尧磊、韩承鹏:《驻村帮扶干部何以异化?——基于石村的个案调查》,载《党政研究》2018年第6期。

研究,如从压力—回应①、条块关系的割裂②、督考权的结构性失范③、体制—层级—技术的多重制度逻辑④等视角对这一问题进行了有价值的探讨。

（三）基层减负的路径与方法

如何有效地减轻基层政府的负担？既有的研究从不同的角度提出了具体的对策和建议。概括起来可以归纳为以下几个方面：

一是政府内部权责关系的重构。从根本上来说,基层政府负担重的原因在于不合理的权责结构,由职责同构的政府间关系、基层治理中的权责错位所导致⑤,从而出现层层加码的现象⑥。基层减负,需要推动权责重构,打破职责同构,合理调整政府纵向间职责配置,才有可能转变政府职能,理顺条块关系,从而减轻基层政府负担。⑦ 因此,必须深化自上而下的纵深权责体系改革,强化乡镇（街道）的统筹协调能力,建立"条块"权责清单,推动各"条条"的重心向基层政府下移。⑧ 在推进权责优化、不断明晰政府间权责体系的同时,需要不断地强化相关的配套体系,将放权改革从平面划分走向立体重构,从而真正再造基层政府的自主能力。⑨

二是推动基层治理的多元化。在一些学者看来,减轻基层政府负担从

---

① 张国磊、张新文：《行政考核、任务压力与农村基层治理减负——基于"压力—回应"的分析视角》,载《华中农业大学学报（社会科学版）》2020年第2期。
② 周振超、黄洪凯：《条块关系从合作共治到协作互嵌：基层政府负担的生成及破解》,载《公共管理与政策评论》2022年第1期。
③ 胡晓东：《上下级政府间的督考权：边界与规范——探寻我国基层负担背后的深层原因》,载《北京行政学院学报》2021年第5期。
④ 付建军：《谁之负担？何以发生？——基层负担现象的理解视角与研究拓展》,载《甘肃行政学院学报》2022年第4期。
⑤ 颜昌武、赖柳媚：《基层治理中的责任状："督责令"还是"免责单"？》,载《理论与改革》2020年第2期。
⑥ 周振超、张金城：《职责同构下的层层加码——形式主义长期存在的一个解释框架》,载《理论探讨》2018年第4期。
⑦ 朱光磊：《构建政府职责体系是解决基层治理负担过重问题的根本出路》,载《探索与争鸣》2023年第1期。
⑧ 过勇、贺海峰：《我国基层政府体制的条块关系：从失调走向协同》,载《经济社会体制比较》2021年第2期。
⑨ 叶贵仁、陈燕玲：《约束型自主：基层政府事权承接的逻辑》,载《中国行政管理》2021年第1期。

更加本源的角度来说,应该改变基层治理结构的"单轨政治"模式①,改变基层政府作为基层治理所有压力的承载者的状况②。因此,有必要推动各种社会资源更好进入到基层治理的过程中来,如发挥中国传统乡土资源优势,基于邻里网络、宗族和个人情感建立各种合作型组织。③ 构建由乡土认同、社会资源支持和体制合法性共同组成的"复合型权威",使得基层能够建立起一套行之有效的、开放包容的调节机制,实现基层社会与国家权力的互信和资源共享,从而有效地缓解基层政府的负担和压力,④使得基层治理不仅仅是基层政府的事情,而是共同的责任。

三是完善监督与考核机制。推动基层政府减负需要基于现代治理的逻辑与规范,解决模糊性任务的可监督性问题,降低基层治理中的合规性成本⑤,把监督约束和激励保障更好地协同起来⑥,建立起基层干部科学的绩效评价体系,从而真正让基层干部有动力投入到基层治理中来。

三、分析框架:基层政府增负的技术—制度—行动者逻辑

尽管有关基层政府负担及其减负的问题有较为丰富的研究,但是既有的研究总体上停留在压力型体制的权力、责任和职能的静态研究,大多从政府内部和政府间的权力过程来分析这一问题,把政府负担视为政府内部或政府组织之间的权责运作机制的结果,而并没有把技术作为一个重要的变量进行系统深入的剖析。不可否认的是,我国基层负担从根本上说是压力型体制的问题,但是,这种压力机制在不同的技术条件下发生作用的方式和效果会有很大的差异。在改革开放之后到 21 世纪之初的一段时间

---

① 郑卫东:《"双轨政治"转型与村治结构创新》,载《复旦学报(社会科学版)》2013 年第 1 期。
② 钟伟军、陶青青:《压力下的权威拓展:基层政府如何塑造非正式治理资源?——基于浙江省 W 镇"仲规侬"的案例分析》,载《公共管理学报》2021 年第 2 期。
③ 赵晓峰:《"双轨政治"重构与农村基层行政改革——激活基层行政研究的社会学传统》,载《北京社会科学》2016 年第 1 期。
④ 原超:《"新经纪机制":中国乡村治理结构的新变化——基于泉州市 A 村乡贤理事会的运作实践》,载《公共管理学报》2019 年第 2 期。
⑤ 吕德文:《监督下乡与基层超负:基层治理合规化及其意外后果》,载《公共管理与政策评论》2022 年第 1 期。
⑥ 吴海红、吴安戚:《基层减负背景下"责任甩锅"现象透视及其治理路径》,载《治理研究》2020 年第 5 期。

里,学界对基层政府的关切集中围绕着权责关系、治理结构和内在机制等这些"核心"的问题,而治理技术等"细枝末节"的问题并没有引起足够的重视。随着新技术的不断发展并日益嵌入到公共治理的各个领域,基层治理中的技术运用也引起了学界的关注,大量的研究集中关注基层治理的"互联网+政务"和数字化转型等问题,对这些问题的研究,学界普遍的预设是新的技术工具是治理现代化的标志,是治理效率和效能提升的代表,政务App、微信等新技术工具在基层的广泛运用,"让数据跑路,干部少跑路"[1],促进了基层治理的精准化和效率[2],从而有效地减轻了基层政府的负担。这种预设具有技术理想主义的色彩,不可否认的是,新的技术工具确实在很多时候大大提升了基层治理的效率,但是很显然,这种预设脱离了技术运用的具体场景和制度框架,更忽视了技术运用过程中的行动者空间和策略选择。实际上,只是从技术本身的特征来说,新技术为基层政府治理效率的提升提供了某种可能,但是一旦嵌入到具体的运作过程,在不同的行动者行为结构中,这种可能会产生偏离,从而使得原本的效率结果转换成其反面的负担。技术虽然本身不是带来基层负担的"罪魁祸首",但是,在某些时候却是加压机制的"助推器",技术进入到压力型体制产生的这种意外效果值得深入探讨。

本书试图从学理上对新技术运用规范化与基层减负之间的逻辑进行系统剖析。在借鉴西方"技术接受模型"(TAM)[3]、"技术—组织—环境"(TOE)[4]和"技术执行框架"(TEF)[5]等分析逻辑的基础上,从我国的制度体系出发,建立"技术—制度—行动者"(TSA)的分析框架,从新技术应用

---

[1] 杜治洲:《为基层"减负"重在创新》,载《人民论坛》2019年第19期。
[2] X. Yihan, Technology Transforms Politics: Internet + Government Services and the Transformation of the Grassroots Power Structure, *Social Sciences in China*, Vol. 40, No. 4, 2019, pp. 173-192.
[3] F. D. Davis, Perceived Usefulness, Perceived Ease of Use, and User Acceptance of Information Technology, *Mis Quarterly*, Vol. 13, No. 3, 1989, pp. 319-340.
[4] L. G. Tornatzky & M. Fleischer, *The Processes of Technological Innovation*, Lexington Books, 1990, pp. 112-115.
[5] Jane E. Fountain, *Building the Virtual State: Information Technology and Institutional Change*, Brookings Institution Press, 2001, pp. 221-232.

中的三者互构和反应机制来分析基层政府负担的困境,也就是从技术、制度和行动者关系的角度来审视新技术在政府治理中的应用形式与结果问题,把政府部门、相关组织和人员视为新技术应用过程中连接技术与制度的行动者,把新的技术逻辑、压力型体制的制度逻辑和行动者的逻辑紧密结合,建立起我国制度体系下新技术基层增负的分析框架,并从新技术规范化的角度提出基层政府减负机制建设的对策和建议。

(一)技术与制度的内在张力:技术增负的逻辑

很长时间以来,技术被很多人认为是处于次要性的地位因素,人们更多关注的是制度、机制、结构等看起来更加核心的要素。但是,基于互联网和电子信息技术的新应用的出现并迅速渗透,也许要改变很多人的这种惯性思维了,新的技术对中国社会治理的影响已经引起了越来越多人的关注。然而,技术本身从来就不能单独发挥影响,技术不可能在真空中发挥作用,都是嵌入具体的制度环境,在具体的制度机制中发生相互作用、相互碰撞。尤其对于政府组织来说,新的技术与政府制度之间从一开始就存在着某种特殊的关系:一方面,新技术工具的共享性、互动性的特质内涵意味着去中心化、去介质化和扁平化的内在逻辑,这意味着对社会的赋权,传播技术发展过程中更为持久的迷思之一是,它将使得人们更加接近权力,从而改变我们所熟悉的政治;[①]然而,另一方面,现有政府体系中依然保留着较为浓厚的自上而下的科层权威逻辑。新技术工具日益渗透到普通百姓生活的方方面面,并以有形和无形的方式形塑着普通民众的行为习惯和交往模式。在公众的个人交往领域,新技术无疑大大地凸显了个体的自主性,大众的集体行为同样是基于这种自我的主体性而自然凝集形成。因此,在社会交往领域,个体的自主性与新技术逻辑高度契合,相互促进。但是,在政府领域,这种自下而上的自主性逻辑与政府自上而下的单向式权威逻辑存在着明显的紧张关系,新技术在政府领域中的运用使得技术与特殊的政府制度两种不同的逻辑缠绕在一起,从而产生各种问题,甚至可能

---

① 〔加拿大〕文森特·莫斯可:《数字化崇拜:迷思、权力与赛博空间》,黄典林译,北京大学出版社2010年版,第92页。

产生比较激烈的冲突,这种冲突的结果是要么技术被制度塑造,要么技术塑造新的制度,两种不同的结果涉及的问题就是效率抑或负担。

在新的技术环境下,就地方治理和基层治理而言,从治理的内在机制和演化过程来看,自下而上的自主性逻辑似乎扮演着更加关键的角色;但是,与此同时,自上而下的政府权威逻辑似乎也并没有被明显削弱。两种不同逻辑的冲突有时候会体现得更加明显,如果无法找到一种有效的方式对两种逻辑进行调和,那么往往意味着治理的扭曲或失败。很显然,各级政府已经意识到了这一问题的存在,并试图做出努力,以调和两种逻辑的内在紧张关系。然而,在压力型体制的运作过程中,强有力的政府权威往往形塑着技术的运用过程和形式,新技术成为特殊制度中被支配的工具,从而规定着新技术的目的和结果,这是新技术可能对政府增负而不是赋能的重要机理。

（二）特殊制度中的技术执行:技术增负的过程

政府对新技术的运用其实就是在具体的制度环境和治理结构中对技术的一种"执行"过程。在简·E.芳汀(Jane E. Fountain)看来,客观的技术代表的仅是一个潜在的能力,只有当治理结构开始适应它的时候,并嵌入到正式化的制度体系,整合到组织的运作和结构中,才会产生实际的作用,也就是说,"客观技术"是被"执行"的,到底在多大程度上推进政府的治理能力取决于制度安排——认知、文化、社会结构、法律和正式规则的影响。正因为如此,信息技术对于政府能力的影响是多重的、不可预测的、不确定的以及受理性、社会和政治逻辑影响的。[1]

对于基层政府来说,对新技术的选择往往是在技术与制度两种逻辑中寻找一种自以为比较恰当的方式均衡,或者作出取舍:一方面,从技术的逻辑来说,新技术能够有效地促进跨组织的资源整合与协同。它将公民、企业和政府机构连接在一个无缝的资源、能力和信息交换网络中[2],大大提

---

[1] 〔美〕简·E.芳汀:《构建虚拟政府:信息技术与制度创新》,邵国松译,中国人民大学出版社2010年版,第127—128页。

[2] J. S. Davies, The Limits of Joined-Up Government: Towards a Political Analysis, *Public Administration*, Vol. 87, No. 1, 2009, pp. 80-96.

升了整体治理的能力和效率。另一方面,从制度的逻辑来说,新技术意味着权力以一种更加精细化的方式和即时性的反应消解了基层政府原本弱小的权威和逼仄的自主行动空间,无疑可能削弱正式制度体系中的基层政府的权力,并可能带来新的无力感,由此可能面临来自正式的制度体系的问责或惩罚。在一些时候,新的技术可能增强国家与社会的合作和利益,为政府所用,而在另一些时候,二者之间存在着明显的冲突。[①] 从基层政府的角度来说,新的技术是以一种自上而下的方式"被执行"的,基层政府更多的是以被动者的姿态接受技术的嵌入,制度的逻辑使得基层政府在面对新技术工具的时候往往呈现出相对保守和被动的一面,基层政府是技术的施加对象,而不是技术的使用主体。正是这种特殊的压力型体制下的技术执行方式使得新技术的运用反而让基层政府压力重重。

(三)制度—技术运作中的行动者:技术增负的节点

我们这里所说的行动者,与安东尼·吉登斯(Anthony Giddens)所言的"行动者"(agent)不一样,是指在新技术运用过程中扮演着某种角色或发挥影响的组织和个人。新的技术嵌入到特殊制度体系必然会产生技术与制度之间的反应链,技术可能形塑制度,导致去制度化和再制度化的过程,技术的应用被看作是一个持续不断的变革的综合过程,在这个过程中,新技术对规则、规范性文件和组织成员的认知产生影响;反过来新技术可能面临现有制度的结构性影响,新技术会面临来自系统内的规范性压力、强制性压力和同构性压力,使新技术功能失调和缺乏吸引力,制度对新技术的进入方式、运行过程等会产生强大的形塑效应[②],而行动者则是技术与制度这种互构中的重要"节点"。新技术嵌入制度环境中的过程是行动者选择的结果,新的技术在特殊制度体系中的运行是这一制度逻辑支配下行动者使用和运作的过程,不同行动者之间的权力、利益和理念建构着技

---

① 郑永年:《技术赋权:中国的互联网、国家与社会》,邱道隆译,东方出版社2014年版,第66页。

② V. Weerakkody, A. Omar, & R. El-Haddadeh (*et al.*), Digitally-Enabled Service Transformation in the Public Sector: The Lure of Institutional Pressure and Strategic Response Towards Change, *Government Information Quarterly*, Vol. 33, No. 4, 2016, pp. 658-668.

术运行的方式和最终的效果。技术通过不同的行动者与组织结构及其所处的制度环境发生影响,形成一个动态的反应链,不断影响着技术的应用效果。不同的行动者,如上级政府、基层政府、政府部门"条线"等制度体系中的行动者,由于不同的权力、责任和利益,对技术的应用方式往往有着不同的态度,并表现出不同的行为倾向。技术对基层政府产生的增负效应其实就是在技术嵌入和运用过程中不同行动者共同建构的结果,在行动者结构中,基层政府作为行动者,其权力、能力和行动空间处于相对弱势,从而失去了对技术的主动权,最终成为技术运用中的被动者。

在吸收技术与组织之间互构论以及技术执行等分析逻辑的基础上,本书建构了新技术对基层增负效应的技术—制度—行动者三维分析框架:

一是认为新技术对组织的影响是一个去制度化和再制度化的过程。新技术的实施应该被看作是一个持续不断的过程,在这个过程中,技术的逻辑结构给组织结构提供了一个建议图,也就是技术的组织结构。① 新技术对组织的认知、运行规则和过程产生影响。

二是认为新技术可能面临现有制度的结构性影响,面临来自系统内的规范性压力、强制性压力和同构性压力,使新技术功能失调和缺乏吸引力,制度对新技术的进入方式、运行过程等会产生强大的形塑效应。

三是新技术运用的效果是技术与组织、制度之间"互构"的结果。技术与组织及其所处的制度环境相互影响,形成一个动态的反应链,不断影响着技术的应用效果。

四是认为体制中的行动者是技术与制度互构机制中的节点。制度体系中的行动者,尤其是核心行动者连接着制度和技术,行动者的权力、理念和态度影响着技术作用于制度以及制度塑造技术的程度和方式。

技术—制度—行动者框架把作为工具的技术手段与制度安排以及特殊制度逻辑支配下的行动者作为一个较为系统的反应体系。不论是技术赋能还是技术增负从理论逻辑上来说,都取决于技术、制度和行动者三者之间的反应链,技术嵌入到原有的制度体系,并推动着制度基于新技术中

---

① 邱泽奇:《技术与组织的互构——以信息技术在制造企业的应用为例》,载《社会学研究》2005年第2期。

的治理逻辑不断地深化改革,这可以被视为是一种治理现代化的过程,这是典型的技术对制度的形塑,反过来,新的技术被嵌入到原有的制度行动逻辑中,这是一个反向的制度对技术的形塑过程,这可以被视为是一种内卷化的过程。在这两种过程中,行动者尤其是核心行动者都可能扮演重要的角色。在压力型的特殊体制中,在核心行动者的行为模式中,新技术嵌入到自上而下的层级权威、特殊的条块关系中从而产生异化效应,最终带来增负的结果,这一分析框架如图 0-1 所示。

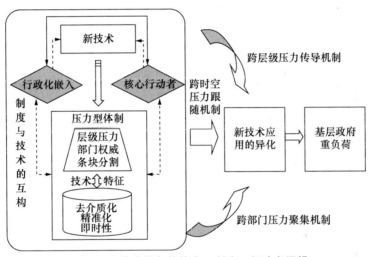

图 0-1　新技术增负的技术—制度—行动者逻辑

四、研究内容安排

除绪论外,本书共八章,分为上篇、中篇和下篇,具体内容结构安排如下:

上篇为"背景与理论"部分,包括第一章和第二章。第一章是背景分析,就新技术特征以及在政府治理中的发展进行总体阐述,对新技术应用带来的双重效应,也就是增效与增负背后的逻辑进行学理剖析。以微博、微信、钉钉和各种信息平台为代表的新技术工具在政府治理领域中得到了越来越广泛的渗透,在基层,各级政府和各个政府部门推动下的各种新技术应用同样如雨后春笋般出现,对这些工具的广泛运用无疑是我国基层治理信息化转型的重要标志。但是,这也带来了新的问题,即新技术可能给政府带来的压力和负担,这一问题引起了越来越多的关注。第二章为本书研究的理论依据。本书试图进行一定意义上的理论建构,将从我国特殊的制度框架出发,建立起技术—制度—行动者的三维分析框架,对新技术在政府部门运用效果背后的学理逻辑进行系统阐述,为后续章节分析新技术对基层政府的增负效应奠定逻辑基础。

中篇为"现状与反思"部分。本部分试图基于第二章建立的技术—制度—行动者框架,通过收集大量的数据和经典案例就当前新技术对基层政府带来的负担现状以及新技术增负的内在机制进行更加具体和深入的剖析,主要包括第三、四、五、六章。这四章的基本逻辑如下:第三章是基本现状描述,通过针对大量基层干部的问卷调查,试图直观地对新技术带来的新负担进行全景式的扫描。第四、五、六章试图就技术—制度—行动者的具体运作过程和形式进行更加深入的分析。其中第四章是从技术嵌入为切入点分析背后增负的机理,反思当前项目式技术运用模式的运作过程及其背后的技术与制度关系,反思技术运用方式的增负机理。该章关注的焦点是在新技术推广过程中,独特的项目化运作方式对基层政府带来的压力,试图更加生动地呈现压力型体制对技术运作过程的形塑以及由此给基层政府带来的压力与负担。第五章是从技术的运行过程切入,分析技术运行中的行动者关系,以信访治理这一最典型的基层压力场景中的基层政府行动角色为分析对象,就基层政府这一行动者在新技术嵌入后面临的自上而下和自下而上的双重挤压进行生动的剖析,分析当前越来越智慧化的市长热线平台和其他新技术工具嵌入到基层后,带来日益精准化的监督考核以及自下而上即时性的跨层级诉求上传机制对基层政府信访和矛盾协调带来的重重负担。第六章则是从结果,也就是电子形式主义的视角反思增负的发生机制。该章聚焦于电子形式主义这一目前学界最关注的技术增负现象,分析新技术是如何沦为任务的派送工具,使得基层干部压力重重,通过对新技术中的任务运作过程进行系统分析,结合深度访谈,对其中技术—制度—行动者的逻辑机理进行深入分析与反思。

下篇为"经验与对策"部分,包括第七章和第八章。第七章对当前各地规范新技术应用以减轻基层负担的专项整治进行分析。中央发出基层减负的专门通知后,各地也出台了基层减负的专门文件,其中不少对基层政府的新技术减负问题作了专门规定。一些地方也积极探索政务新技术工具应用规范化的实践,专项整治是最常见的方法。该章试图就各地基层新技术应用规范化专项整治的做法进行总结,包括新技术应用总量或比例撤并、功能上的整合和集成、使用过程的规范化以及建设基层综合信息平台等,并对专项整治在减轻基层负担方面的效果进行评估。第八章为对策部分,在前面理论与实践分析的基础上,从技术—制度—行动者的分析框架,提出推进政务新技术应用规范化的基层政府减负机制建设对策。

本书的内容结构如图 0-2 所示:

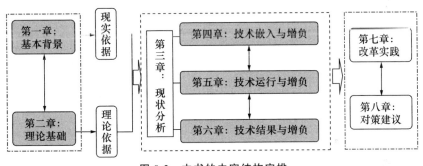

图 0-2 本书的内容结构安排

五、核心概念

本书涉及几个核心的概念,有必要就其具体内涵作进一步的说明。

(一)新技术

新技术是指新的信息技术。"信息技术"是一个非常泛化的概念,从治理的角度来说,促进沟通、互动和参与的技术更具有重要的影响,我们这里讲的技术更多的是从治理的角度来理解的信息技术,因此,新技术所包容的"新"是指以数字技术为基础、以网络为载体的新的信息传播与沟通技术。通常来说,利用数字技术、移动网络技术、人工智能等形态的沟通技术,是区别于传统单一中心、单向化沟通技术的新技术。在本书中的"新技术"就是指各级党政机关及其内设机构应用的基于信息化技术的各种移动客户端、微信公众号、小程序,以及融合了这些应用的各种信息化平台。

(二)政府负担

在政府管理领域,"负担"是一个非常笼统的概念。在西方,它通常指的是"行政负担",是公民和企业在与政府打交道过程中所承载的各种成本。① 但是,我们这里讲的"负担"显然与此有着明显的差异,这是一个非常中国情景化的概念,所谓的"负担",按照《现代汉语词典》的解释,指的是承受的压力或担当的责任、费用等。一般来说,工作负担主要是从时间界限和匹配关系来界定的②:超越正常工作时间界限就是工作负担,或者超越资源支持匹配的工作要求就是一种负担。但是,学界对这一概念没有明确而清晰的界定,很多时候都是把"负担"和"压力"作为一个相互指代的概念。基于这种理解,我们认为,基层政府"负担"指的是基层政府所承载的各种超出其资源匹配、时间边界和职能边界的、额外的任务、压力和成本。当然,这同样是一个相对空泛的概念。

(三)基层政府

"基层政府"一般来说是指直接面向社会公众,并为其提供公共服务与产品,贯彻落实上级政策,有效管理和推进本地经济社会发展的政府层级及其机构。对于基层政府的具体指向,有两种观点:一种观点认为基层政府就是乡镇人民政府、街道办事处,另一种观点认为基层政府应该包括县一级政府。目前学界大多指的是前一种定义,在谈到基层负担的时候,通常指的是最基层的乡镇人民政府和街道办事处,因此,本书讲的"基层政府"不作特别说明外,就是指乡镇人民政府和街道办事处。

六、研究方法

本书主要采取以下几种研究方法:

---

① 马亮:《行政负担:研究综述与理论展望》,载《甘肃行政学院学报》2022年第1期。
② 胡晓东:《基层"减负"与治理:根源性因素探讨》,载《治理研究》2022年第2期。

一是定量研究法。为了更好地了解新技术给基层政府带来的负担情况，本书针对浙江省基层干部进行了较为广泛的问卷调查。基于本研究的目的，确定分析框架、设计问卷，以基层干部为对象，通过多阶段随机抽样，采取线上和线下相结合的方式获得样本资料。在对这些数据进行清洗的基础上，对变量进行量化操作，导入 SPSS 软件进行分析，试图更加全面、直观地呈现当前新技术给基层带来的负担。

二是案例研究法。案例研究法将案例研究所强调的对于真实世界动态情景的整体全面的了解与归纳思考过程整合在一起。[①] 只有切入具体的场景，深入事件的发生过程，才能更加深刻地呈现背后的机理。新技术对基层政府的增负同样是一个技术在特殊制度体系中的运作过程，这需要深入事件发生、发展和演化的整个过程，脱离了具体的运作过程会使得整个研究显得非常苍白。基于此，本书把案例研究法作为非常重要的研究方法。基于技术运作的基本逻辑，从技术—制度—行动者角度选取了三个典型的案例，涉及技术嵌入的方式与基层政府负担：一是以某市项目式技术嵌入过程为分析对象，试图展现这种自上而下的项目化技术嵌入方式与基层政府负担之间的逻辑机理；二是以 Z 市 W 镇的新技术运行为分析对象，生动地呈现技术在运行过程中的行动者结构"漏斗效应"及其中存在的问题与基层政府负担增压机制；三是以 S 市 M 镇为分析对象，从技术的形式主义结果这一角度分析基层政府为形式所累背后的逻辑，生动地呈现电子形式主义在基层日常工作中的生产机制以及对基层干部带来的重重负担。基于深度访谈和跟踪调查，获得大量的资料，通过对三个典型案例的分析，试图"拼凑"出新技术环境中的基层政府增负机理。

三是扎根分析法。扎根理论最重要的目标就是建构理论，也就是从最基础的经验资料出发，通过开放编码、主轴编码、选择编码提取概念并整合范畴，在看似分散的资料中建立逻辑和联系。与一般的质性研究不同的是，扎根理论强调明确的"建构理论"的目标，并提供了一套明确、系统的策

---

① 李平、曹仰锋主编：《案例研究方法：理论与范例——凯瑟琳·艾森哈特论文集》，北京大学出版社 2012 年版，序言。

略,以帮助研究者思考、分析整理资料,挖掘并建立理论。① 在前面研究的基础上,为了建构新技术对基层政府增负的影响因素,本书对基层干部进行了大量的访谈,获得了大量的访谈资料,在对这些访谈录音进行整理的基础上,通过扎根理论的研究方法进行深入编码,从而构建出技术增负的因果链条。

---

① 〔英〕凯西·卡麦兹:《建构扎根理论:质性研究实践指南》,边国英译,重庆大学出版社2009年版,第12页。

第一章

新技术之于政府治理：赋能抑或增负？

从治理的角度来说，也许很难有某种技术带来的影响能够超越信息技术及基于信息技术的互联网了。正如加拿大著名学者麦克卢汉（Marshall McLuhan）所言："媒介是社会发展的基本动力，也是区分不同社会形态的重要标志，每一种新媒介的产生与运用，都宣告我们进入了一个新的时代。"①尽管信息技术的发展由来已久，但是很长时间这种技术似乎与普通人没有太大关系。然而，过去的30年时间，信息技术的发展令人应接不暇。新的技术日益成为人们生活的一部分，成为普罗大众的交往方式，也成为公共治理最重要的影响因子。20多年前，在中国，很多人还不知道互联网为何物，对电脑的印象也只是停留在庞大笨重、精英专属等的想象之中。但是今天，人们已经跨入了智能化的大数据时代，新技术之于普通民众就像喝水吃饭一样平常，已经成为日常生活的一个部分。计算机的信息处理能力每18个月翻一番，互联网神话与现实的距离每18个月翻一番。②10年前，人们还在津津乐道微博热潮；10年后，微信、抖音和各种小程序早已充斥人们的5G智能手机，人们已经在为各种不可思议的AI自我生成内容而惊叹。10年前，学界才刚刚开始讨论何为政府数字化转型；而今天，各种数字化平台、政务云和政务App早已成为政府治理中不可或缺的部分，政府通过新的技术进行回应、发布信息、协同行为，新技术赋能政府成为一种理所当然的结果，这种交互性、共享性和协同性似乎也被认为代表着政府治理一个潜在的范式转变，新技术在公共部门的大量应用被称为

---

① 〔加拿大〕麦克卢汉：《理解媒介——论人的延伸》，何道宽译，商务印书馆2000年版，第77—78页。
② 〔加拿大〕文森特·莫斯可：《数字化崇拜：迷思、权力与赛博空间》，黄典林译，北京大学出版社2010年版，第1页。

信息化技术的"第五次浪潮"①。但是,技术本质上依然只是一种工具,具体的效果在很多时候不是仅仅由技术本身决定的,而是取决于使用它的"人"和使用的方式,对于特定的对象、在特定的情境下,也潜藏着新的困境。新技术有时候对于特定对象来说,可能意味着不是效率,而是负担。

第一节
信息技术发展及政府的技术应用

从发展的进程来说,信息技术的发展本身其实并没有清晰的阶段或者说新旧界限之分,但人们在总结其技术特征的基础上出于便于区分的目的往往会进行人为的划分。但是,就治理的角度来说,也就是从技术作为一种新的媒介对于沟通交流的影响来说,很多人习惯于把 2004 年之前的阶段称为 Web1.0 时代,2004 年及其之后的时期称为 Web2.0 时代。② 而之所以会产生这种区别,是因为 2004 年以来,越来越多具有鲜明特征的新技术工具开始涌现,这种新技术在很多人看来是互联网发展的一个重要的转型。直到 ChatGPT 和 DeepSeek 等人工智能应用的兴起,原来的 Web2.0 网络互动形态才发生明显变化。

一、Web2.0 的新技术应用

就新互联网的发展来说,2000 年也许是一个重要的分水岭。在此之前,随着自 20 世纪 90 年代初互联网浏览器的出现,新的互联网技术改变世界的观点越来越被认同,但是总体上来说,这一时期的技术特征以单向式的网页浏览为主,与现在多元化的、交互性的新技术有着很大的区别。促进这一重要转型发生的是 20 世纪末西方遭遇的互联网泡沫。在西方,

---

① Ines Mergel, A Framework for Interpreting Social Media Interactions in the Public Sector, *Government Information Quarterly*, Vol. 30, No. 4, 2013, pp. 327-334.

② 当然,早在 2006 年就有人提出了 Web3.0 的概念,认为其基本特征是"社交网络、移动设备和搜索"。但是,这一概念并没有得到普遍的认同,甚至连正确的拼写都没有确定下来,更多的依然是一种营销术语。

20世纪90年代初,随着互联网的逐渐普及,一些人为基于互联网的全新商业模式而着迷,大量的人和风险资本纷纷涌入这一商业模式,不少网络公司股价飞涨,迅速累积了巨额财富,创造了网络经济的繁荣,也创造了互联网的巨大泡沫。这些泡沫终于在1999年左右的时候被捅破,大量的网络公司在危机中纷纷倒下,纳斯达克指数急跌。随后,一些幸存下来的科技企业开始反思互联网发展模式中的深层次问题,逐渐意识到只有以更加理性和谦卑的态度与普通的网民建立更加良性的伙伴关系才是互联网发展的根本之道,也是对互联网自身价值的尊重。网民不是被动的客体,而是互联网真正的主体,是互联网的创造者、使用者、参与者、生产者,让其充分地参与进来,才是互联网真正价值的体现。因此,一些互联网公司认识到,应该转变思维,从广大网民切身的利益和感知入手,从个性化的服务和用户体验入手,转变技术模式和商业运行模式才能顺应互联网的发展潮流,这为新技术模式的转型创造了新的机会。

正是基于这样的深刻反思,自2000年之后,一些先知先觉的公司开始推出了以网络用户为中心的、注重交互性的新服务和新的应用工具。此后几年,类似的服务和程序不断涌现。美国联机出版的先锋——奥莱利媒体(O'Reilly Media)公司副总裁戴尔·多尔蒂(Dale Dougherty)认为,随着这些令人兴奋的新应用和站点的涌现,互联网不但没有坍塌,而且比以前更加重要,这是互联网泡沫后新技术发展过程中一次重要的转折点。[①] 如果说之前的互联网发展阶段被定义为Web1.0的话,那么现在应该是进入了Web2.0的阶段了。在戴尔·多尔蒂等的积极呼吁和推动下,2004年10月,第一次Web2.0大会在美国的旧金山召开。随后Web2.0的概念和理念得到了越来越多人的认同,并迅速地传播,日益深入人心。这一转变不仅仅是一种称呼的差异,或者说新概念的出现,在很多人看来,这是一件令人兴奋的事情,因为这意味着新技术背后的深层次逻辑和理念的巨大转变,新技术意味着新的交往价值和治理机理,而这与社会的未来趋势不谋而合。

---

① Gottfried Vossen & Stephan Hagemann, *Unleashing Web 2.0: From Concepts to Creativity*, Morgan Kaufmann, 2007, p. 6.

也许是受到这次会议的启示或激励,此后,基于 Web2.0 的各种新应用或工具在全球范围内得到了极为快速的发展,以 Wiki(维基)、Blog(博客)、Tag(大众分类标签)、SNS(社交网络服务)、RSS(简易聚合)和 Microblog(微博)等为代表。在西方发达国家,以这些社交服务为核心特征的网站平台,如 YouTube、Facebook、Myspace、Flickr 和 Twitter 等迅速崛起并得到使用者尤其是年轻人的追捧。以 Twitter(现为 X)为例,作为一个微博服务平台,Twitter 自 2006 年开通运营后的几年经历了爆发式的发展。2007 年,在 Twitter 平台产生的消息大概是 40 多万条,但是这一数据仅仅过了一年就已经达到了惊人的 1 亿多条。而到了 2010 年年初,每天 Twitter 用户平均发送的消息就达到 5000 多万条。据 Twitter 官方发布的数据,2012 年 3 月,Twitter 所拥有的活跃用户总数是 1.4 亿。[①] 目前,新应用或工具的发展态势更是惊人(具体见表 1-1)。越来越多的公司基于本国的实际纷纷投入到这一新的领域中来,基于 Web2.0 的新应用或工具在全世界各地落地开花。尽管在不同的国家,这种基于 Web2.0 技术的应用或工具在名称上五花八门,但是内在的价值逻辑和技术特征都是一致的。对于个人来说,一开始是追求个性和独立的年轻人使用这些新应用或工具,但是后来越来越多的群体日益被它们所吸引,每个人都越来越深刻地认识到这种技术变革带来的影响,不断理解在新技术环境中是如何被影响和影响别人的,否则就很难适应这个时代。[②] 在当今,一个人同时拥有几个 Web2.0 应用账户已经是很平常的事情,如果有一天离开这些应用的话,估计很多人会感到很不适应。基于这种新技术应用的快速发展,各种新的应用程序和各种信息化的平台不断涌现,并融入社会治理和政府治理的方方面面,扮演着越来越重要的角色。

---

① 相关数据来自 Twitter 官方的 Blog of Twitter(2012.03.21)以及 *The Daily Telegraph*(2010.02.23)和 *New Statesman*(2011.02.07)。

② Rob Brown,*Public Relations and the Social Web:How to Use Social Media and Web2.0 in Communications*,Kogan Page,2009,p.4.

表 1-1　西方国家 Web2.0 阶段的一些新应用或工具

名称	成立时间	主要功能特征	2023年月活跃量（亿人次）
Facebook	2004.2	互动交流、分享图片、链接和视频	30.5
YouTube	2005.2	视频短片分享	20
WhatsApp	2009.2	跨平台应用程序	27
Instagram	2010.10	图片分享	20
Reddit	2005	在线评论社区	16.6
Twitter(X)	2006.12	微博、即时通信	5.41

资料来源：作者根据相关资料整理。

二、新技术的基本特征

蒂姆·奥莱利（Tim O'Reilly，又译为"提姆·奥莱理"）认为，之所以认为基于 Web2.0 技术的应用意义重大，是因为其区别于之前的技术模式，具有令人耳目一新的特征：标签而非分类、用户是贡献者、参与而非出版、彻底的去中心、丰富的用户体验、顾客自主服务和彻底的信任。[①] Web2.0 技术产生的深层次原因源于满足快节奏的现代人对于网络无所不在的互动与交往需求。Web2.0 新技术从兴起的那一刻起就在各国掀起了热潮，引发了很大的关注。之所以能够在全球范围内引发如此热潮，从根本上来说是因为新技术的全新特点迎合了长期以来很多人对传统互联网技术模式的不满，也改变了很多人对互联网冷冰冰的刻板印象，满足了大部分人内心深处的社交和互动的需求，实现了互联网从精英到大众、从贵族到平民的转变。更重要的是，新技术以全新的方式重新定义了普通人在社会网络的角色和功能。在新技术环境中，个人的主体性特征和对独立性自由的渴望得到了前所未有的满足。虽然从表面上看，这只不过是一种技术上的革新，就像过去无数的新技术产生一样，虽然其并不是全新的技术升级，但是不少人认为这反映了互联网的新时代，它更加强调社交网络、云

[①] Tim O'Reilly, What Is Web 2.0: Design Patterns and Business Models for the Next Generation of Software, *Communications & Strategies*, No. 65, 2007, pp. 17-37.

计算、更高的参与水平和互联网用户之间的信息共享。概括起来,Web2.0新技术具有以下几个方面的特征:

(一)主体性

过去,作为用户的个人在很大程度上被由少数网络资源垄断者所支配的自上而下的单向式的过程所约束,总体上属于被动的受众。人们所能做的只是通过单纯浏览事先经过编辑、选择和"推出"的网页,并进行简单的评论来实现信息获取和互动。在其中扮演主导角色的是各大"门户网站",它们由于垄断了网络资源从而拥有主导性的话语权,虽然网络论坛(BBS)的出现在一定程度上让一部分人有了话语权,但总体来说,依然无法改变人们处于被支配和从属地位的现实。除此之外,这种被支配地位还表现在普通人在技术和设备使用方面的尴尬地位。只有那些精通计算机技术并能够支付昂贵设备购买费用的人才能在新技术的世界中游刃有余,而一般人能做的只是被动地接受各种信息。从根本上来说,这是一种基于精英主义逻辑的权威式信息生产和传播过程。基于新技术的应用在很大程度上改变了这一点,Web2.0的核心思维是创造一种以用户为中心的、强化用户体验、服务于用户的信息使用习惯,把个人从过去单向的信息传播束缚中释放出来,从过去的被动性受众角色转变为主动者,并使其成为信息的原动力。几乎在所有基于Web2.0的新技术应用中,"人"都被放到了核心的地位,每个人都作为一个平等的主体存在,从前仅仅作为被动的信息接收者的用户转变成为主动性的、能够充分发挥自我主体性的行动者,通过各种新技术用户的个人潜能发挥到了极致。借助Tag、XML和RSS技术,用户可以依照自己的喜好,自由地选择信息。新技术的这种特征被一些人概括为一切"属于用户、源于用户、更重要的是为了用户"[1]。例如,通过Tag技术,用户可以自主定义社会化分类,可以方便地拉进各种信息。同时,Web2.0的新技术应用能够更大程度地满足用户的个性化需求,这并不仅仅体现在用户可以随心所欲地定制自己的博客,更体现在服务的个

---

[1] Heting Chu & Chen Xu, Web2.0 and Its Dimensions in the Scholarly World, *Scientometrics*, Vol.80, No.3, 2009, pp.717-729.

性化方面,让每个用户都可以获得独特的信息体验。① Web2.0 技术构建了一种以个人为中心的多元的、扁平的互动网络,跳过了中介性的过滤和修剪。

（二）共享性

在过去,推送的内容是通过少数人(如网站编辑或者网站负责人员)有选择地定制而产生的,一般是相对静止的。而基于 Web2.0 的新技术应用非常强调"用户生产内容"的理念,注重用户之间的交互性、动态性的内容创建和修改。新技术试图为用户创造一种人人参与、共同表达、持续修改、高度分享的环境,从而凝结集体的智慧,通过高度的共享性信息实现全民共同治理。所有的人同时是生产者、传播者、浏览者,更是行动者。如果把信息的生产过程比喻成一个舞台剧,那么在过去,在这个舞台上呈现的只是少数人,而且其表演的节目也是经过事先确定和深思熟虑的,大多数人只能坐在下面注视着舞台,能做的要么是鼓掌,要么是唏嘘。但是,新技术让所有人都是演员,所有的节目都是大家一起参与的,所有人都是剧中的演员,没有边界明确的舞台,所有人都可以尽情地发挥,而且人数越多,效果越好。之所以能够实现这点,在很大程度上源于强大的超级链接功能。人与人之间通过特殊的技术中介实现了即时联动,当用户添加新的内容和新的修改时,将被限定在一种特定的网络结构中,这种网络结构是由其他用户发现内容并建立链接的。如同大脑中的神经突触,彼此的联系通过复制和强化变得越来越强,而作为所有网络用户的所有活动的直接结果,互联的网络将有机地成长。② 在过去,主要是把信息从其他地方转移或搬运到网络平台上并没有实现增值,但在新的阶段,是通过新的技术力量将每个人潜在的求知欲望和能力激发出来,通过动态化的协作,把知识更好地整合和组织起来,并不断地深化、激发新的思想。通过用户的集体行为改变着信息的内容或组织形式,从而涌现出新的或更高级的信息秩序,具有

---

① 邓建国:《强大的弱连接——中国 Web2.0 网络使用行为与网民社会资本关系研究》,复旦大学出版社 2011 年版,第 11 页。
② 〔美〕提姆·奥莱理:《什么是 Web 2.0》,玄伟剑译,载《互联网周刊》2005 年第 40 期。

明显的集体协作特征。① 这种共享性在 Wiki、Mashup、百度百科和当今的各种 App 等技术平台上得到了充分的体现。

(三) 交互性

互联网把人从真实的生活场景中抽离出来，拉进虚无缥缈的世界，这无形中疏离了人与人之间的关系。但是，基于 Web2.0 技术的新应用在不少人看来在很大程度上改变了过去人们头脑中对互联网的刻板印象。新技术创造了一种新的社会关系形态，这至少体现在两个方面：一是使得现实生活中的弱关系最大程度地被激活；二是创造了一种新的集体圈子。所谓弱关系是相对于亲戚、朋友、同事等强关系而言的，在生活中我们经常会遇到一些不常见面的人，相互间不存在坚实的感情纽带，也没有频繁的交往互动，就是我们所说的点头之交或一面之交。在一般人的认知里，这种弱关系被认为是无关紧要的。但是，斯坦福大学的马克·格兰诺维特 (Mark Granovetter) 的研究改变了这种看法。在他看来，恰恰相反，其实弱关系对个人和社会是很有意义的，它能让你延伸到更多的人，穿过更大的社会距离。很多有价值的东西往往是通过弱关系而不是通过亲朋好友等强关系来实现的。② 而弱关系更重要的意义是其能够联通不同的社会群体，创建更有效的信息流，通过信息的分享而不是日常的交往来实现相互的提升。有时候两个人之间尽管距离很近，但是由于没有机会直接面对面交流，相互之间不可能建立联系，而通过其他间接的人际网络，通过不同的圈子之间套嵌性的人际传递，二者之间的联结就可能实现。新技术在信息的分享性、跟随性和交互性方面前所未有的技术特征使得人与人之间的这种弱关系最大程度地被激活，各种过去可能无法形成的弱关系成倍地加以放大。在新的技术环境中，人与人是建立在互动性的关系基础之上的，通过持续性的网络交往行为形成了特殊的联结网络。这种联结尽管有的时候很脆弱，被称为"弱链接"，但是很多时候却有"强大"的功能和价值。

---

① 张燕：《Web2.0 时代的网络民意：表达与限制》，复旦大学出版社 2014 年版，第 118 页。
② Mark Granovetter, The Strength of Weak Ties, *American Journal of Sociology*, Vol. 78, No. 6, 1973, pp. 1360-1380.

另外,新技术的交互性特征还体现在新的集体圈子的形成上,让更多具有共同爱好和兴趣的人联结在一起,形成各式各样的共同体。在新技术环境中,个人的主要行为表现为信息的发布和分享,但是个人在发布和分享信息的同时,更在意寻找到志趣相投的同路人,更希望通过信息的跟随、互动和关联,影响周围其他人的意识和行为。新技术应用具有明显的群体行为取向,呈现出圈层的交往特征。① 由于新技术带来的高度交互性和自主性,个体之间的互动更加频繁,信息的聚合更加容易,因此,集体行动也就更加容易形成,并更加容易维系。一般来说,在新的技术环境中,更容易形成两种类型的网络群体:一是基于相似性的网络群体,也就是基于共同的兴趣爱好而形成的群体;二是基于吸引因子的网络群体,此类群体是围绕代表性的人物或内容所形成的群体。② 值得注意的是,在技术环境中产生的集体圈子一旦形成往往具有较强的凝聚性和稳固性,而这种参与往往能够给曾经相互孤立的个人带来较为强烈的共同体感觉和身份认同。

除此之外,新技术的开放性、聚合性等特征③以及沟通的便利性和即时性等特点也使得其极大地获得了用户的青睐,尤其是基于智能手机的各种应用的开发,更是让越来越多的人实现了"随时随地"的信息分享和互动。

三、Web2.0 技术在中国的发展

改革开放以来,随着中国经济社会的发展,中国的互联网也取得了快速的发展,互联网普及率不断提升,基于 Web2.0 的各种技术应用同样日新月异,新技术的各种平台、工具得到了广泛的渗透。就新技术的发展来说,中国的步伐越来越与世界同步,早在 2008 年世界知名的波士顿咨询公司所作的一项针对中国城市地区互联网应用的一份报告中就表明,在一些

---

① 方楠:《互联网时代的"新差序格局"——微信圈层场域中社交结构与关系格局的变迁与重组》,载《河北科技大学学报(社会科学版)》2020 年第 1 期。
② 邓胜利、冯利飞:《Web2.0 环境下网络用户的群体动力分析》,载《图书情报知识》2011 年第 2 期。
③ 张燕:《Web2.0 时代的网络民意:表达与限制》,复旦大学出版社 2014 年版,第 122—124 页。

指标上,中国信息技术的应用甚至超过了西方发达国家。① 近年来,各种Web2.0的应用更是呈现出迅猛发展的势头。

(一) Web2.0技术在中国的兴起与发展

20世纪末期,互联网和信息技术在中国开始走向普通人的生活,但在2010年之前,人们对互联网的体验依然停留在单向的网页浏览。真正基于Web2.0技术的且引人注目的应用要数微博了。尽管在2007年的时候就开始出现了微博网站,但是在最初的两三年,微博的发展由于管理和技术等原因并不顺利,直到2009年,随着新浪等门户网站开始涉足微博领域,在借鉴新浪博客发展模式的基础上,通过发挥名人效应,以名人微博作为突破口,微博的发展取得了出人意料的成功。随后,人民网、网易、腾讯和搜狐等各大门户网站也纷纷推出了自身的微博服务。最多的时候甚至出现了100多家微博网站,中国成为世界微博品牌的第一大国。② 尤其是在2011年和2012年这两年,中国微博用户数量呈现出爆发式的增长态势。依据中国互联网络信息中心(CNNIC)发布的相关报告,2010年年底,中国的微博用户数量只有6311万,但是仅仅过了半年,也就是到了2011年6月,这一数据就暴涨到1.95亿,半年增长率高达208.9%。③ 中国微博规模在经历了两年左右的爆发式发展后,进入相对平稳的发展期。此后,尽管从增长速度上逐渐放缓,但总体规模上一直呈现增长的势头,2012年6月底,微博用户总量为2.74亿,到了当年年底这一数据变为3.09亿,2013年6月这一数据更是达到了3.31亿。此后呈现出下降的趋势,到2014年年底,微博用户规模为2.49亿。到2020年9月,数据显示,微博日活跃用户为2.24亿人次,其中近八成是90后和00后,80后和70后占比不到两成。④ 从微博使用率上看,2010年年底微博使用率只有13.8%,但

---

① 《中国成为Web2.0强国》,http://tech.163.com/08/0911/09/4LI35CF9000915BD.html,2023年5月10日访问。

② 赵亚辉:《我国网民达4.85亿 微博用户半年增长208.9%》,https://tech.sina.com.cn/i/2011-07-20/12405809628.shtml,2024年7月10日访问。

③ 唐绪军主编:《中国新媒体发展报告No.5(2014)》,社会科学文献出版社2014年版,第54页。

④ 微博数据中心:《微博2020用户发展报告》,https://data.weibo.com/report/file/view?download_name=4a774760-40fe-5714-498e-865d87a738fe&file-type=.pdf,2024年5月10日访问。

是半年之后的2011年6月底,微博使用率猛增到40.8%,到2013年6月这一数据达到56.0%,此后同样呈现出下降趋势,到2014年年底,为38.4%(如图1-1)。之后,随着微信的快速发展,微博在普通人的日常生活中逐渐被边缘化。

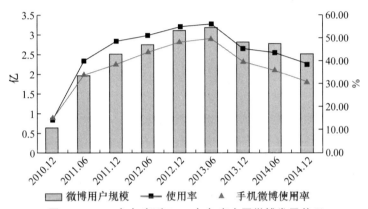

图1-1　2010年年底到2014年年底中国微博发展状况
资料来源:中国互联网络信息中心(CNNIC):《中国互联网络发展状况统计报告(第28—35次)》,http://www.cnnic.net.cn/hlwfzyj/hlwxzbg/,2024年5月10日访问。

(二)当前中国新技术应用发展的基本态势

随着5G技术和智能手机的快速增长和中国互联产业的蓬勃发展,2010年以来各类新技术应用更是得到了迅猛的发展。2011年1月,腾讯公司正式推出一款全新的集通信和社交功能于一体的即时通信软件——微信,它只需花费少量流量费,可以跨平台、跨运营商发送文字、图片、语音等信息,依托于移动智能端,微信的社交功能得到充分的凸显,可以实现语音、视频聊天,添加好友及实时对讲功能,尤其是朋友圈功能可以实时地与朋友分享个人动态、评论等,加上丰富的插件功能,如QQ邮箱提醒、私信助手、QQ离线助手、通讯录安全助手、漂流瓶、附近的人、摇一摇、语音记事本,以及越来越丰富的各种小程序,迅速获得了大量网民的青睐,微信已经成为不少人的"一种生活方式"。据统计,2012年第一季度,微信的月活跃用户仅为6000万不到,然而仅仅3年的时间,这一数字就达到了5亿,到 2018 年第一季度,微信已经拥有了 10 亿的月活跃用户,①发展态势十分惊人(见图 1-2)。

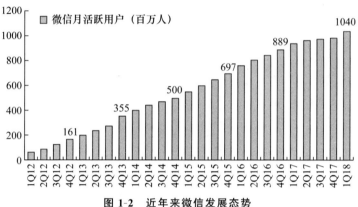

图 1-2　近年来微信发展态势

数据来源:根据相关资料整理。

各类新技术应用工具在中国如雨后春笋般纷纷兴起,从类型上看已经非常丰富,主要包括即时通信工具、综合社交应用和垂直社交应用。即时通信工具以微信、QQ 为主要代表,主要满足用户交流互动的社交需求;综合社交应用以新浪微博、微信朋友圈、QQ 空间为代表,主要满足用户进一步展现自我、认识他人的社交需求,使用率介于即时通信工具和垂直社交应用之间;垂直社交应用主要包含婚恋社交、社区社交、职场社交等类别,在特定领域为用户提供社交关系连接,用户相对小众。各种短视频、美食、游戏的移动应用更是令人眼花缭乱。② 目前,每人每天平均花 2 小时在各种平台上点赞、分享、发帖、更新和获得各类信息,2019 年 89% 左右的流量都来自新平台的视频分享,中国已经进入了名副其实的以新技术应用为主流的粉丝经济时代。③ 而其中,年轻人占据主导,移动互联网和社交媒介

---

① 智研咨询:《2018 年中国微信行业发展现状及未来行业发展趋势分析》,https://www.chyxx.com/industry/201806/647969.html,2024 年 5 月 11 日访问。

② 中国互联网络信息中心(CNNIC):《2016 年中国社交应用使用情况》,http://www.cnnic.net.cn/hlwfzyj/hlwxzbg/sqbg/201712/P020180103485975797840.pdf,2024 年 5 月 11 日访问。

③ 沈浩卿:《中国六大社交媒介巨头 360 实力对比》,http://www.chinamedia360.com/media_web/case/info/3/2825,2024 年 5 月 11 日访问。

改变了中国青少年的交流方式,①改变了中国人的生活方式和习惯。

数据统计显示,截止到 2023 年 6 月,中国的各种即时通信用户规模达到 10.47 亿,较上一年度增长 800 多万,使用率已经达到网民总数的 97.1%。② 即时通信日益与短视频和人工智能等新兴技术融合,可以毫不夸张地说,新技术应用已经渗透到了个人、企业和政府的方方面面,离开 Web2.0 工具已经成为一件难以想象的事情。

四、新技术在政府治理中的应用

随着新技术日益进入寻常百姓的日常生活,政府关注到新技术在沟通中扮演的重要角色和功能,并有意识地把新技术纳入政府治理的各个环节。新技术在实现政民沟通、政府内部互动、消息发布等方面有着不可比拟的优势,越来越多的政府机构日益认识到,应该主动适应并积极拥抱这种新的技术环境。在"互联网+政务"和数字化转型的推动下,新技术在政府领域得到了日益广泛的渗透。2009 年微博刚兴起的时候,一些政府部门和政府官员就开通了实名认证的微博。为了进一步发挥新的信息技术在政务方面的功能,自 2011 年开始,国务院几乎每年都会发布有关运用新的技术工具推动政务创新的文件。在国务院的鼓励和推动下,各级政府及其部门纷纷注册了自身的实名账号。③ 2011 年 3 月,全国实名认证的政务微博(机构微博和官员微博)一共只有 2400 多个④,但到 2011 年年底仅在四家网站(新浪、腾讯、人民网和新华网)认证的政务微博就超过 5 万多个。而一年之后,四大网站政务微博的总数则暴增到 17 万多个。2013 年 10 月,《国务院办公厅关于进一步加强政府信息公开回应社会关切提升政府公信力的意见》出台,其中强调,政府应该主动、及时地回应公众期待,积极

---

① W. Wang, G. Qian, & X. Wang(et al.), Mobile Social Media Use and Self-Identity Among Chinese Adolescents: The Mediating Effect of Friendship Quality and the Moderating Role of Gender, *Current Psychology*, Vol. 40, No. 9, 2021, pp. 4479-4487.
② 中国互联网络信息中心(CNNIC):《第 52 次中国互联网络发展状况统计报告》,https://www.wosign.com/Docdownload/Internet0915.pdf,2024 年 5 月 11 日访问。
③ 国家行政学院电子政务研究中心编:《2012 年中国政务微博客评估报告》,国家行政学院出版社 2013 年版,第 11 页。
④ 张志安、贾佳:《中国政务微博研究报告》,载《新闻记者》2011 年第 6 期。

推进政府信息公开,并要求各级地方政府积极利用微博和微信等 Web2.0 新应用工具,搭建官民沟通的新平台,这进一步推进了政务微博的发展。截止到 2014 年 6 月底,仅仅在新浪微博平台认证的政务微博就达到近 12 万个,较上一年年底增加近 2 万个。其中党政机构官方微博 8.4 万个,公职人员微博约为 3.4 万个,几乎涵盖了各个地区、各级地方政府和各个部门。①

与中国微博总体规模在 2013 年 6 月份达到顶峰后呈现出负增长的趋势不同,政务微博的总数一直在稳步增长之中。目前,除了新浪微博外,腾讯、人民网和新华网基本退出了微博运行。数据显示,截止到 2022 年 12 月,经过新浪微博认证的政务机构微博达到 14.5 万个。② 很多政府是微博、微信"双微合璧",充分发挥二者的优势互补。

自 2012 年 8 月腾讯推出"微信公众平台"后,微信延伸成为兼具通信、社交、媒介与平台等综合属性的新锐"移动即时信息媒介"。仅仅半年的时间,政务微信就达到了 5000 多个。③ 此后政务微信发展迅猛,截止到 2019 年上半年,中国微信城市服务累积用户达到 6.2 亿。2014 年以后,钉钉作为一种新技术应用,同样得到快速发展,作为一种主打通信、协同的移动办公平台,钉钉尤其得到了政府部门的青睐。到 2023 年年底,钉钉用户突破了 7 亿,其中包括企业、政府、事业单位在内的各类组织用户超过 2500 万户。④ 钉钉已经成为政府部门重要的内部办公协同平台。随着 2017 年短视频成为年轻一代的主流媒介传播形式,一些政府机构开始入驻抖音,期望以别样的视频内容传播正能量。报告显示,截至 2018 年 8 月,抖音短视频平台政务账号超过 2800 个,包含官方认证的黄 V 和蓝 V 账号,发布视

---

① 《2014 年上半年新浪政务微博报告今日发布》,https://hunan.sina.com.cn/news/m/2014-07-24/1627106964.html,2024 年 5 月 20 日访问。

② 中国互联网络信息中心(CNNIC):《第 51 次中国互联网络发展状况统计报告》,http://www.cnnic.net.cn/NMediaFile/2023/0807/MAIN169137187130308PEDV637M.pdf,2023 年 5 月 11 日访问。

③ 侯锷:《2013 年中国政务微信发展报告》,载唐绪军主编:《中国新媒体发展报告 No.5 (2014)》,社会科学文献出版社 2014 年版,第 131 页。

④ 《钉钉用户数达 7 亿,超 70 万家企业用上钉钉 AI》,https://www.thecover.cn/news/%2BjfMkPy5bHGH90qSdq8Jkw==,2024 年 5 月 11 日访问。

频近 10 万条,播放总量超过 500 亿。① 同时,近年来随着今日头条应用的快速发展,越来越多的政务机构也进入这一平台。据统计,到 2019 年 12 月底,各级政府共开通政务头条超过 8.2 万个。② 为了能让政府机构更好地适应新技术平台,更好地改变人们对政府职能部门的刻板印象,一些政府不断地拓展新技术原有的功能,为公民提供越来越多的个性化的服务,如水电缴费等,从而赋予新技术应用新活力。

与此同时,在大数据、人工智能技术的支持下,各种 App 在政府服务方面也得到了越来越广泛的应用。2017 年 11 月 28 日,中山大学发布的《移动政务服务报告(2017)——创新与挑战》显示,截至 2017 年 11 月,全国 70 个大中城市总计推出了政务 App 500 多个,范围涵盖了民政、交通、社保、旅游等领域。相较于 2015 年年底,数量增长超过了 60%,下载量增长超过 50%,尤其是综合类政务 App 增长明显。③ 而到了 2018 年全国政务 App 的数量则达到 2400 个左右,政务 App 的应用不断地向地级、县级政府渗透。④ 之后,各种政务 App 呈现爆发式的增长,几乎各个地区、各个层级、各个部门都开发了自身的各类应用。与之相伴随的是,各种政务小程序由于"需求兼顾""技术兼容"等独特优势同样得到了快速发展,同样已经渗透到了各级政府、各个政府服务领域。数据显示,截至 2019 年 7 月 1 日,除港澳台以外,全国 31 个省(自治区、直辖市)和新疆生产建设兵团均已建设了省级政务服务移动端 App 或政务小程序,在建立的省级政务 App 中,提供的服务功能包括个人办事、法人办事、在线办理、办件查询、在线投诉、在线咨询等多项功能;政务服务 App 涉及证明、查询、预约等服务类型;服务领域包括户政、不动产、税务、社保、公积金、医疗、交通出行、教

---

① 《抖音政务媒体视频播放量半年破 500 亿》,http://media.people.com.cn/n1/2018/0904/c14677-30271155.html,2024 年 5 月 11 日访问。
② 中国互联网络信息中心(CNNIC):《第 45 次中国互联网络发展状况统计报告》,http://www.cnnic.net.cn/NMediaFile/old-attach/P020210205506603631479.pdf,2024 年 5 月 11 日访问。
③ 《2017 移动政务服务报告发布 人工智能大数据优化服务体验》,http://it.people.com.cn/n1/2017/1129/c1009-29674907.html,2024 年 5 月 11 日访问。
④ 中国信息通信研究院、广州智慧城市研究院:《政务服务移动 App 发展情况报告》,2019 年 5 月。

育培训、便民服务等方面。① 到 2020 年,根据报告显示,全国政务小程序总量已经超过 6 万个,比 2019 年同期增加 52%,服务人次达 1920 亿,增长约 20 倍。②

另外,数据显示,微信政务公众号也在稳步增长,这些公众号与政务钉钉、数字化平台全面对接,帮助群众真正实现了政务服务指尖上办理,群众只需要通过微信打开公众号或政务小程序,就可以办理各类在线服务。就现阶段而言,随着"最多跑一次"改革的不断深化,在国务院政务服务便利化要求的推动下,几乎所有的高频政务服务事项都可以通过 App 或各类小程序加以实现。到 2022 年年底,90.5% 的省级行政许可事项实现了网上受理和"最多跑一次"③,随时随地的移动智能政务服务日益成为现实。依托于新的大数据、政务云技术,新技术应用的广度和深度不断提升,各种数字化政府服务平台、数字化治理平台纷纷登堂入室,成为当前政府数字化转型中一道亮丽的风景线。

第二节
新技术对政府治理的赋能效应

技术是政府治理中非常重要的因素,而随着互联网和信息技术的不断发展,技术在政府治理中的作用越来越突出,通过技术革新的方式提升政府治理的效率和增进治理中的协同与合作成为近年来世界各地政府改革的重要内容,当然也产生了一些值得关注的新问题。Web2.0 作为一种新的技术形态,从一开始,有关其对于政府治理带来的影响的话题就没有停止过。在很多人看来,新的信息技术为政府治理带来了全新的机会,新技

---

① 胡林果:《报告显示:我国已建设 31 个省级政务服务移动端》,https://www.gov.cn/xinwen/2019-07/22/content_5412804.htm,2024 年 5 月 11 日访问。

② 中山大学、腾讯云、腾讯研究院:《移动政务报告 2021——小程序时代与移动政务 3.0》,2022 年 4 月。

③ 中国互联网络信息中心(CNNIC):《第 51 次中国互联网络发展状况统计报告》,http://www.cnnic.net.cn/NMediaFile/2023/0807/MAIN1691371871303O8PEDV637M.pdf,2024 年 5 月 11 日访问。

术在政府治理中的运用有助于打破长期以来人们对于政府治理僵化、效率低下的官僚主义刻板印象,为政府和公众之间的危机沟通提供了前所未有的便利。但是,新技术嵌入政府的过程也意味着新的风险和不确定性。

一、官僚主义困境与新技术的嵌入

官僚机构历来被视为旨在提高组织实践和程序效率的结构,根据马克斯·韦伯(Max Weber)的理论,官僚制通过遵循程序和协调机制来提高组织效率,这些程序和协调机制结合了旨在使行政效率合理化的规则和工具系统。① 韦伯定义了官僚组织为了实现这些目标必须具备的一系列属性:正式明确的权力层级结构;详细、合理的分工;一套正式、明确、全面和稳定的规则,在决策过程中客观执行,并产生可预测和确定的结果;以及将组织中的职能与有权行使该组织职能的人分离。韦伯将这些组织原则设计为最大限度提高组织效率的工具,同时也调节了公民与国家之间的关系,并传递了平等和公平等具体的民主价值观。② 然而,自20世纪70年代以来,由于福利国家的扩张,公共部门干预领域扩大,公共部门内部整合的需求增加了。这大大促进了公民之间、公民与公共行政之间以及公共行政不同部门之间产生和交换信息的需求。③ 这也使官僚机构面临着越来越大的压力,需要在信息的获取、处理方面保持更高的效率和准确性,以促使公共服务的供给与需求之间保持更好的一致性。然而,传统官僚制的繁文缛节和僵化的程序日益成为这种效率和精准性的绊脚石,行政程序日益复杂大大降低了官僚机构的效率,官僚组织负担过重,增加了官僚机构在持续提供服务和应对不可预测挑战方面已经存在的难度,这引发了对公共部门的

---

① T. Engle & P. J. Kelly, "Something is happening here, but you don't know what it is, do you, Mr. Jones"-Bob Dylan, "Ballad of a Thin Man", *Public Health Nursing*, Vol. 39, No. 2, 2022, pp. 361-362.

② B. Guy Peters, *The Politics of Bureaucracy(Fifth Edition)*, Routledge, 2001, pp. 211-213.

③ A. Cordella & N. Tempini, E-Government and Organizational Change: Reappraising the Role of ICT and Bureaucracy in Public Service Delivery, *Government Information Quarterly*, Vol. 32, No. 3, 2015, pp. 279-286.

批评浪潮。①

为了应对这一官僚体制危机,西方国家普遍推动了以新公共管理为核心内容的改革浪潮,试图通过分权、多元参与、市场化等手段以突破官僚制的效率困境。20世纪80年代的第一波实验包括努力建立清晰的、分散的、能够灵活应对外部反应的机制,打破被认为是一个单一的、封闭的官僚部门,典型的是采用强制性竞争招标(CCT)机制推进公共服务的市场化。这些改革的核心是建立专注的机构,由明确的市场激励机制推动,以更好地表现成本和客户需求,目的是提高效率和回应性。② 然而,这种风靡一时的改革并没有取得预期的效果,反而导致了新的问题,其中最重要的问题就是政府机构之间的碎片化、离散化,这种改革在很大程度上加剧了协调机构对复杂问题反应的难度。③ 这造成了一定程度的分裂,尤其是在一些推行新公共管理更为彻底的国家,如英国,这种分裂可能比其他地方更极端,公众不得不往返于烟道式的、自我组织化的各个部门之间,这种低效率的公共服务模式引发了新的不满。④ 正因为如此,随着技术的不断发展,新的技术被赋予了越来越高的期待,通过技术的方式弥补官僚制度的缺陷以及新公共管理改革带来的离散化、碎片化的困境,建设更加高效、反应灵敏的整体政府成为一种越来越强烈的趋势。以新技术为依托,实现政府程序、流程、部门之间的整合成为重要的选择,而这也标志着新的改革与之前的新公共管理时代的决裂。⑤

新技术对政府治理的意义被认为是不言而喻的,因此,新技术的引入

---

① R. Heeks, Reinventing Government in the Information Age, in R. Heeks (ed.), *Reinventing Government in the Information Age: International Practice in IT-Enabled Public Sector Reform*, Routledge, 1999, pp. 218-221.

② T. Ling, Delivering Joined-up Government in the UK: Dimensions, Issues and Problems, *Public Administration*, Vol. 80, No. 4, 2002, pp. 615-642.

③ J. E. Newman, *Modernizing Governance: New Labour, Policy and Society*, SAGE Publications Ltd., 2001, pp. 323-336.

④ B. Klievink & M. Janssen, Realizing Joined-up Government: Dynamic Capabilities and Stage Models for Transformation, *Government Information Quarterly*, Vol. 26, No. 2, 2009, pp. 275-284.

⑤ 钟伟军:《公民即用户:政府数字化转型的逻辑、路径与反思》,载《中国行政管理》2019年第10期。

意味着政府治理新的机会,尽管也存在着某些风险,如安全性等问题,但可以确定的是,如果政府把这些新技术拒之门外,就意味着更大的风险。① 在当今的技术环境中,忽略新技术的功能,对政府来说,可能会付出难以承受的代价。受到新技术在商业领域的示范效应影响,以及电子政务的大力推动,进入 21 世纪以来,各种基于 Web2.0 技术的新应用越来越深入地渗透到了政府治理的各个层面。对于各国政府来说,尽管新的技术本身存在着各种不确定性,但是在新技术日益渗透的今天,问题不在于是否要引入新的技术应用,而是以怎样的方式引入。② 正因为如此,我们可以看到,近年来,基于新技术的各种平台、程序和应用越来越深入地嵌入各国政府治理的各个环节。

二、新技术对政府—公民关系的赋能

以互联网和信息化技术为基础的 Web2.0 技术从出现的那一刻开始就被越来越多的人寄予厚望,作为一种全新的沟通工具,新技术被认为大大便利了政府与公民之间的互动与合作,从政府与公民关系的角度来说,新技术的赋能效应似乎是顺理成章的。新的技术工具有利于克服政府官僚制组织中传统沟通的弊端,新技术的集成性、即时性和便利性特征实现了跨层级的协同、多元化的参与,大大提升了公民参与的有效性,极大地促进了各级政府以更高效、更透明和更协作的方式工作,③ 从而大大提升了政府的治理能力和效率。尤其是对于基层政府来说,新技术对政府—公民关系的这种赋能效应更加明显。原因在于,基层政府是政府与公民关系最密切的一级政府,基层政府是最直接地与公民互动和为公民服务的政府层级,必须与公民在同一空间内进行信息沟通、服务和互动,新的技术平台越来越成为这一空间的一部分。④ 基层政府与社区之间成为更加联系密切

---

① A. Gibson, *Local by Social: How Local Authorities Can Use Social Media to Achieve More for Less*, IDeA, 2010, p. 45.

② Ibid., p. 48.

③ A. T. Chatfield & C. G. Reddick, Customer Agility and Responsiveness Through Big Data Analytics for Public Value Creation: A Case Study of Houston 311 On-Demand Services, *Government Information Quarterly*, Vol. 35, No. 2, 2018, pp. 336-347.

④ J. K. Scott, "E" the People: Do U.S. Municipal Government Web Sites Support Public Involvement? *Public Administration Review*, Vol. 66, No. 3, 2006, pp. 341-353.

的关系网络,如邦森(E. Bonsón)等人所说,基层政府需要居住在"网络中",而不是被动的旁观者。① 而在基层治理中,基层政府更需要通过新的技术手段与居民保持更加密切的互动与合作,而新的技术无疑创造了最好的合作与互动条件。卢宝周等在吸收伊内斯·梅格尔(Ines Mergel)的研究成果的基础上,从政府与公民关系的角度构建了一个新的 Web2.0 技术对政府治理增效的基本框架,这一框架认为,从政府—公民关系的角度来看,新技术既可以有助于单向的服务供给和信息透明,也有助于多向的对话与沟通,同时也有助于双向的合作网络;从结果来看,可以提升公众对于政府的满意度、责任感、信任度等(如图 1-3 所示)。具体来说,新技术对于政府—公民关系的赋能体现在两方面:

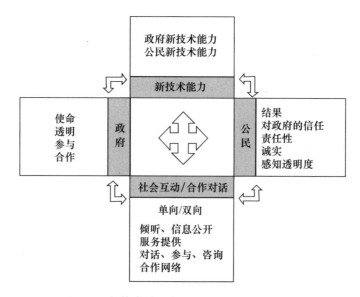

图 1-3 新技术对政府—公民关系的赋能效应

资料来源:Baozhou Lu(*et al.*), Social Representations of Social Media Use in Government: An Analysis of Chinese Government Microblogging from Citizens' Perspective, *Social Science Computer Review*, Vol. 34, No. 4, 2016, pp. 416-436.

---

① E. Bonsón(*et al.*), Local E-Government 2.0: Social Media and Corporate Transparency in Municipalities, *Government Information Quarterly*, Vol. 29, No. 2, 2012, pp. 123-132.

一是节省成本,提高政民沟通的效率。近年来世界各国都普遍经历了经济和财政危机,尤其是在西方国家,2008年的金融危机让不少国家的经济陷入了困境,正如之前的经济危机一样,这在很大程度上打破了经济与财政之间的平衡。由于财政收入的迅速减少、经济活动的衰减和增加的失业率,政府普遍经历了日益严重的支出困境和财政赤字。在这种背景下,政府对资源的合理运用显得更加重要,对效益和效率问题更加敏感。新的技术无疑有利于更好地了解公民偏好,从而能够更加合理地配置资源。与传统的手段相比,新技术在为政府部门节省人力、物力和财力方面有着自身独特的优势。新的信息技术与过去的电子政务相比较,不需要大型装备和硬件的额外投入,只需要在第三方的新技术平台上设立实名账号并进行日常运行维护,或者依托于第三方开发的技术系统进行日常的互动就可以了,从成本上说是一件非常值得做的事情。因此,面对财政压力,各国地方政府纷纷把新技术引入政府过程,例如,透过 Twitter 和 Facebook,政府能够快速并低成本地与公民建立联系;通过利用 LinkedIn(全球最大的职业社交网站)等,政府也能够像企业一样在最短的时间内招聘到合适的人员;政府也可以通过 YouTube 举行市政会议;同样政府也可以通过分享型的平台,如 Pinterest(图片分享网站),来提升本地历史和文化资源的知名度,激发地方旅游的无限潜能。正如兰德斯伯根(D. Landsbergen)所言,各级政府可以从运用新技术中获得明显的收益,不仅可以发现那些不在自身控制范围内的资源,而且还可以一种创新的方式来动员这些资源以实现公共的目的。① 尤其是在危机期间,如在新冠感染疫情期间,各国政府通过在线会议实现有效的沟通和互动,协调各方力量。

二是确立信任,强化政府与公众之间的合作。对于政府来说,建立与公众之间稳固的合作和信任关系非常重要,尤其是在危机时期,及时甚至提前了解和掌握危机相关的所有信息并不容易,而这种信任和合作可以起到决定性的作用。在治理过程中,不同的个人对某个甚至对同一类型事件的反应呈现出很大的不同,这种不同不仅仅取决于他们得到的关于事件的

---

① D. Landsbergen, Government as Part of the Revolution: Using Social Media to Achieve Public Goals, *Electronic Journal of E-Government*, Vol. 8, No. 2, 2010, pp. 134-146.

不同信息,还基于他们的社会地位和文化取向等。同时,在一些危机中,公民扮演着不同的角色,作为旁观者,他们是媒介和政府竭力影响的对象;作为受害者,他们要收集信息;作为目击者,他们又是新闻记者不可抵御的信息来源。[1] 新的信息技术是一个特别"人性化"的渠道,因为这些网络简单、友好,是大多数公民日常生活的一部分。出于这个原因,他们作为信息来源的使用者可能是"自然"信息管理的一部分,通过新技术,可以收集和了解他们对一个事情的意见,可以从网络上直接了解到怀疑、担忧,甚至是批评,使之有可能指导危机,沟通策略,处理最敏感的问题,以及深入分析某些数据、调整优先顺序或边缘化无效信息。透过新技术平台,政府能够更加有效地收集公众意见、提前获得有关危机的重要信息,尤其是了解公众在危机中的诉求,能够有效地了解、跟踪和掌握舆情,对可能的舆情变化提前进行研判。在日常沟通中,通过新的技术网络,地方政府和公众能够在公共服务中形成一种长期、稳定、有效的合作关系,为公共服务的精准化供给创造良好的条件,这种日常的稳定的合作与信任关系,对于政府危机应对是非常重要的,可以在危机中迅速地建立起集体行动和资源配置优势。

三、新技术对政府内部的赋能效应

除了对政府、公众之间沟通、合作能力的提升外,新技术也被认为大大提升了政府内部的资源整合与协同。从政府内部的角度来说,新的技术大大提升了不同政府部门、不同层级以及不同辖区政府之间的协同与共享,从而使得离散的政府越来越成为一个整体。从技术对政府内部整合和协同的程度来说,新技术对政府的赋能总体可以划分为几个阶段:

一是新技术对政府部门自身赋能。也就是新的技术工具只是为了提升内部人员之间的沟通、协助,提升内部的工作效能。在这一阶段,新技术只是作为提升政府部门内部效率的一个手段。公民到政府部门办事的体验依然很差,因为公共服务依然被分割在各个部门的"竖井"之中,公民

---

[1] 〔荷〕阿金·伯恩等:《危机管理政治学——压力之下的公共领导能力》,赵凤萍等译,河南人民出版社2010年版,第96页。

依然必须频繁往返于不同的部门"深井"之间,频繁、重复地递交各种材料。①

二是新技术对部门间的赋能。新技术融合大数据平台和信息化智能化手段,以业务协同和资源共享为特征,通过信息化的技术整合政府不同部门间的职能、流程和权力,以整体化的形象为公民提供更为便捷的公共服务。基于新的移动应用程序和政务平台把越来越多的部门整合在一起,不同部门共同制订流程和提供一体化的公共服务供给已变得更加普遍,从而实现了跨部门间的服务整合。②

三是基于信息技术的跨辖区协同。对于涉及多个辖区政府间的事务,公民不需要往返于不具有行政隶属关系的辖区政府,地方政府之间可基于信息共享、标准对接和流程整合,通过共享化的平台进行办理。新的技术为统一的端口访问多个程序提供基础,不同辖区政府通过线上线下融合的方式,为公民提供跨辖区的一体化公共服务,从而从更加宏观的意义上实现整体政府的理念和数字政府建设。

新的信息技术能够在"不移除组织边界的前提下,建立跨组织的协调活动"③,新的技术被认为是实现这种协调的桥梁,强调通过新的技术把分散的政府部门和组织联合起来,建设跨组织的基础网络数据库,通过单一的入口,公民和企业可以迅速地和各部门建立联系,实现部门之间无缝对接④,通过新的手段推动跨层级、跨机构、跨系统、跨业务的联通共享和协同整合⑤。新技术的应用对于改变政府运行模式有着积极意义,能够提升协同和合作意识,促进政府转变传统技术环境下高高在上、居高临下的行

---

① J. S. Davies, The Limits of Joined-up Government: Towards a Political Analysis, *Public Administration*, Vol. 87, No. 1, 2009, pp. 80-96.

② 蔡立辉、龚鸣:《整体政府:分割模式的一场管理革命》,载《学术研究》2010 年第 5 期。

③ T. Ling, Delivering Joined-up Government in the UK: Dimensions, Issues and Problems, *Public Administration*, Vol. 80, No. 4, 2002, pp. 615-642.

④ B. Klievink & M. Janssen, Realizing Joined-up Government: Dynamic Capabilities and Stage Models for Transformation, *Government Information Quarterly*, Vol. 26, No. 2, 2009, pp. 275-284.

⑤ 翟云:《整体政府视角下政府治理模式变革研究——以浙、粤、苏、沪等省级"互联网+政务服务"为例》,载《电子政务》2019 年第 10 期。

为方式,打破僵化、封闭的权力运作系统。尤其重要的是,新技术可以更好地打破过去行政体制中存在的横向部门之间以及纵向不同层级政府之间存在的行政壁垒,建立与Web2.0技术相契合的政府联动机制,新技术网络为更大范围内的政府之间,以及从地方到中央的不同层级政府之间的信息分享、协作和集体智慧的创新提供了全新的平台。[1] 新技术可以实现跨地区、跨层级和跨部门的互动与协同,有效推进公共服务的系统化、整体化,实现资源的有效整合,可以用于正式组织内部以支持开放的合作行动知识分享和再利用。新的技术工具允许即时的团队协作,这对政府效率来说有时候至关重要。[2] 总而言之,新技术一改政府僵化、低效率的形象,转变成为灵活自如、反应敏捷的"智能政府"。

第三节
增负效应:被忽略的新技术背面

毋庸置疑,新技术的不断发展和日益渗透使得公共治理和政府治理发生了很大的变化,过去很多似乎不可想象的事情在新技术环境中变得再平常、普通不过,新的技术正使得政府治理体系、结构和能力越来越趋向于高效、合理和现代化,但是在很多人看来,如果认为这是一件理所当然的事情,那是对技术作为工具特性的最大误解,新技术在赋能政府治理的同时,可能带来的增负效应不应该被忽略,在某些时候、对于某些特定的对象来说,可能意味着巨大的压力和新的负担。当然,这不是技术本身带来的,而是技术在特殊的环境制度应用过程中产生的副效应。

一、技术增负问题的由来

新技术对政府治理赋能的溢美之词从一开始就伴随着来自各方面的

---

[1] S. A. Chun(et al.), Government 2.0: Making Connections Between Citizens, Data and Government, *Information Polity*, Vol. 15, No. 1-2, 2010, pp. 1-9.

[2] C. Shirky, *Here Comes Everybody: The Power of Organizing Without Organizations*, Penguin, 2008, p. 30.

批评和质疑。不可否认的是，基于 Web2.0 技术的应用是出色的互动、合作媒介，在信息沟通方面有着不可替代的优势，但它只是一种技术手段、一种工具，一些公共治理的价值只不过是外人强加其头上的而已，其实本身并不必然能够深化公共治理中的公民参与和政民合作，也不必然包含影响公共沟通的其他积极的因素。在一些人看来，新技术在政府治理中的功能和角色被不恰当地夸大了，其实新技术在政府治理中也有"黑暗"的一面[1]，而这一点在很多时候被忽略了。在一些学者看来，把技术的赋能效应视为一种不证自明的事情，把新的信息技术与效率或赋能等同起来是一种简单化的逻辑，具有浓厚的技术决定主义色彩。从根本上来说，新的技术应用只是一种被动性的工具，尽管从技术本身的特征来说，其内含着效率的潜在功能，但是新的技术在政府治理中的运用并不一定能够实现赋能效应，实际上信息技术应用的效果是受到社会的、体制的等因素的影响，像制度环境、组织结构、价值习惯等都会以一种独特的方式影响或塑造技术，赋能和增负都是可能的结果，存在着积极和消极的"两张面孔"[2]，这取决于具体的条件和过程。

把技术简单地视为对组织赋能的工具实际上也是一种技术与组织之间的单向僵化思维，而实际上，技术与组织之间是一种相互作用的过程，技术应用是二者互构的关系和结果。从信息技术兴起的那一刻起，有关技术与制度的关系就一直是组织治理能力变革中讨论的重要问题。在一些人看来，信息技术是推进组织治理能力的核心，甚至是最重要的要素，早期如刘易斯·芒福德（Lewis Mumford）、马歇尔·麦克卢汉（Marshall McLuhan）和雅克·埃吕尔（Jacques Ellul）等就把技术视为一种决定性的、不可逆转的工具。例如，雅克·埃吕尔在其《技术社会》（*The Technological Society*）一书中就认为，技术战胜了非技术，技术是致力于达到目标的最有效的方法，而非技术将注意力分散在多个目标上。如果一名士兵使用的剑是用最新的冶金技术设计和制造的，除了考虑到武器的杀伤力之外，没有

---

[1] I. J. Chung, Social Amplification of Risk in the Internet Environment, *Risk Analysis*, Vol. 31, No. 12, 2011, pp. 1883-1896.
[2] 肖滨：《信息技术在国家治理中的双面性与非均衡性》，载《学术研究》2009 年第 11 期。

其他目的,那么他就会打败使用传统方法制造的剑的士兵。① 对组织来说,技术是单向地、独立地对组织产生影响②,技术塑造了组织结构。一些人甚至认为技术是决定组织结构变化和能力的唯一的、最重要的因素。这种绝对的观点受到了很多批评,在很多人看来,技术对于治理能力的提升固然重要,但是技术发挥效能的前提是制度变革,需要社会系统的支持,技术只有嵌入适宜的制度环境和政治、经济、文化等多重的社会因素才能实现组织能力的提升③,现有的组织流程和结构以及其他变量会影响技术实际实现的方式和效果④。

在这些人看来,技术与组织制度相互促进,共同影响着组织能力的发展。正是因为技术与组织之间的双向互构,从而使得赋能和增负都成为可能的结果。新的技术之所以会产生增负的效果,在于技术不是一个独立或决定性的变量,技术的发展会受到技术之外的多重因素的影响,比如非技术因素就会制约和影响技术的发展方向和速度,即使在使用相同的技术时,也会因环境的不同而有所不同。这些外在的因素可能对技术的应用产生扭曲或异化,从而导致技术运用结果与预期相悖,技术增负就可能成为现实。

二、新技术增负的具体表现

实际上,早在20世纪80年代,不少人就注意到了信息技术带来的负担和压力问题,被称为"技术压力"(Technostress)现象,即组织中的最终用户因使用信息技术而感受到压力的现象。它是由个人试图应对不断发展的信息通信技术(ICT)以及其使用过程中所带来的不断变化的身体、社

---

① Jacques Ellul, *The Technological Society*, Vintage, 1964, p. 331.
② W. Kuhns, *The Post-Industrial Prophets*, Weybright and Talley, 1971, pp. 118-125.
③ 〔美〕埃弗雷特·M. 罗杰斯:《创新的扩散》,辛欣译,中央编译出版社2002年版,第197页。
④ D. F. Norris & L. Thompson, High Tech Effects: A Model for Research on Microcomputers in Public Organizations, in G. D. Garson & S. S. Nagel (eds.), *Advances in Social Science and Computers*, JAI Press, 1991, pp. 51-63.

会和认知反应所引起的[1],是个体由于使用信息通信技术而经历的压力,被定义为"一种现代适应疾病,由于无法以健康的方式应对新的计算机技术"[2],以及"在某些工作中严重依赖计算机的员工中观察到的一种觉醒状态"[3]。新技术作为一种全新的工具,运用到组织管理的实践过程同样面临着新的技术逻辑与组织原有的价值、习惯和方式的冲突,甚至很多时候这种冲突表现得比较明显,当这种冲突比较激烈的时候,对于处于其中的组织本身或者组织中的某些人来说,新技术可能就意味着压力和负担。现有的研究对这种负担的分析很大程度上停留在个人面对新技术所产生的心理、身体和能力方面的压力上,具体来说,这种负担主要表现在以下几个方面:

1. 工作负荷带来的负担

新技术改变了传统官僚制严格的组织壁垒和程序约束,并改变了时空关系,对于技术末端的使用者来说,新技术的效率意味着各种工作任务和可能带来的新的工作负荷。不少学者注意到,嵌入到新工作环境中的信息系统(如视觉显示单元、计算机辅助设计、计算机数控机床、柔性制造系统和计算机集成制造)由于改变了原有的工作设计和工作过程,大大提升了工作效率,但是对于一线的工作人员来说,计算机数控机床的使用已被证明会增加工作班次[4],这种工作负荷给基层人员带来了巨大的负担和压力。对于新技术来说,由于新的技术改变了封闭性的过程和相对固化的工作程序,一线人员很难像过去那样按部就班地、机械地完成各种任务。新技术的嵌入意味着即时性的任务、跨层级的工作压力、跨区域的责任施加,这可能使一线的工作人员时刻面临着来自各个层面、各个部门快速的工作

---

[1] K. Clark & S. Kalin, Technostressed out? How to Cope in the Digital Age, *Library Journal*, Vol. 121, No. 13, 1996, pp. 30-32.

[2] C. Brod, *Technostress: The Human Cost of the Computer Revolution*, Addison-Wesley, 1984, pp. 115-117.

[3] B. B. Arnetz & C. Wiholm, Technological Stress: Psychophysiological Symptoms in Modern Offices, *Journal of Psychosomatic Research*, Vol. 43, No. 1, 1997, pp. 35-42.

[4] J. H. Love, D. R. F. Simpson, & J. Walker, The Impact of New Technology on Labor Flexibility and Working Practices: A Management Perspective, *Journal of General Management*, Vol. 14, No. 3, 1989, pp. 13-25.

负荷传递,甚至可能使其陷入更大的被动境地,这无疑意味着巨大的压力和负担。对于组织中的上层人员来说,新技术也意味着新的工作模式的转型,可能带来工作负荷的增加,这种负荷不仅仅指的是工作任务,还有工作方式带来的压力。个人需要积极转变过去传统技术环境中的行为习惯和态度,放低姿态,把自身的地位从过去单一的权威消息来源者、信息的控制者和命令者转变为其他信息来源的竞争者、主动的信息收集者、相关问题的沟通者和倾听者,学会从新技术环境中更好地收集民意,反映公众诉求,学会从新技术的逻辑中去引导舆论,应对危机。而这种习惯和态度的转变从根本上来说是组织中的上层人员内心理念和行为方式的转变,需要对新技术有更加深入的了解。面对这样一种基于完全不同逻辑的新技术,组织要在较短的时间内转变自身的理念和行为模式存在很大的困难。对于一些组织来说,适应这种新的技术环境的过程本身就是一种额外的负荷。

2. 即时回应带来的负担

研究表明,信息通信技术用户对这些技术往往会表现出消极的心理、认知反应和态度,产生计算机焦虑(Computer Anxiety)[1]。也就是个体在与计算机信息系统交互时可能经历的恐惧、忧虑和焦虑,它是与计算机相关技术交互时的心理负担、对计算机及其影响的消极态度,以及在实际使用计算机时的消极认知的多重结合。[2] 对于新技术来说,这种心理负担主要源于新技术要求组织成员第一时间响应的心理负担和焦虑。新技术的多元化主体、即时性的信息传播、高度交互性的过程模式使得一切都可能脱离原本的控制,要想实现随时随地的响应,必须时刻介入到工作的过程中。新技术在很大程度上改变了事件发展和演变的原有逻辑和路径,在高度碎片化的信息中,在完全不受时空约束的信息传播情境中,在高度原子

---

[1] R. K. Heinssen Jr. , C. R. Glass, & L. A. Knight, Assessing Computer Anxiety: Development and Validation of the Computer Anxiety Rating Scale, *Computers in Human Behavior*, Vol. 3, No. 1, 1987, pp. 49-59.

[2] M. M. Weil & L. D. Rosen, The Psychological Impact of Technology from a Global Perspective: A Study of Technological Sophistication and Technophobia in University Students from Twenty-Three Countries, *Computers in Human Behavior*, Vol. 11, No. 1, 1995, pp. 95-133.

化的、游离状态的个体成员中,一切都变得捉摸不定,不知道什么时候或因为什么原因会突然聚合,产生合力,又突然消散,这使得政府有的时候很难找到有效的切入点或应对的方式。对于一线人员来说可能面临着新技术环境下来自上级以及外部环境的即时响应的双重压力和负担,而在过去,他们只需要向上级汇报就可以了。

在特殊的时刻,尤其是在危机事件中,这种即时响应的要求对于一线人员来说成为一种巨大的心理负担。在以往的危机逻辑中,激烈的群体性事件的发生也一般遵循着制度性的沟通—沟通失败—事件发生的过程,也就是在危机事件发生之前,利益受损的群体通常会有一个较为漫长的制度性的诉求反映过程,只有在制度体系内所有的沟通都无法达成目标时,作为最后的制度外行为的危机事件才会发生。因此,在这个过程中,政府只要能够在制度性的沟通过程中积极介入,有效地回应这些群体的诉求,危机事件就可能不会发生。即使激烈的群体对抗行为已经发生,也能够通过与危机事件的主要参与者和组织者有效沟通,认真解决所反映的问题,事件也一般不会升级,并能够得到有效解决。在整个危机应对过程中,只要态度真诚,积极沟通,除了极端的情况,一般都能够较为从容地应对。但是,在新技术环境中,事情却没有这么简单。危机事件的发生在很多时候不再经过过去那样一步一步发生的先后次序,甚至跳过了所有的中间环节。一线人员需要在第一时间回应外部环境的变化,同样需要第一时间回应上级组织成员的信息需求。

3. 能力不足带来的负担

新技术对个人的工作模式、工作时间和技术技能提出了新的要求,个体因此可能感到沮丧和痛苦。[①] 当新技术环境中的个体评估环境的要求超过自己应对能力的时候,不好的心理体验就会产生,由此带来不安的心理感知。[②] 新技术对于组织成员的能力提出了更高的要求,如具有更强的

[①] C. Brod, *Technostress: The Human Cost of the Computer Revolution*, Addison-Wesley, 1984, pp. 221-225.

[②] 马继昌、陆昌勤:《信息技术发展带来的阴暗一面——基于技术压力的分析视角》,载《中国软科学》2020 年第 S01 期。

预判能力、更灵敏的感知能力、更快捷的反应能力、更谦卑的沟通能力,这对于很多人来说并不是一件容易的事情。尽管新技术对年轻人来说是一种流行的生活方式,但对于出生在20世纪五六十年代的人来说,是比较陌生的新鲜事物,他们对Web2.0技术相对比较陌生,对其在社会互动和治理中的角色和影响往往缺乏充分的认识。尽管一些组织以及相关人员都在环境的推动下不得不与新的技术应用打交道,并尝试使用,但是他们往往对新技术本身存在着不信任感,更重要的是自身的素养难以跟上新的技术应用要求,因为在传统的工作环境中,个人更多的时候遵行的是程式化的和相对僵化的工作模式。在新技术的环境中,组织必须拥有较强的信息感知和预判能力,能够娴熟地运用新技术工具实现即时性的沟通和互动,对新技术环境中的个人信息表达和传播机制有深入的了解和掌握,但是这种能力的提升并不是一朝一夕的事情,而是一个潜移默化和缓慢渐进的过程,需要系统化的培训,需要实践经验的累积和锻造。当组织成员自身的能力无法跟上快速变化发展的新技术环境时,新技术带来的能力负担就会凸显出来。

三、政府治理中的新技术增负问题

新技术未必是赋能的工具,也有可能是新的负担,这取决于管理者如何看待和选择运用新的技术工具。[①] 正如任何新事物都存在两面性一样,新技术对于政府治理来说也是一把"双刃剑":新技术为公共沟通、公民协同和政民互动提供了前所未有的条件,但其本身存在的一些问题也让人们必须谨慎行事。就如法拉兹曼(A. Farazmand)所言,技术既是创造者也是破坏者,是机会也是困境。[②] 对于政府来说,问题的特殊性在于,政府与其他组织相比较,是一个更加保守,更加僵化的存在,更加强调天生的永久性与稳定性,政府自上而下的权力运作逻辑与新技术自下而上的逻辑从一

[①] Gabriel Modéus, Crisis Management in Social Media, Paper for Master Degree, Linnæus University, Spring 2012, p.19.

[②] A. Farazmand, The Future of Public Administration: Challenge and Opportunities: A Critical Perspective, *Administration & Society*, Vol.44, No.4, 2012, pp.487-517.

开始就存在着紧张关系,很长一段时间里政府治理领域中的新技术运用更多集中在技术和操作问题,只有在最近才将注意力转向广义机构和政治问题。① 正因为如此,新技术在政府中的运用面临着更加明显的冲突和紧张,这种紧张关系往往难以调和:一方面是面对日益先进和普及的新技术以及政府绩效和合法性的压力,政府不得不引入新的技术以便作出回应;另一方面,广义的和深层次的政治问题无法在短时间内作出反应和调整,从而有效缓解这种紧张关系。在这种情况下,新的技术带来的可能就不是期待的效率和能力的提升,而可能意味着新的压力,成为政府的新的负担。当技术的应用不是一种主动的要求,而是一种被动的适应的时候,这种负担就是一个需要认真正视的问题,尤其是对于新技术运用过程中被动的技术施加对象来说,这种压力和负担将更加明显。

对于政府来说,面对新技术工具,必然的选择是把其更好地纳入政府治理过程的同时建立好的制度规范,对其可能产生的问题有充分的认识,并有效地解决好新技术与已有的制度框架之间的融合性问题。萨顿(J. Sutton)等很好地总结了政府对新技术在治理中应用的态度:数据表明,新技术对现有的公共信息生产和传播产生越来越大的影响,这意味着把新技术引入政府不可避免。由于新技术的效用越来越大,点对点通信无处不在,政府治理模式将会发生变化,尽管没有正式承认这些广泛分布、组织非常好的信息活动。然而,简单地让这些不可避免的变化发生,可能会产生新的问题和压力,如果没有做好充分的准备,或对问题的估计不足,新技术的应用可能会产生相反的效果。因此,呼吁政府官员积极考虑如何与点对点信息交换相结合,并为信息生产和传播功能制定新的概念和规则。② 换

---

① A. Savoldelli, C. Codagnone, & G. Misuraca, Understanding the E-Government Paradox: Learning from Literature and Practice on Barriers to Adoption, *Government Information Quarterly*, Vol. 31, Suppl. 1, 2014, pp. S63-S71.

② J. Sutton, L. Palen, & I. Shklovoki, Backchannels on the Front Lines: Emergent Uses of Social Media in the 2007 Southern California Wildfires, in F. Fiedrich & B. van de Walle (eds.), *Proceedings of the Fifth International ISCRAM Conference*, Washington, DC, May 2008, pp. 1-9; T. F. Sykes & E. A. Travis(eds.), *Social Media and Disasters: Uses, Options, Considerations*, Nova Novinka, 2012.

句话说,将新技术纳入现有的政府治理过程是不可避免的,但是必须对可能的技术负担有足够的认识。温德宁(C. Wendling)等警告说:"选择不使用新的 Web 技术的组织可能会被公众视为没有组织,甚至发出漠不关心或蔑视的信号。"[①]但是,新技术归根结底只是实现治理的工具与手段,虽然不可或缺,但它必须在政治价值体系的框架中才具有意义,只有不断调适权力运作过程和方式,转变理念,才能实现新技术的赋能效应,否则技术就只能成为一种漂亮的摆设,可能反而让政府压力重重。

---

① C. Wendling, J. Radisch, & S. Jacobzone, The Use of Social Media in Risk and Crisis Communication, OECD Working Papers on Public Governance, No. 24, 2013, pp. 1-29.

第二章

新技术增负的技术－制度－行动者逻辑

被认为是"效率""协同""共享"代名词的新的信息技术为什么会成为新的负担？实际上,任何技术都是被行动者在特定的制度环境中运用的结果,离开了具体的场景,技术本身只是一种空中楼阁,因此,只有在具体的制度环境中才能真正理解技术的运用方式及其结果。长期以来,学界对于新技术运用结果的解释更多的是从技术与制度之间的关系来切入的,而忽略了行动者在其中扮演的重要角色。新技术在政府治理领域中的嵌入过程必然会与传统科层制的权威体系产生某种张力,技术的逻辑与科层逻辑之间到底以什么方式产生联系并导致怎样不同的结果？对此,不同的学者给出了不同的解释。本书把行动者作为核心变量并将其纳入分析框架,从中国特殊的压力型体制的运行机制出发,试图就新技术对基层政府的增负问题进行学理分析,并建构技术—制度—行动者的分析框架,为我们理解新技术的基层增负效应提供了一个新的整合性的研究视角。

第一节
新技术运用中的技术—制度逻辑

政府部门运用新技术的目的无非是强化内部的协同和合作,推动更加有效的民主参与,更好地回应公众诉求,简化操作流程,以自动化、智慧化的方式来解决一些重复性和密集型的任务,实现以最小的成本完成更多的事情。很多时候,人们注意到,新技术的发展可能推动政府体制和组织的变革,以新技术的应用为切入点推动政府治理的数字化转型,核心是通过新的技术改造政府组织,因为原有的政府体制不再适合新的技术环境的动态和复杂性质,因此需要进行现代化改造以保持其有效性和合法性。① 一些人试图以新的技术改变官僚体制的运作模式,推动政府进行不同程度的改革,以提升政府效能,而这往往具有看得见的效果②,甚至有时候能够产生立竿见影的效果。但是,一些研究也注意到,新的技术总体来说并没有挑战以稳定和控制为中心的官僚体制模式,因此新技术改变政府的这种效果具有一定的限度。③ 为什么有些政府在新技术使用上成功地提高了响应能力,有些却失败了,甚至让政府官员压力重重?④ 很多人把导致这种不同的技术运用效果的关键因素归结为技术在运用过程中与特定制度之间的不同反应,从技术与制度之间的关系来解释新技术的应用方式和结果成为重要的视角。

一、技术对制度的建构

一些人对技术有着天生的"技术崇拜",把技术视为"采取的理性手段并获得绝对效率的总和",认为是技术这一核心的因素推动着人类活动的效率和进步⑤,在一些人看来,新的技术对新制度具有强烈的建构功能,技术对制度的建构在很大程度上决定着技术运用的效果。事实上,由于信息技术是一种通用技术,基于这种通用技术的新工具除非发生了补充性的变化,否则它不能产生任何新的东西。⑥ 这种"补充性的变化"指的是技术对制度产生的影响,也就是围绕技术所发生的制度变革,因此,技术本身没有问题,是无法比拟的效率工具,关键的问题在于通过技术建构新的制度,如

---

① D. Osborne & P. Plastrik, *Banishing Bureaucracy*, Addison-Wesley, 1997, pp. 211-216.
② O. Brafman & R. A. Beckstrom, *The Starfish and the Spider: The Unstoppable Power of Leaderless Organizations*, Portfolio, 2006, pp. 332-335.
③ Albert Jacob Meijer & René Torenvlied, Social Media and the New Organization of Government Communications: An Empirical Analysis of Twitter Usage by the Dutch Police, *The American Review of Public Administration*, Vol. 46, No. 2, 2016, pp. 143-161.
④ S. J. Eom, H. Hwang, & J. H. Kim, Can Social Media Increase Government Responsiveness? A Case Study of Seoul, Korea, *Government Information Quarterly*, Vol. 35, No. 1, 2018, pp. 109-122.
⑤ Jacques Ellul, *The Technological Society*, Vintage, 1964, p. 14.
⑥ A. Savoldelli, C. Codagnone, & G. Misuraca, Understanding the E-government Paradox: Learning from Literature and Practice on Barriers to Adoption, *Government Information Quarterly*, Vol. 31, Suppl. 1, 2014, pp. S63-S71.

果新的技术无法影响到传统制度的变化,促进制度适应新的技术环境的要求而发生较为深刻的转型,那么这种技术就只能是一种具有效能的潜在工具,而无法转变成实实在在的结果。从技术决定论的观点来看,新技术能改变治理的制度和组织结构,并且起着决定性的作用,从这个角度看,新技术是转型过程中的主角。这也意味着在政府应用新技术时,技术将对公民和政府之间的互动形式、工作方式或组织结构产生重要的影响。在这方面,数字技术经常被用作催化剂,以塑造新的组织职能形式,并通过整合公共机构之间的各种职能,帮助政府在数字时代提高公共部门的合法性。在追求合法性的过程中,"新职能"最终将根据组织的结构、文化和系统来定义组织应该如何发展,以实现预期目标。认识到这一点非常重要,数字技术的实施应该被看作是一个持续不断的变革和创造新制度的过程,而不是在相互的基础上孤立的技术实施的过程。因此,新技术在组织中的应用是一个由组织结构、政治和管理策略驱动的复杂社会过程,是为了促进数字驱动的制度化过程,应该彻底理解这一事实。[1] 对于政府来说,应该基于技术的逻辑,积极营造有效的制度环境,从而发挥技术最大化的效能,这是数字化改革最重要的内容。

之所以需要以新的技术推动制度的建构,在一些人看来,根本原因在于技术本身具有较强的刚性,要想新的技术发挥效能就必须遵循信息系统的逻辑结构,并基于技术的逻辑改造科层结构,技术所内含的业务流程刚性使得组织内部关系必须为之而改变。[2] 新的信息技术在价值逻辑上与政府的官僚体制有着根本的冲突或紧张关系,而新的技术发挥效能的障碍在于与官僚体制的制度逻辑有一定的冲突,因此,新技术对制度的建构的首要任务就是需要改变官僚制的沟通方式,建构一种与新技术内在逻辑完全契合的新的组织沟通模式,发展一种新的、后官僚主义的政府沟通模式。首先,需要建构一种强调的是分权而不是集中的沟通机制。官僚化的政府

---

[1] Z. Irani & M. Kamal, Transforming Government: People, Process and Policy, Transforming Government, Vol. 9, No. 2, 2015, pp. 405-421.
[2] 刘伟华:《技术结构刚性的限度——以 ERP 在马钢的应用实践为例》,北京大学 2007 年硕士学位论文,第 34—37 页。

沟通模式的第一个特点是权力集中。外部通信将通过一组有限的"看门人"来引导,以确保外部通信可以由管理部门监视和控制。[①] 新的技术嵌入必须推动这种集权式信息运作方式的转变,建设一种具有后官僚主义特征的组织沟通模式,强调分散的、依赖于各种交叉网络进行更灵活的协调,将权力下放到个人层面,把在专业和非专业问题之间设置界限的责任从组织转移到个人。[②] 其次,需要建构一种强调形式而非个人身份的非正式沟通机制。非正式的沟通加强了组织与外界之间的知识共享,在这种形式中,交流需要个人之间丰富的联系。这些接触不仅需要与任务相关的交流,而且根据官僚模式的冗余,还需要涉及特定个人的方面,如爱好、观察、意见等。在这些概念的基础上,一种组织政府交流的新模式将意味着人们与外界交流就像与组织内的同事交流一样,而不是作为组织的工作人员。[③] 非正式的沟通可能对于新技术来说更加具有契合性。最后,需要建构一种更加模糊组织边界的内部和外部联通开放的沟通模式。虽然明确的组织界限是官僚制沟通模式的核心,但新模式突出了内部沟通和外部沟通的重要性(如表 2-1 所示)。内部和外部联系良好的个人跨越的界限越来越被强调为提高组织的创造力和绩效所需要的活动。

表 2-1 新技术的嵌入与政府沟通制度的建构

	官僚制政府沟通模式	政府沟通的新组织形式
对外部通信的控制	集权	分权
对外沟通者的身份	正式的(职能性的)	非正式的(个人性的)
内外部沟通的关系	隔离的	联通的

技术对政府制度的建构过程包含两个方面:一是无意识的过程,也就

[①] V. Bekkers, *Government Without Boundaries*: ICT and Shifting Boundaries in Public Administration, Samsom H. D. Tjeenk Willink, 1998, pp. 297-301.

[②] E. Josserand, S. Teo, & S. Clegg, From Bureaucratic to Post-Bureaucratic: The Difficulties of Transition, *Journal of Organizational Change Management*, Vol. 19, No. 1, 2006, pp. 54-64.

[③] A. Willem & M. Buelens, Knowledge Sharing in Public Sector Organizations: The Effect of Organizational Characteristics on Interdepartmental Knowledge Sharing, *Journal of Public Administration Research and Theory*, Vol. 17, No. 4, 2007, pp. 581-606.

是新的技术在政府的应用过程本身就会对政府内部组织、结构及其行事方式产生潜移默化的影响,在不知不觉中建构着政府新的制度。当技术成为组织成员的日常活动时,它就在组织中制度化了,这就逐渐减轻了个人的认知负担。① 为了通过不同的方式和行动在时间和空间上实现这种状态(即常规化的行动),技术与组织成员或参与者之间需要不断重复的互动,进而在以后形成新的制度结构,形成组织惯例,最终形成制度化的实践。② 这些相互作用有意无意地产生着结果,但是这种无意识的建构过程往往是缓慢且难以触及核心的机制,这就使得有意识的过程变得非常重要。二是有意识的过程,也就是政府人员特别是领导者以及相关的机构有意识地顺应新技术的要求,主动积极地转变政府的体制结构。新的技术往往被作为对压力的战略反应引入组织,从而导致组织经历制度化过程。组织领导者往往面临三种压力而不得不强力推动面向新技术的制度化过程,也就是规范压力或社会压力,导致组织及其成员遵循某些规范,并往往是与专业化有关的行动;因政治影响和合法性需要而产生的强制性压力,如所实施的法律法规,以及对实现某些技术或服务标准等组织的期望;由于对不确定性的标准响应而产生的模拟压力。③ 这三种压力可以重叠和混合,但它们往往源自不同的条件。

二、制度对技术的建构

技术对制度的建构及其影响在很多人那里似乎是一件理所当然的事情,并不断地被乐观主义情绪所支配,是很多人解释政府领域数字化转型和新技术运用效果的核心逻辑。基于这种逻辑,对于政府治理的转型来

---

① J. Baptista, S. Newell, & W. Currie, Paradoxical Effects of Institutionalisation on the Strategic Awareness of Technology in Organisations, *The Journal of Strategic Information Systems*, Vol. 19, No. 3, 2010, pp. 171-183.

② A. F. V. Veenstra, U. Melin, & K. Axelsson, Theoretical and Practical Implications from the Use of Structuration Theory in Public Sector Information Systems Research, The European Conference on Information Systems (ECIS), 2014, pp. 1-11.

③ V. Weerakkody, A. Omar, & R. El-Haddadeh (et al.), Digitally-Enabled Service Transformation in the Public Sector: The Lure of Institutional Pressure and Strategic Response Towards Change, *Government Information Quarterly*, Vol. 33, No. 4, 2016, pp. 658-668.

说，新技术的出现以及日新月异的发展让具有较为浓厚的技术决定主义色彩的人兴奋不已，在他们看来，新技术——特别是实现了"计算机中介传播"的互联网——兑现了冲破现存种种束缚的承诺，甚至有的人认为新技术的发展标志着历史上构筑起来的国家权威体系的消解，取而代之的是其他形式的社会组织。① 尽管这听起来未免有些危言耸听，但对于不少人来说，新的信息技术由于融合了现代治理的重要特征，意味着一种全新的治理模式和治理体系的到来，日益深刻地嵌入并改变传统的官僚制成为不可逆转的趋势。尤其是 2010 年以来，以高度交互性、即时性、共享性为特征的新技术工具不断渗透到政府治理过程中，在很大程度上改变了过去政府官僚体制的权威结构、运作过程和组织要素，具有明显的去官僚化功能。然而，这种乐观主义在一些人看来显然是幼稚的，这种幼稚是源于对技术的制度建构主义功能的盲目自信和对政府官僚体制本身的无知。

在很早以前，一些学者就提出了技术的社会建构（Social Construction of Technology，SCOT）理论，认为技术往往并不是按照自身的逻辑自主发展的，这一逻辑较少地关注技术本身的结构，而是把技术置于整体的社会结构中，认为不同的意义和评价结果可以使技术沿着不同的路线发展。② 从技术的社会建构理论看，由于不同的组织具有不同的制度特征，同一技术的应用和实施可能因组织的不同而产生不同的结果，这样，每个群体和组织会根据其需求或对感知到的环境变化作出反应，这决定了他们如何使用任何给定的技术。技术的社会建构理论主要关注人类社会制度对技术变革的影响，认为技术并不能决定行为，相反，人们利用制度背景下的资源、解释性方案和规范来建构技术的社会结构。③ 当然，技术的社会建构理论更多的是从宏观的社会制度概念去解释技术如何被制度建构的。而进入到微观的技术实践层面，在技术的运用过程中，越来越多人关注到，新的技术受到组织制度的建构，从而在很大程度上影响着技术运用的形式和

---

① 〔美〕W. 兰斯·本奈特、罗伯特·M. 恩特曼主编：《媒介化政治：政治传播新论》，董关鹏译，清华大学出版社 2011 年版，第 61—62 页。
② 卫才胜：《技术社会建构论的批判与论争》，载《河南社会科学》2012 年第 3 期。
③ 黄晓春：《技术治理的运行机制研究》，上海大学出版社 2018 年版，第 53 页。

效果。对这一问题的论述主要是从技术刚性和组织刚性之间的关系展开的。认为技术具有刚性,同样,组织本身也有刚性,在实践中,新技术内含的刚性是与其嵌入的具体组织的刚性相比较而言的,技术导入的组织结构刚性越强,技术的结构刚性越弱。① 当特定组织背后的制度刚性更加强大时,技术本身的刚性则很大程度上会被削弱,从而使得技术被制度所形塑。诺里斯(D. F. Norris)提出,技术应用在很大程度上是预先确定的、制度化的和程序化的,因此它不再以"电子"而主要是政府为前缀。② 在新技术应用的热潮中,组织自身所形成的根深蒂固的制度逻辑对技术的塑造和建构是一个容易被忽略但确实是不得不正视的问题。很多时候是制度塑造技术而不是相反,实际上,把视角置于特殊的场景中,我们经常会发现,技术被扭曲或变形比比皆是。③

现代信息技术在植入组织的同时,也嵌入了一个高度复杂的实践制度体系,这个制度体系并不会听任技术以自身的逻辑来按照最优目标改造流程。④ 具体到政府组织中,组织制度对技术的这种建构效应更加明显,原因在于政府机构的结构刚性更加明显。由于特殊的政府权力运作过程和权威体系逻辑,新的技术对政府原有制度的塑造能力更加难以奏效。新的技术同样不会自动或必然推动治理效能的提高,虽然新技术能够促进官僚组织和功能的转变,但是,关键是采用的过程与实施过程。⑤ 持技术对制度构建观点的人显然夸大了技术的刚性,也夸大了官僚体制中的官员面对新技术时的创新意识和积极态度。官僚组织和官僚制所沉淀的价值逻辑和内在运行机制往往使得新技术难以撼动,在一些时候,新技术的嵌入对

---

① 刘伟华:《技术结构刚性的限度——以ERP在马钢的应用实践为例》,北京大学2007年硕士学位论文,第34—37页。
② D. F. Norris, E-Government 2020: Plus ça change, plus c'est la meme chose, *Public Administration Review*, Vol. 70, Iss. S1, 2010, pp. S180-S181.
③ 彭亚平:《技术治理的悖论:一项民意调查的政治过程及其结果》,载《社会》2018年第3期。
④ 杨建荣:《信息技术植入与组织结构重组——以A街道"一门式"电子政务中心为个案的分析》,上海大学2007年博士学位论文,第43页。
⑤ B. P. Bloomfield & R. Coombs, Information Technology, Control and Power: The Centralization and Decentralization Debate Revisited, *Journal of Management Studies*, Vol. 29, No. 4, 1992, p. 459.

官僚制度的许多方面确实会进行一定的修正，以适应现代的信息社会，虽然等级结构出现扁平化，命令和控制系统也有所松动，但等级系统仍然是政府体系的中心所在，新的组织间网络与其说是取代等级结构或者官僚制度，还不如说是在等级结构的内部成长，并在其上不断"积淀"，组织、控制、管理严密的金字塔式的等级结构依然占据统治地位。① 甚至有时候，新技术成为官僚达到自身目的的最有力的工具，它可能通过向官僚领导人提供更多信息来集中权力，从而增加下级的压力，也可能扼杀下级的主动性。② 如果技术被特定的制度所形塑，被特定的组织或个人用于特定的目的，那新技术工具就可能成为施加压力或转移责任的手段。很多时候新的信息技术甚至可能成为相关主体转移责任的工具③，从而使得新技术被特定的个人或部门所利用。

　　新技术之所以会被官僚化，是因为根深蒂固的官僚文化、制度和行为习惯会深刻地塑造新技术使用的方式和过程，这是由官僚体制的保守性所决定的。从制度变迁的角度来说，新技术在组织内部的扩散是一个持续不断的去制度化和再制度化过程。④ 然而，官僚体制强大的制度惯性和组织文化使得这种去制度化和再制度化异常困难，新技术嵌入政府治理过程所面临的官僚体制的保守性显然被低估了。有证据表明，官僚体制的组织体系是抗拒变革的，反新技术的组织设计是强化现有的结构及根深蒂固的权力和控制。⑤ 很多时候，官僚体系运用新技术的目的不是为了促进内部多元沟通，而是实现官僚体制的多级控制和标准化流程，新技术的嵌入产生

---

　　① 〔美〕简·E.芳汀：《构建虚拟政府：信息技术与制度创新》，邵国松译，中国人民大学出版社 2010 年版，第 68—69 页。

　　② C. Grafton,"Shadow Theories" in Fountain's Theory of Technology Enactment, *Social Science Computer Review*, Vol. 21, No. 4, 2003, pp. 411-416.

　　③ B. P. Bloomfield & R. Coombs, Information Technology, Control and Power: The Centralization and Decentralization Debate Revisited, *Journal of Management Studies*, Vol. 29, No. 4, 1992, p.459.

　　④ V. Weerakkody, A. Omar, & R. El-Haddadeh (*et al.*), Digitally-Enabled Service Transformation in the Public Sector: The Lure of Institutional Pressure and Strategic Response Towards Change, *Government Information Quarterly*, Vol. 33, No. 4, 2016, pp. 658-668.

　　⑤ Rana Tassabehji, Ray Hackney, & Aleš Popovič, Emergent Digital Era Governance: Enacting the Role of the "Institutional Entrepreneur" in Transformational Change, *Government Information Quarterly*, Vol. 33, No. 2, 2016, pp. 223-236.

了一种电子科层制(e-bureaucracy)的结果。① 另外,官僚体制强大的制度惯性和纷繁复杂的制度体系使得新技术的去官僚体制力量相形见绌。当新技术被植入政府时,首先发生的并不是技术与组织结构之间的碰撞,而是内嵌于技术的制度安排与既有组织结构的碰撞,并且这种碰撞带有较强的权力关系特征。官僚体制下的政府业务流程和职能往往被镶嵌到各种详细的法律法规和行政法规之中,使得新技术变得无能为力②,甚至可能被这种强大的制度逻辑所"驯服"。巨大的、错综复杂、互不兼容的立法框架、数据标准和业务关系使得新的信息技术在实现跨组织资源共享和协同变得非常困难③,或者说至少不是想当然的自然而然的过程,也就是说,新技术被嵌入官僚体制的逻辑之中,技术被官僚体制所塑造,而不是反过来官僚体制被技术所改变。最终,新技术沦为官僚体制压力传输链条上的有力工具,从而产生了容易让人忽略的负面效应。

三、技术—制度的双向建构

不管是仅仅强调技术对制度的建构还是仅仅强调制度对技术的建构都有些片面,难以解释技术在实践应用中的复杂关系。实际上,技术与制度之间并不是单向的建构关系,技术在特殊制度下的运用方式及其效果其实是技术与制度之间不断的连续性的双向互构的结果。技术的嵌入必然会对组织结构和行为方式、理念产生影响,并推动着制度的转型,尽管这种转型很多时候是潜移默化的,而组织背后的特殊制度同样会对技术原有的运作方式产生影响,从而改变着技术应用的具体形态。技术与组织及其制度之间的关系不是一次性的关系,而是有阶段的、长期的互动关系,二者之间其实是一种"互构"的关系:信息技术携带的组织结构既有来自技术的刚

---

① A. Cordella & N. Tempini, E-Government and Organizational Change: Reappraising the Role of ICT and Bureaucracy in Public Service Delivery, *Government Information Quarterly*, Vol. 32, No. 3, 2015, pp. 279-286.

② J. Wonglimpiyarat, Innovative Policies to Support Technology and ICT Development, *Government Information Quarterly*, Vol. 31, No. 3, 2014, pp. 466-475.

③ Fredrik Karlsson (et al.), Inter-Organisational Information Sharing in the Public Sector: A Longitudinal Case Study on the Reshaping of Success Factors, *Government Information Quarterly*, Vol. 34, No. 4, 2017, pp. 567-577.

性结构,也有来自组织的弹性结构;同样,组织对技术的使用所形成的结构既有组织的刚性结构,也有来自技术的弹性结构。① 从互构论来看,技术和社会因素之间存在双向的复杂的相互作用。技术的实施可能导致社会结构的变化,而社会结构反过来也会导致技术的变化,两者是复杂交互的,不仅需要考虑到技术,还需要考虑到背景、组织形式和嵌入其中的制度安排。

在相关的理论基础上,美国学者简·E.芳汀遵循制度传统,试图系统、全面地解释技术和组织制度安排之间的关系及其相互作用并提出了技术执行框架(Technology Enactment Framework,TEF)。这一框架试图在制度和技术的复杂关系中保持合理的平衡,避免走向社会建构论和技术决定论的极端。一方面,芳汀否定了技术决定论的核心论点,或者说否定了技术能够战胜除了技术之外的任何因素这一不能让人信服的前提;另一方面,芳汀又不像社会建构论那样断言技术完全是社会或组织构建的结果。基于此,芳汀创新性地提出技术执行框架,她在肯定技术系统内的客观性和物质特性的同时又很好地解释了组织形式和制度安排对政府机构使用技术的影响,以更加全面的视角来观察两者之间的关系,即信息技术与组织安排(制度安排)之间互相关联、相互建构、相得益彰,它们既是自变量也是因变量,彼此之间互存因果关系。换句话说,制度和组织使得信息技术得以执行,反过来,信息技术又可以改造组织与制度,使之更好地适应技术的发展。通过现行组织结构和制度安排的中介作用,新的信息技术得以执行,即被理解、设计以及使用,但对于组织结构和制度安排而言,它们有自身内在的逻辑与偏好,这种多重的逻辑就体现在日常运作、官僚政治、规范准则、文化信仰以及社会网络之中。②

芳汀把嵌入政府组织的技术分为客观的技术和被执行的技术。客观的技术即指包括像因特网、数字传播技术等,这些都具有其本身的功能和

---

① 邱泽奇:《技术与组织的互构——以信息技术在制造企业的应用为例》,载《社会学研究》2005年第2期。
② 〔美〕简·E.芳汀:《构建虚拟政府:信息技术与制度创新》,邵国松译,中国人民大学出版社2010年版,第9页。

性能，一般为组织直接使用；被执行的技术是使用者对技术的理解和感知，如果将其嵌入某个领域，使用者会根据不同的情景设计和使用技术。① 从理性的、政治的和社会的特性来说，新技术运用的结果是无法预知的，是不断变化的。信息技术作用与组织的效果可能会以意想不到的方式进行展现，而无论哪种方式，都在很大程度上是由组织的、政治的和制度的逻辑决定的，在很多时候，信息技术并没有导致组织制度的变革，而往往被拿来加强其组织现状，与其说信息技术是被组织采纳与应用的，倒不如说是被组织所执行、所形塑，而技术并不完全被组织所控制，它反过来又会影响和形塑组织。技术与制度之间的互动效果不是直接的也不是结果性的，而是复杂的和高度相互依赖的和动态的，当技术与组织处于持续的冲突时，其结果是不确定的。

这种技术与制度的双向建构逻辑一方面肯定并指出了技术对于组织的重要性及其发挥的作用，比如我们可以看到，政府组织的等级结构在技术的影响下可能会以扁平化的形式出现，并且组织内部自上而下的命令和控制系统较以往可能会存在一定的削弱；另一方面也给予了制度安排更多的关注，强调组织结构与制度安排对信息技术强大的形塑作用，即不管技术怎么影响，依然承认组织核心仍然是金字塔式的等级系统，②信息技术嵌入之后，现有的制度会形塑技术的运行，官僚制内部的一些标准化和规则化特征会在原有的基础上得到进一步合理化的使用，使得原先的制度系统反而变得更为坚固。当然，一些学者认为，该理论尽管提出了关于组织与技术关系相对完整与全面的观点，但缺乏创新和发展，只不过是过去类似观点的总结，③但是技术执行框架对于更加系统深入地思考技术与制度的关系提供了有价值的启示。安东尼奥·科德拉（Antonio Cordella）和费

---

① 〔美〕简·E. 芳汀：《构建虚拟政府：信息技术与制度创新》，邵国松译，中国人民大学出版社 2010 年版，第 79 页。

② G. Garson, Symposium on the Theory of Technology Enactment in Jane Fountain's (2001) Building the Virtual State: An Introduction, *Social Science Computer Review*, Vol. 21, No. 4, 2003, pp. 409-410.

③ C. Grafton, "Shadow Theories" in Fountain's Theory of Technology Enactment, *Social Science Computer Review*, Vol. 21, No. 4, 2003, pp. 411-416.

德里科·伊纳奇（Federico Iannacci）在此基础上提出了"电子政务执行框架"（如图2-1所示），该框架的重点和突破点在于将组织政策的技术性和政治性一起纳入了思考范围，认为技术不仅具有其天然的客观性，而且会内嵌于政府政策的目标与宗旨，这些宗旨与目标反过来又决定了政府政策的选择、设计与运用。① 强调技术并不是独立的，也不是单纯被组织制度控制与利用，而是与组织共同处于相互塑造的循环中。在政府的技术运用中，组织结构与制度安排、开放技术、实施技术和结果四者之间不断互动与相互影响，对政府治理的完善与发展具有重大的意义。②

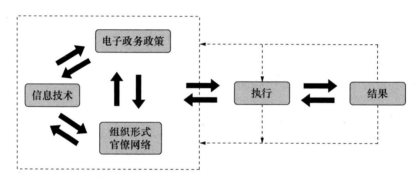

图2-1 安东尼奥·科德拉和费德里科·伊纳奇的"电子政务执行框架"
资料来源：Antonio Cordella & Federico Iannacci, Information Systems in the Public Sector: The E-Government Enactment Framework, *The Journal of Strategic Information Systems*, Vol. 19, No. 1, 2010, pp. 52-66.

社会技术系统（Socio-technical System）理论告诉我们，这些过程的输入不仅仅是技术性的，甚至主要不是技术性的，它们涉及社会、组织、个人和环境。也就是说，技术可能不是一个独立的变量或因变量，还有其他变量，如组织过程和结构、最终用户等。③ 事实上，正是通过技术与这些变量

---

① Antonio Cordella & Federico Iannacci, Information Systems in the Public Sector: The E-Government Enactment Framework, *The Journal of Strategic Information Systems*, Vol. 19, No. 1, 2010, pp. 52-66.
② Vasiliki Baka, Co-Creating an Open Platform at the Local Governance Level: How Openness Is Enacted in Zambia, *Government Information Quarterly*, Vol. 34, No. 1, 2017, pp. 140-152.
③ D. F. Norris, Building the Virtual State... or Not? *Social Science Computer Review*, Vol. 21, No. 4, 2003, pp. 417-424.

的相互作用,技术才最终得以实现。因此,终端用户、现有的组织过程和结构,以及其他变量在实践中是技术运行的影响因素,就像技术可能会影响这些变量一样。正因为如此,开发技术的重要意义在于所有公民和其他参与者积极地共同参与一项技术的设计,共同努力解决其缺陷,并创建新的、更好的社会项目。[①] 在一些技术应用项目未能兑现承诺的地方,主要是由于缺乏对制度安排、组织因素、技术和社会经济背景之间互构关系的深刻理解。[②] 对于政府来说,面对新技术的引入,必须从技术和制度二者相互建构的角度推动相关制度的变革,同时面向特殊的制度体系,对技术的功能和模块进行有针对性的设计,从而建设技术与制度之间良性的反应链。

第二节
技术—制度—行动者框架及其运作逻辑

尽管制度与技术之间的关系对于反思政府治理中的新技术运用方式和效果问题提供了有价值的启示,成为不少人研究这一问题的重要逻辑,但是,总体上来说,这些成果大都限于宏观的学理分析,对于其中的具体机制缺乏深入的研究。更重要的是,在这些研究中,技术应用中的"人"这一最重要的变量被边缘化了,或者被有意无意地剔出了这种分析框架,而把技术与制度之间的互动或互构视为一种自然的反应过程。在奥利科夫斯基(W. J. Orlikowski)看来,技术终究是"实践中的技术",只有在实践场景中才有真实的意义,也只有透过实践这一"棱镜"才能窥探其本质的价值。[③] 实践中的行动者而不是技术本身才是我们真正应该关注的焦点和核心变量。[④] 因此,有必要在吸收新技术运用相关研究的基础上,把行动

---

① Vasiliki Baka, Co-Creating an Open Platform at the Local Governance Level: How Openness Is Enacted in Zambia, *Government Information Quarterly*, Vol. 34, No. 1, 2017, pp. 140-152.

② L. F. Luna-Reyes & J. R. Gil-Garcia, Using Institutional Theory and Dynamic Simulation to Understand Complex E-Government Phenomena, *Government Information Quarterly*, Vol. 28, No. 3, 2011, pp. 329-345.

③ W. J. Orlikowski, Using Technology and Constituting Structures: A Practice Lens for Studying Technology in Organizations, *Organization Science*, Vol. 11, No. 4, 2000, pp. 404-428.

④ 张燕、邱泽奇:《技术与组织关系的三个视角》,载《社会学研究》2009 年第 2 期。

者纳入技术与制度之间互构框架的核心。本书试图建构新技术运用中的技术—制度—行动者的分析框架,从我国特殊的制度安排出发,剖析新的信息技术运用过程中技术、制度和行动者的内在逻辑机制,并基于此剖析新技术在实践过程中对基层政府的增负效应。

一、新技术运用中的行动者

"行动者"(actor)是一个结构功能主义和制度变迁理论中经常被提及的重要概念,同时也是一个含义非常广泛的包容性概念。在布鲁诺·拉图尔(Bruno Latour)等看来,任何通过制造差别而改变了事物状态的东西都可以被称为行动者[①],不仅包括行为人,还包括"非人"(non-humans)的行动者,如仪器、物体、程序等。当然,这种行动者的含义是基于科学研究的建构过程而被赋予的整体性和哲学性的概念[②],与我们所理解和定义的行动者有着明显的差别。我们这里的"行动者"指的是在情境中通过一定的策略和刻意的行为实现自身的目标,包含动机、理性、意志、规则、资源和自主权等可选择因素的组织和个人。[③] 在技术应用中,对于技术与制度互动结果的影响,行动者常常意识不到自己在重新确认或破坏制度现状时所扮演的角色。随着技术的结构模型(Structurational Model of Technology)理论的兴起,行动者在技术应用实践建构中所扮演的角色被越来越强调,而行动者更多的是指人类行动者,如奥利科夫斯基把技术应用中的行动者分为技术设计者、使用者和决策者三类[④]。行动者最大的特征在于其主动性、能动性和反思性。在安东尼·吉登斯看来,行动者具有"活动的反思性监控"的惯有特性,行动者对自身行为的活动过程,在个人充当实施者的那

---

① 〔法〕布鲁诺·拉图尔、〔英〕史蒂夫·伍尔加:《实验室生活:科学事实的建构过程》,张柏霖、丁小英译,东方出版社2004年版,第11页。
② 正因为如此,拉图尔用了诸多的词汇来指代"行动者",如"actor""agent""actant"等。参见贺建芹:《行动者的能动性观念及其适当性反思——拉图尔行动者网络理论研究》,山东大学2011年博士学位论文,第79—80页。
③ 宋雄伟:《行动者"漏斗效应":党内法规执行问题的解释框架》,载《甘肃行政学院学报》2021年第1期。
④ 〔美〕奥利科夫斯基:《技术的二重性:对组织中技术概念的反思》,薛品译,载邱泽奇主编:《技术与组织:学科脉络与文献》,中国人民大学出版社2018年版,第212页。

些事件,在行为既有顺序的任一阶段,都维持着对自己的反思性监控,也就是说行动者始终监控着自己的活动流,还期望他人如此监控着自身。① 正是行动者这种能动性、主动性和反思性,使得其在实践活动中扮演着核心的角色。

长期以来,在技术运用的分析中,行动者要么被更大的组织结构过度或不足地约束,技术的物质维度被过度或不足地强调与它的使用相关的象征意义,或者这些因素之间的复杂关系是不发达的。技术的结构模型理论试图把行动者作为一个核心的因素,并试图解释行动者与组织结构之间的相互作用。② 在这一理论看来,技术不仅仅是机械或硬件,而是通过行动者如何理解和使用特定技术来构成的。行动者在技术的开发、部署和使用中扮演着关键角色。行动者在特定的环境中利用自身知识交流并理解技术的设计、应用和实践行为,从而建立行动者行为与更大的技术和组织结构之间的联系。③ 也就是说,所有的技术实际上都是通过人类"行动者"这一核心的环节要素展开的,技术从来就不是一个完全建立在自我逻辑基础上的自在自为的过程,而是行动者在实践环境中建构起来的,是具有自我意识、自我能动性、理性化和对自身活动持续"反思性监控"的行动者所建构起来的,正是因为行动者表现出不同的反思性监控行为,导致相同的信息技术可以产生多种技术结构或"实践中的技术"。

新技术的运用方式和效果其实是特殊制度逻辑下行动者的行为实践所建构的,技术其实就是行动者所建构的用于特定场所的物质性结构体,也是行动者通过赋予技术不同的含义和强调其不同的特征在使用中建构的社会性结构体。④ 在技术的应用过程中,行动者对技术都有自己的假

---

① 〔英〕安东尼·吉登斯:《社会的构成:结构化理论纲要》,李康、李猛译,中国人民大学出版社 2016 年版,第 5—8 页。

② S. R. Barley, Technology as an Occasion for Structuring: Evidence from Observations of CT Scanners and the Social Order of Radiology Departments, *Administrative Science Quarterly*, Vol. 31, No. 1, 1986, pp. 78-108.

③ W. J. Orlikowski & D. Robey, Information Technology and the Structuring of Organizations, *Information Systems Research*, Vol. 2, No. 2, 1991, pp. 143-169.

④ 邱泽奇:《技术与组织的互构——以信息技术在制造企业的应为例》,载《社会学研究》2005 年第 2 期。

设、预期和知识,也就是都有自己独特的技术框架。承认行动者的不同技术框架是我们理解技术在组织内发展、使用和变迁的关键性问题,这些框架之间的关系直接影响了组织对技术的采用,也影响到技术使用的后果。① 行动者之间的关系或者说行动者的基本结构,即行动者由于不同的权力、资源和能力等在实践中所形成的相互关系和相互影响,建构着行动者对技术的态度和运用策略。通常来说,所有的行动者都是在特定的背景下展开活动的,这些情境能够为行动者提供稳定的行为预期,而行动者会基于具体的情境,为了实现自身的特殊目标和利益,形成不同的技术框架,并基于自身的技术框架采取灵活的策略和刻意的行为。某一行动者正是在特殊的行动结构中基于自我的行为空间,在具体的行动策略和方式方面进行理性选择。而行动者所采取的策略往往不是孤立作出的,而是在与其他行动者的相对关系中建构起来的。在政府领域的技术运用中,不同的部门、层级和相关组织都可以视为行动者,由于权、责、利关系同样会形成特殊的行动者结构,不同的行动者基于自身利益和权力面对新的信息技术会作出不同的策略选择,导致不同的技术运用结果。

二、制度结构对行动者的塑造

在社会生活中,行动者不会在真空中扮演角色。安东尼·吉登斯提出了"结构"(或"社会系统的结构属性")的概念,认为行动者在互动系统的再生产中利用了结构化手段,并借助同样的手段再构成结构化的特征。② 所谓的"结构",指的是一套规则和资源,通过三个维度或模式来调节行动者的社会行动:设施、规范和解释方案,他们递归地实例化并重新构建其社会行为的规则和资源。③ 设施是指当人们使用一项技术时,他们利用了包含

---

① W. J. Orlikowski & D. C. Gash, Technological Frames: Making Sense of Information Technology in Organizations, *ACM Transactions on Information Systems*, Vol. 12, No. 2, 1994, pp. 174-207.

② 〔英〕安东尼·吉登斯:《社会的构成:结构化理论纲要》,李康、李猛译,中国人民大学出版社 2016 年版,第 26 页。

③ Anthony Giddens, *Central Problems in Social Theory: Action, Structure, and Contradiction in Social Analysis*, University of California Press, 1979, pp. 227-230.

技术工具的属性——那些由其组成的重要属性、那些由设计师记录的属性，以及那些由用户通过之前的交互添加的属性（如特定的数据内容、定制功能或扩展的软件/硬件附件）。而所谓的解释方案是指"共享的知识储备"和假设，行动者利用这些知识在特定的环境中交流并理解技术设计、实现和行为。[1] 人们利用自身的技能、权利、知识、假设和对技术及其使用的期望，通常受到培训、交流和以前的经验的影响。[2] 这包括用户与特定技术及其使用联系在一起的意义和依恋（情感上和智力上的），这些意义和依恋是由他们对各种技术的体验及他们对一系列社会和政治的参与经历所决定的，用户还会利用他们在生活和工作的体制环境中所累积的知识和经验，以及与参与这种环境有关的社会和文化习俗。也就是说，行动者的行为从一开始就具有外部结构化的规定性。在反复的社会实践中，他们利用了之前的行动和现有的关于技术的（默认的和明确的）相关知识、对他们可用的设施（如土地、建筑和技术），以及他们正在进行的实践的规范，应用这些知识、设施以及规范和习惯来"构造"他们当前的行动。人们对技术的使用由这些经验、知识、意义、习惯、规范和技术工具等构成。所有的这一切在实践中形成了一套特定的规则和资源，人们在重复实践中与技术交互时，受到这一特定的规则和资源的影响。所谓的规范指的是非正式规则及其指导"沿着规定的路径行动和思考"的潜在价值。[3] 在信息技术中嵌入了一些关于某些人应该如何行为的预期，以帮助控制人们在工作场所的行为。这些规范通常反映了组织的领导阶层在试图规范其下属的自由裁量权时的目标和愿望。在反复发生的行动中，行动者受到既定结构的约束和规定，并利用了这些结构（包括实践中的技术和其他结构），这可能是故意的，也可能是无意的。

---

[1] W. J. Orlikowski & D. Robey, Information Technology and the Structuring of Organizations, *Information Systems Research*, Vol. 2, No. 2, 1991, pp. 143-169.

[2] W. J. Orlikowski & D. C. Gash, Technological Frames: Making Sense of Information Technology in Organizations, *ACM Transactions on Information Systems*, Vol. 12, No. 2, 1994, pp. 174-207.

[3] W. J. Orlikowski & D. Robey, Information Technology and the Structuring of Organizations, *Information Systems Research*, Vol. 2, No. 2, 1991, pp. 143-169.

奥利科夫斯基在吸收吉登斯研究成果的基础上,提出了技术应用实践中的社会结构与行动者关系模式(如图2-2所示),其中的"结构"无疑是一个相当宽泛的概念,在奥利科夫斯基的案例研究中,基于自身研究主题的需要,这种"影响技术应用的其他结构"被设定为外部的权威、参与文化等。实际上,行动者所处的组织内部与组织外部的制度结构,包括权威关系、法律、规范等正式的制度结构以及观念、文化和习惯等非正式的制度结构,对行动者的技术运用目标、方式和过程具有明显的内部规定性,并通过设施、规则和解释性方案嵌入技术实践,最终影响着技术使用结构。

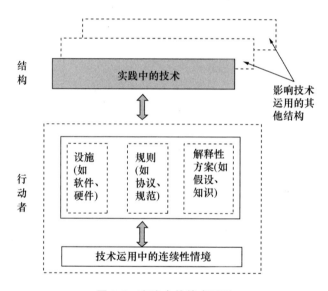

图 2-2 实践中的技术运用

资料来源:W. J. Orlikowski, Using Technology and Constituting Structures: A Practice Lens for Studying Technology in Organizations, *Organization Science*, Vol. 11, No. 4, 2000, pp. 404-428.

三、行动者对技术实践的定义

制度结构对行动者的规定性并不意味着行动者是完全被动的,实际上,恰恰相反,技术只有在行动者的运作中才会呈现真实的面貌,正是技术运行中行动者有意识地运作,在技术实践的具体情境中,具有自我利益、意识和理性的行动者往往具有很强的自我行动能力,行动者凭借对技术运用的操作和实践能力定义着技术运用的具体形态和结果。如费尔德曼(M. S. Feldman)所言,新技术实施的核心特征是受现有社会规范下的管理者行为的影响,这体现在他们对制度、事件和结构的个人反应上。[1]"信息和通信技术系统影响变化的潜力取决于在组织背景下,行动者如何实施这些变化。"[2] 行动者可能改变原有的技术使用习惯,并以这种方式改变他们在反复实践中制定的结构。行动者对技术实践的定义体现在以下几个方面:

一是基于对技术的了解和操作优势,影响技术的运行。行动者具有置身于具体情境的优势,凭借对技术操作性的运作,改变技术的运行。现有的规则和结构总体上是一种宏观的结构,而实践中的规则运用则是一个情景化的运作,实践中的技术可以随着行动者在意识、知识、权力、动机、时间、环境和技术上的变化而变化。正如卡塞尔(P. Cassel)所言,因为行动者在具体实践中执行使用规则,所以在任何行动中使用的修改"规则"的能力是一种永远存在的可能性。[3] 行动者可能会在实践中改变技术的形式,通过有意地修改技术的特性,从而改变他们与技术的交互方式。行动者也可能选择制定不同的技术——在实践中,直接操作技术的行动者由于往往对使用的技术有了更多的了解,在实践中可能会有意地调整他们的技术。

二是基于自身的利益和权力对技术运行的意志植入。行动者本身是一个具有自身利益并具有一定自主行动空间的主体,作为理性的主体,行动者出于自身的目的可能会介入到技术运行的实践中。如官僚体制中的各个层级都会对技术过程进行意志植入,会以各种形式进入到技术运行的"窗口"和"界面"中[4],基于自身不同的目的、态度和利益对新技术的运用方式进行选择。

---

[1] M. S. Feldman, Resources in Emerging Structures and Processes of Change, *Organization Science*, Vol. 15, No. 3, 2004, pp. 295-309.

[2] C. M. L. Chan, R. Hackney, & S. L. Pan(et al.), Managing E-Government System Implementation: A Resource Enactment Perspective, *European Journal of Information Systems*, Vol. 20, No. 5, 2011, pp. 529-541.

[3] P. Cassell(ed.), *The Giddens Reader*, Bloomsbury Publishing, 1993, p. 13.

[4] 彭亚平:《技术治理的悖论:一项民意调查的政治过程及其结果》,载《社会》2018年第3期。

三是对技术的自主性解释。技术的使用受到行动者对技术特性和功能的理解的强烈影响。当人们在实践中改进技术时,他们也改变了在使用该技术时使用的设施、规范和解释方案。不同的行动者可能会将自己的优先级分配给新技术,倾向于只使用它的一些功能,而忽略其他功能,完全避免使用某些技术,甚至通过开发人员无法预见的即兴创作来"重塑"对它的使用。① 用于解释技术的设计、实现和使用的知识也会被行动者自身的理解所修改。这种"解释灵活性"解释了为什么信息技术在不同组织应用的条件存在着很大的差异和一些组织决定不在工作实践中应用新技术,以及为什么新技术的实施经常导致可变的和意想不到的影响。② 当行动者面对一种新颖的数字技术时,他们利用自己的技术框架来解读这种技术,并理解其后果。③ 行动者也可以通过即兴的行为来改变他们在实践中的技术,提出特定的想法或创新来应对意想不到的机会或挑战。④ 此外,用户经常添加或修改现有的技术属性(如安装新软件、外设或添加数据等),积极地塑造或制作工具,以满足他们的特定需求或兴趣。

四、技术—制度—行动者之间的共同演进

从根本上来说,任何技术的应用都必然基于行动者——组织和个人的使用才具有现实的意义,所有的技术都是行动者在具体的实践场景中才能彰显价值。一方面,行动者处于特殊的制度结构之中,其在实践中的行为必然受到现有制度、规则和价值的影响,自觉或不自觉地体现出对现有制度的依恋;但是另一方面,行动者基于自身的利益、理性和态度同样会对技

---

① J. J. Willis, C. Koper, & C. Lum, The Adaptation of License-Plate Readers for Investigative Purposes: Police Technology and Innovation Re-Invention, *Justice Quarterly*, Vol. 35, No. 4, 2018, pp. 614-638.
② C. Sanders & C. Condon, Crime Analysis and Cognitive Effects: The Practice of Policing Through Fows of Data, *Global Crime*, Vol. 18, No. 3, 2017, pp. 237-255.
③ P. M. Leonardi & S. R. Barley, What's Under Construction Here? Social Action, Materiality, and Power in Constructivist Studies of Technology and Organizing, *The Academy of Management Annals*, Vol. 4, No. 1, 2010, pp. 1-51.
④ M. J. Tyre & W. J. Orlikowski, Windows of Opportunity: Temporal Patterns of Technological Adaptation in Organizations, *Organization Science*, Vol. 5, No. 1, 1994, pp. 98-118.

术的运作进行自我定义，并在反复的实践中反过来推动技术和制度演进，形成技术、制度和行动者之间的连续反应链，在这种反应中，新的技术产生了不同的效果。也就是说，技术、制度和行动者应该视为一个连续性、反复实践演进的过程，技术运用的结果是三者之间在实践中共同建构出来的。正如桑德斯（C. Sanders）所言，技术的应用应该考虑特定技术的设计、实现过程的性质、不同行动者与技术之间交互的动态作用，以及技术如何由现有的组织结构"共同建构"[1]，对三者之间体系化的内在逻辑进行较为系统的反思。

斯蒂芬·R.巴利（Stephen R. Barley）生动地呈现了技术、制度和行动者之间的这种连续性的共同演进和建构过程。如图 2-3 所示，技术在组织中的运用过程实际上就是行动者置身于特定的制度领域和行动领域不断建构、不断演化的过程。"脚本"从 T1 到 T2 再到 T3 的过程是技术实践中这种交互作用不断累积和强化的过程，三者背景颜色变深代表着这种累积效果的不断强化。两个平行的箭头分别代表行动和制度两个领域，并在实践中不断地向前演化。制度领域代表的是背后的社会逻辑，是行动者展开行动的日常依据，而行动领域是指在这一历史背景的时间流中的人、事、物的实际安排。斜线箭头表示制度对于行动的约束，而竖线则代表行动对于制度的塑造，斜线、竖线箭头与各阶段的时间界限之间的对应关系体现了结构化过程的连续性。行动者在技术实践情境中的制度及各种要素之间的互动最终会产生类似重复性的、普遍化的"情节"，形成周期性的模式，也就是脚本。在实践中，在多元复杂因素的影响下，这种互动模式不断地演进并持续性地建构，从脚本 T1 到脚本 T3 等。[2] 正是这种复杂且情景化的演进和共同建构过程，在高度相似的组织环境中实施相同的技术，会对结

---

[1] C. Sanders & C. Condon, Crime Analysis and Cognitive Effects: The Practice of Policing Through Fows of Data, *Global Crime*, Vol. 18, No. 3, 2017, pp. 237-255.

[2] 〔美〕斯蒂芬·R.巴利：《技术作为结构化的诱因：观察 CT 扫描仪与放射科社会秩序获取的证据》，张燕译，载邱泽奇主编：《技术与组织：学科脉络与文献》，中国人民大学出版社 2018 年版，第 105—111 页。

构和过程产生截然不同的结果。① 当一项技术进入到组织之后,甚至之前,行动者就在特定的脚本中行动,并常常无意识地参与到新的脚本的建构之中。

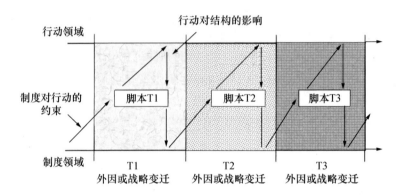

图 2-3 技术实践中的结构化过程连续模型

资料来源:〔美〕斯蒂芬·R.巴利:《技术作为结构化的诱因:观察 CT 扫描仪与放射科社会秩序获取的证据》,张燕译,载邱泽奇主编:《技术与组织:学科脉络与文献》,中国人民大学出版社 2018 年版,第 109 页。

奥利科夫斯基把技术的设计者、使用者与组织制度的互构和共同演进放到连续性的共时状态中,认为技术的设计者在现有的制度背景下设计生产技术产品,技术产品在使用中既会对使用者产生影响,也会对组织制度产生影响,技术是设计、开发、使用、修改等行动者之间相互行为的结果,制度属性通过行动者与技术产生反应并影响技术,行动者与技术的互动通过增强或转化意义结构、支配结构和合法性结构来影响组织的制度属性,而这些互动缠绕在一起,循环反复地发生,还可能破坏别的要素产生的效果。②

---

① S. D. Hunter(et al.), Same Technology, Different Outcome? Reinterpreting Barley's Technology as an Occasion for Structuring, *European Journal of Information Systems*, Vol. 19, No. 6, 2010, pp. 689-703.
② 〔美〕奥利科夫斯基:《技术的二重性:对组织中技术概念的反思》,薛品译,载邱泽奇主编:《技术与组织:学科脉络与文献》,中国人民大学出版社 2018 年版,第 212—218 页。

第三节
技术—制度—行动者框架下的新技术增负逻辑

技术、制度和行动者之间在实践中的共同演绎能够较好地解释新技术嵌入组织过程后的实际效应,分析信息技术中包含的结构如何"通过促进某些结果和约束其他结果来塑造行动"。也就是说,组织引入新技术后到底会产生怎样的结果不是取决于技术本身,而是取决于技术在实践中的行动者行为与组织制度之间的互动和共同演进,可能新的技术推动组织效率的大大提升,但是新的技术可能被行动者扭曲,或者在与组织制度的互动中被异化。这一逻辑对技术的稳定性、可预测性或相对完整性没有任何假设。相反,重点是,当人们与现有技术的任何特性反复互动时,会出现什么样的结果都存在可能,无论这些特性是内置的、添加的、修改的还是动态发明的。技术—制度—行动者逻辑分析从技术嵌入一开始,甚至是在技术使用之前就存在,以便探讨技术结构是如何被人们在各种环境中使用、误用或不使用的。[1] 它可能以两种形式之一出现,即新技术在行动者与制度的交互中推动组织效率的大大提升,或者新技术在实践中,在行动者与制度的交互中产生了预期之外的使用结果,形成了完全不一样的"脚本",也就是新的负担。这为新技术嵌入组织后的增负效应提供了有价值的框架。但是,很显然,现有的分析更多的只是提供了一种分析框架和思路,对于新技术实践中的技术、制度和行动者到底如何可能导致增效或增负的问题缺乏更加深入具体的剖析,本书在借鉴这一理论模型的基础上,试图对新技术增负的逻辑从技术、制度和行动者之间的关系角度进行深入分析。

一、技术—制度—行动者的失衡与新技术增负

虽然现有的理论都认为技术、制度和行动者是组织中技术应用非常重要的因素,但大多数忽视了三者之间匹配的重要性。行动者的特征(个性、

---

[1] W. J. Orlikowski, Using Technology and Constituting Structures: A Practice Lens for Studying Technology in Organizations, *Organization Science*, Vol. 11, No. 4, 2000, pp. 404-428.

知识、能力、技能、经验等)和互动(协调、协作、沟通、竞争等)塑造了其如何融入组织,以及他们如何感知、使用和适应技术。组织及其制度结构是一个社会支持系统,它充满了影响行动者活动和技术发展的偶发事件,而技术,包括信息技术,必须适应组织和任务的需要。行动者被嵌入并制度化在他们的组织中,这些组织本身就是通过协作行动和资源库来实现特定目标的。组织结构、策略、政策和法规直接影响行动者对技术嵌入的态度和行为;同时,随着时间的推移,行动者行为是组织结构、过程和环境再生产的驱动力。组织活动的成功与否是由组织、人员和技术支持以及相互适应的程度决定的,三者之间必须产生良性的互动和共同演进才能建构期待的技术实践结构,而实现这种良性的互动需要关注三者之间的匹配程度。因此,必须有意识地推进三者之间相互适应,在目标、价值、行动能力以及需求供给方面实现大体的一致性,而形成相互塑造、相互增强的效应①,否则就可能会走向反面,在行动者的实践中,不匹配的技术、组织和制度组成部分的共同进化成为新的压力系统,阻碍新技术对组织效率的提升②。技术、制度和行动者之间的失衡与增负效应的逻辑如图 2-4 所示。

  首先,从技术与行动者之间的匹配来说,技术必须与行动者的能力有机匹配。技术系统应该是一种综合了可访问性、兼容性、便捷性、效率、灵活性、可靠性、安全性、时效性、可用性和易用性的通用构造。在信息方面具有准确性、可靠性、完整性、简洁性、一致性、实用性、及时性的特征。③ 对于行动者来说,他们的技能、知识、经验,以及与他人建立的关系,这些对执行任务或更改业务流程至关重要。④ 尤其是使用者的能力、素养,甚至

---

① J. Xu & W. Lu, Developing a Human-Organization-Technology Fit Model for Information Technology Adoption in Organizations, *Technology in Society*, Vol. 70, 2022, pp. 1-11.

② L. F. Luna-Reyes & J. R. Gil-Garcia, Digital Government Transformation and Internet Portals: The Co-Evolution of Technology, Organizations, and Institutions, *Government Information Quarterly*, Vol. 31, No. 4, 2014, pp. 545-555.

③ W. H. DeLone & E. R. McLean, Information Systems Success: The Quest for the Dependent Variable, *Inforation Systems Research*, Vol. 3, No. 1, 1992, pp. 60-95.

④ M. Berglund & J. Karltun, Human, Technological and Organizational Aspects Influencing the Production Scheduling Process, *International Journal of Production Economics*, Vol. 110, No. 1-2, 2007, pp. 160-174.

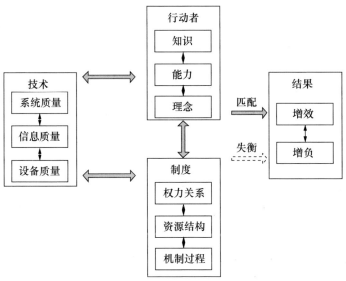

图 2-4 技术、制度和行动者之间的失衡与增负

个人的认知、心理和社会特征都被考虑在其中。行动者必须具备新的技术所要求的行动能力,一项新技术进入行动者的视野并有效地形成与之相适应的理念和认知,需要经历"习惯化"(habitualisation)和"客体化"(objectification)两个阶段。"习惯化"是一个新实践,在这个过程中,行动者根据他们的个人信念赋予创新或变化意义,并逐渐加以接受。"客体化"是继"习惯化"之后的一个阶段,是行动者开始在他们之间就一个行为结构达成共识,建立共同的令人愉快的实践的阶段,最后将源自前一阶段的常见实践嵌入组织文化和行动过程。[①] 也就是新技术的逻辑和价值、行为模式逐渐成为行动者的认知结构,从而实现技术与行动者之间的匹配。当这种匹配出现错位,或者存在着明显的距离时,通常来说,新技术对于行动者来说意味着新的压力,而新技术在实践中也必然会被行动者扭曲,从而产生异化的结果。

其次,从技术与制度之间的关系来说,新的技术需要与之匹配的制度

---

① W. R. Scott, *Institutions and Organizations: Ideas, Interests and Identities*, SAGE Publications Inc., 2013, pp.157-162.

体系。新技术的内在逻辑只有在与这一逻辑相适应的制度环境中才能实现对组织的赋能与增效。组织中的技术变化必须与组织原有的制度体系有机融合,技术解决方案不应被视为仅仅是工具的生产,而是应该作为组织制度运行的一部分,为了更好地创造技术运行的制度环境,必须转变程序并形成新规范,并通过其他正式或非正式的制度结构、政治影响和管理策略进行调节。① 只有组织能够进行自我重构而非仅仅把新信息系统强加于旧组织结构之上时,信息系统的实施才能获得成功。② 在技术与制度的共同演进和建构过程中,当新的技术逻辑与原有的制度逻辑存在激烈的冲突,技术与制度之间难以实现有效契合时,就会出现两种情况:要么技术被组织原有的制度所塑造,使得技术的运用被完全扭曲,沦为原有组织运作的工具,成为维持原有体制机制的手段,最终强化了原有的制度逻辑,使得体制呈现出强烈的"内卷"特征,原有的体制压力会被进一步放大,从而使得组织中的人员和机构面临着更强烈的负担;要么是技术的运作过程难以进入到组织运行的内在机制,技术与组织原有的制度体系完全剥离,技术沦为一种形式主义的外衣,导致技术治理的目标倒置,即以手段代替实绩,而真正的应该投入精力的责任却被遗忘,③从而使得一些人和组织陷入形式主义的新负担之中。

最后,从行动者与制度之间的匹配来说,围绕新技术运用,行动者的行为必须得到组织制度体系在注意力分配和资源配置等方面的结构性支持,其内含的权力关系、资源结构和机制过程与行动者在新技术实践中的有效执行需要合理匹配。工作定义、层级结构的职位、职责和权力、政策、业务目标和战略、规则、程序、文化因素以及系统组件和子系统之间的关系都属于"组织"制度元素。内部特征,包括组织规模、连接结构、交互风格和过程

---

① M. H. M. Sharif, I. Troshani, & R. Davidson, Adoption of Social Media Services: The Case of Local Government Organizations in Australia, in Z. Sun & J. Yearwood (eds.), *Handbook of Research on Demand-Driven Web Services: Theory, Technologies, and Applications*, IGI Global, 2014, pp. 277-287.

② M. L. Markus, Power, Politics, and MIS Implementation, *Communication of the ACM*, Vol. 26, No. 6, 1983, pp. 430-444.

③ 颜昌武、杨华杰:《以"迹"为"绩":痕迹管理如何演化为痕迹主义》,载《探索与争鸣》2019年第11期。

等对于行动者的技术应用和执行都密切相关,以及感觉的需求或问题都与行动者的技术采用和运行密切相关。组织规模直接影响技术采用中的资源和愿景。连接结构将人组织成更大的单位,并安排人与单位之间的层次关系和正式的交互模式。交互过程包括分配任务、为任务分配资源、规范任务执行程序以及协调人力和财务资源。组织的技术战略对感觉需求(问题)的兴趣也很重要,它会强烈地影响行动者对技术的信念和态度。[1] 当行动者在新技术运用的实践中难以获得来自组织系统性的支持时,新技术的应用对于他们来说同样是一种负担和压力,最终导致行动者要么形式化应对,要么在缺少支持的条件下自我承受着巨大的压力。

二、技术—制度—行动者中的框架冲突与增负

所谓的框架是行动者用来理解技术在特定环境中的应用和后果的假设、期望和知识,不同的行动者对于新技术及其意义有着不同的理解和定义,从而形成不同的技术框架来解释技术的有用性并采取行动,行动者依赖于他们的认知、解释图式。[2] 在新技术的运用中,不同行动者在与技术、制度互动的过程中建构一致性的技术框架对于技术的有效应用并产生预期的效应非常重要。新技术本身具有"多义性",新技术意涵丰富,因为它们同时是随机事件、连续事件和抽象事件的来源,由这三个层次的事件所组成的复杂系统构建出有限而丰富的意义。[3] 不同的行动者对于新技术有着不同的理解,从而使得技术框架的冲突非常普遍。这种框架冲突源于几个方面的原因:

一是行动者的经验和历史、他们在组织中的社会关系,以及他们的行业关系。行动者的教育、培训和个人经历影响着他们在与技术相关的构建

---

[1] J. Xu & W. Lu, Developing a Human-Organization-Technology Fit Model for Information Technology Adoption in Organizations, *Technology in Society*, Vol. 70, 2022, pp. 1-11.

[2] J. P. Cornelissen & M. D. Werner, Putting Framing in Perspective: A Review of Framing and Frame Analysis Across the Management and Organizational Literature, *The Academy of Management Annals*, Vol. 8, No. 1, 2014, pp. 181-235.

[3] 〔美〕卡尔·E. 威克:《技术的多义性:新技术的意义建构》,许庆红译,载邱泽奇主编:《技术与组织:学科脉络与文献》,中国人民大学出版社2018年版,第138页。

中的意义。① 行动者所具有的或多或少具有可比性的技术经验塑造了他们与新技术相关的意义构建。②

二是行动者特殊的社会关系。不同的行动者隶属于特定的社会群体，而不同的社会群体可能对技术的目的和用途有着截然不同的解释。与此同时，企业行为体在日常工作中相互影响，从而构建和解构围绕技术产物的社会现实。与同事的社会关系也塑造了他们与新数字技术相关的意义建构。行动者在组织之外的从属关系也影响了他们构建与新技术相关意义的方式。例如，在相对稳定的时期，同一行业内的组织通常开发共享的认知模板，塑造参与者对特定技术的共同理解。③

三是上级领导的权威影响。组织领导者独特的层级地位会影响其追随者的意义建构。④ 现有组织的领导者可以提供一个技术框架，刺激、主导和推翻其追随者对新技术的解释。⑤ 正因为如此，这种框架冲突可能伴随着技术实践的整个过程。

从理论上来说，一致性的框架是在技术、制度和行动者的相互演化中逐渐建构并不断强化或改变的。然而，这种框架冲突在不同的行动者之间以及不同的技术运用阶段都会存在较为明显的表现。由于对技术的认知、解释和意义存在着不同的定义，这种冲突可能意味着新的紧张和矛盾，从而导致新的压力的产生。这种压力主要体现在两个方面：一是对行动者个人所产生的压力。由于行动者是基于自身对技术的定义作出对新技术不同的反应，较为激烈的框架冲突无疑增加了习惯化阶段的脆弱性，从而降

---

① L. Liberman-Yaconi, T. Hooper, & K. Hutchings, Toward a Model of Understanding Strategic Decision-Making in Micro-Firms: Exploring the Australian Information Technology Sector, *Journal of Small Business Management*, Vol. 48, No. 1, 2010, pp. 70-95.

② E. J. Davidson, A Technological Frames Perspective on Information Technology and Organizational Change, *The Journal of Applied Behavioral Science*, Vol. 42, No. 1, 2006, pp. 23-39.

③ S. Kaplan & M. Tripsas, Thinking About Technology: Applying a Cognitive Lens to Technical Change, *Research Policy*, Vol. 37, No. 5, 2008, pp. 790-805.

④ C. Anthony, To Question or Accept? How Status Differences Influence Responses to New Epistemic Technologies in Knowledge Work, *Academy of Management Review*, Vol. 43, No. 4, 2018, pp. 661-679.

⑤ E. J. Davidson, Technology Frames and Framing: A Socio-Cognitive Investigation of Requirements Determination, *MIS Quarterly*, Vol. 26, No. 4, 2002, pp. 329-358.

低了实现共同解决方案的机会,导致行动者对于自身不理解的技术运用在内心产生强烈的排斥而又不得不配合组织的战略形式化加以执行。二是组织本身带来的压力。从组织的角度来说,新技术的应用往往是组织面对外部技术环境压力下的一种回应性反应,然而,组织内部对技术共同的理解可能会在技术快速变化的时期崩溃,从而导致对新技术的不同解释。这是因为技术的快速发展往往会给组织带来意想不到的压力,产生意想不到的结果,从而改变组织的性质,产生负面影响。[1] 因为复杂的组织结构,以及组织不同部门之间的价值观和信仰的差异性,往往抑制了技术在组织中的有效嵌入并顺畅地运行。如果公共部门的复杂制度设置没有在变革制度化的努力中得到理解,这种转变就可能破坏制度的稳定性和合法性,并导致失败。

三、行动者结构中的漏斗效应与增负

在技术实践的建构中,组织的、网络的、制度的安排,以及行为内嵌于这些制度安排的特征,在技术执行中扮演了关键的角色。[2] 但是,我们必须看到,行动者很多时候的行为角色并不是与技术暗含的规则和资源保持一致,行动者可能不按照技术设计之初的本意使用技术,他们可能改变,有时候还会破坏技术内嵌的资源和规则,并因此改变制度情境以及技术创造者、发起者和植入者的战略目标。[3] 所有的行动者基于自身的利益共同参与到技术运用的基本框架制定,形成基于技术运行的共同体。从理论上来说,所有的与技术实践相关的行动者,包括设计者、植入者、使用者等都会参与到这种建构过程,尤其是使用者,众多的使用者——组织内不同的部门、人员都会参与其中,形成一种相对复杂的行动者结构,只有每一个行动

---

[1] R. El-Haddadeh, V. Weerakkody, & S. Al-Shafi, The Complexities of Electronic Services Implementation and Institutionalisation in the Public Sector, *Information & Management*, Vol. 50, No. 4, 2013, pp. 135-143.

[2] 〔美〕简·E. 芳汀:《构建虚拟政府:信息技术与制度创新》,邵国松译,中国人民大学出版社2010年版,第79页。

[3] 〔美〕奥利科夫斯基:《技术的二重性:对组织中技术概念的反思》,薛品译,载邱泽奇主编:《技术与组织:学科脉络与文献》,中国人民大学出版社2018年版,第221页。

者都发挥各自的作用,形成相对均衡的行动者结构,他们的行动意义和作用才能被转译过来,并将各行动者的利益统合起来,形成基于技术运用的共同体联盟,达成集体共识,保障技术在多方共同参与下得到真正的建构。①

然而,在很多情况下,这种均衡的行动者结构往往很难形成,原因在于不同的行动者在权力和能力方面存在着差异,具有强大行动能力的行动者往往会利用自身的地位和权力强化自身的目标,而忽略甚至有意识地漠视其他行动者的利益,而一些行动者无法在这种行动者结构中保持应有的影响力,产生行动者结构失衡或所谓的行动者"漏斗效应"。② 而技术一旦为某些行动者主导,就会成为其有力的工具,反过来可能进一步强化这种不均衡结构,最终,技术的运用被扭曲为某一或少数行动者的意志体现,在这种行动者结构中,弱行动能力的行动者只能通过有限的策略加以应对。由于特殊的体制,在新技术的应用过程中,信息技术被不同的行动者赋予了不同的意义和期望,这些行动者借助于技术的引入——更确切地说,通过设定技术发挥作用的形式,强化着之前组织中的权力关系和相互影响,③从而形成了特殊的行动者结构,这在很大程度上决定着技术运用的形式和结果,而作为其中"权小责大"的弱行动者,面对新技术到底采取怎样的策略取决于这种特殊的行动者结构中可支配的自主行动空间。因此,在行动者"漏斗效应"的作用下,那些处于组织基层且具有弱行动能力、弱影响性的行动者可能不得不被动地接受其他行动者对技术的意义建构,在技术运行实践中被动地执行自上而下的技术目标和意图,而这些目标和意图与基层行动者自身对技术的现实需求可能明显相悖,由此不可避免地导致巨大的负担和压力。

如图 2-5 所示,新的信息技术作为一种全新的技术,从嵌入组织那一刻起,甚至在嵌入组织之前,特殊的行动者和制度体系就已经开始建构技术的实践结构。新技术本身所具有的社交性、主体性和共享性在很大程度上对行动者提出了新的挑战,对于组织内部的个人和部门来说,面对新的技术,在理念和素养方面与新技术的要求往往会有一定的距离,从而导致

---

① 吴旭红、何瑞:《智慧社区建设中的行动者、利益互动与统合策略:基于扎根理论的探索性研究》,载《甘肃行政学院学报》2019 年第 6 期。
② 宋雄伟:《行动者"漏斗效应":党内法规执行问题的解释框架》,载《甘肃行政学院学报》2021 年第 1 期。
③ 黄晓春:《技术治理的运行机制研究》,上海大学出版社 2018 年版,第 72 页。

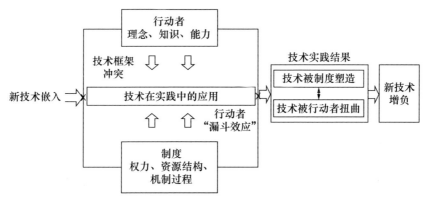

图 2-5　技术—制度—行动者框架下的新技术增负逻辑

行动者与技术之间的失衡,从一开始,行动者对于这一新事物可能存在排斥或者不适应,尤其是对于相对封闭的科层组织来说,更是如此。而新技术与习惯了传统技术环境的组织从理念和逻辑上存在着明显的紧张关系,新技术的去中心化、主体性、交互性、即时性等特征内含着自下而上的行为逻辑与自上而下的科层逻辑之间的对立和竞争在新技术的运用过程中始终相伴相随,当科层的权威逻辑处于主导地位时,新技术就被组织制度所形塑。组织中的行动者在新技术的运用过程中如何得到制度体系结构性的支持是一个复杂的问题,很多时候,组织所表达的对技术的支持可能是一种宣传或形式化的策略,而不代表真实的目标和意图,而行动者难以获得权力和资源以及注意力等投入,从而使得行动者与组织制度体系之间呈现出明显的距离。

最重要的是,组织内部以及外部复杂的行动者体系,由于自身的权力、资源、责任和意识等综合因素,导致对技术的理解和认知产生冲突,对新技术的意义建构往往难以在短期内实现一致,一些行动者在新技术的运用中被支配,其对新技术的真实需求和诉求难以被关注或产生影响,行动者之间的这种技术框架冲突和"漏斗效应"使得一部分行动者在新技术应用中面临着不小的压力。正是技术—制度—行动者之间复杂的相互建构和共同演进,使得技术可能被制度所塑造,被行动者所扭曲,最终原本代表着效率和赋能的新信息技术可能产生增负的效应。

第三章

隐形的压力：基层政府数字负担的现状

在"互联网+政务"的推动下,各级政府学会应用新的信息技术与公众沟通交流,学会基于新技术平台的协同和互动,包括内部的和外部的。在一些人看来,毫无疑问,新的技术工具在政府的应用不管是对政府内部合作协同的效率还是政府对外部信息发布、沟通的效率来说都是毋庸置疑的。[1] 新的技术工具被认为更加有利于公众收集公共服务质量方面的信息,有利于创造一个分享性的、持续性的对话网络,有利于重建政府与公民之间的信任关系。[2] 而对于基层政府来说,新的信息技术应用的意义似乎更不一般,因为,基层政府长期以来面临着权小责大、资源匮乏的结构性困境,在不改变基本制度框架的前提下,新技术的嵌入在一些人看来是解决这一问题最直接、最简单的方法。数字治理可以缓解基层"人少事多"的治理困境,提升基层治理的精准度和前瞻性,并深层次重塑基层治理权责分配的逻辑。[3] 在各级政府的推动下,各种新的信息工具日益嵌入基层治理的各个环节,也确实在很大程度上提升了基层政府的能力。然而,正如鲁伊特(C. Reuter)等所言,一方面新技术有利于人们有效地克服危机,但另一方面,它可能导致新的危机。[4] 新的技术在提升政府效能的同时,可能带来新的问题,可能通过工作环境中的五个关键技术压力表现出来,包括

---

[1] G. H. M. Oliveira & E. W. Welch, Social Media Use in Local Government: Linkage of Technology, Task, and Organizational Context, *Government Information Quarterly*, Vol. 30, No. 4, 2013, pp. 397-405.

[2] M. Z. Sobaci (ed.), *Social Media and Local Governments: Theory and Practice*, Springer, 2016, pp. 5-7.

[3] 马怀德:《基层治理数字化的重要意义及完善路径》,载《浙江学刊》2023年第5期。

[4] C. Reuter, S. Stieglitz, & M. Imran, Social Media in Conflicts and Crises, *Behaviour & Information Technology*, Vol. 39, No. 3, 2020, pp. 241-251.

技术入侵、技术超载、技术复杂性、技术不安全感和技术不确定性,[1]从而增加基层政府的负担。

各种新技术大量在基层治理中的嵌入导致的新的问题被广泛关注,比如微信、钉钉等新工具在很多时候并没有成为基层政府有效的沟通工具,反而给不少基层公务人员增添了新的负担,各种电子形式主义在基层出现,新的技术在一定程度上成为捆绑基层公务人员的"BP机",作为"效率工具"代表的新技术反倒成为新压力的来源。尽管这一问题不少人已关注很久,并一度成为不少媒体关注的焦点,学界对这一问题也有探讨,但是,到底当前基层新技术负担的现状如何仍缺乏深入、系统的分析。本书在针对浙江省基层公务人员进行广泛的问卷调查和深入访谈的基础上,试图就这一问题进行较为直观和详细的呈现。

第一节
基层政府技术负担的界定与研究设计

新技术的嵌入不必然会推动政府权力的分化,从而对政府自上而下的权威逻辑产生重要的影响,进而提升政府效能[2],也并不必然带来现代治理意义上的善治的结果[3]。就我国特殊的体制和历史传统来说,新技术在我国政府组织中的应用同样并不必然使我国的治理结构和关系发生根本性的变革。[4] 在特殊的技术—制度—行动者的互构和共同演进中,新技术带来的负担和压力成为一种可以预见的逻辑结果。然而,目前学界对这一问题的研究更多地停留在一般性的学理分析中,现有的有关基层政府的负

---

[1] Yanan Ma & Ofir Turel, Information Technology Use for Work and Technostress: Effects of Power Distance and Masculinity Culture Dimensions, *Cognition, Technology & Work*, Vol. 21, No. 1, 2019, pp. 145-157.

[2] 金杭庆、刘文沛:《冲突与融合:信息技术嵌入与组织结构重构——基于"技术执行分析框架"的视角》,载《行政与法》2011年第11期。

[3] Antonio Cordella & Federico Iannacci, Information Systems in the Public Sector: The E-Government Enactment Framework, *The Journal of Strategic Information Systems*, Vol. 19, No. 1, 2010, pp. 52-66.

[4] 张康之:《基于社会转型的制度重建之构想》,载《天津社会科学》2013年第4期。

担总体上聚焦于一般性的工作负担或心理负担。从一般的定义来说,新技术负担或压力是指由于新技术嵌入基层政府所催生的各种额外的负荷,因此,这种负担首先与新技术有着直接的关系,从而区别于一般的工作负担。但是,基于技术—制度—行动者的基本逻辑,新技术负担的产生又不仅仅只是技术本身的问题,技术只不过是被动的工具,负担实际是技术、制度和行动者共同作用的结果。本书首先基于我国基层特殊的技术—制度—行动者逻辑,对基层政府的新技术负担进行类型学分析,在此基础上进行研究设计,通过问卷收集数据,据此进行进一步深入分析。

一、基层政府新技术负担的类型

从技术—制度—行动者的角度来说,技术带来的负担总体上可以划分为两个大的层面:一是技术本身带来的负担,二是特殊的制度作用于技术带来的负担。就第一个方面来说,也就是行动者由于不适应技术的运行和要求给自身带来的心理和能力上的压力,我们称之为"设备负担"。"设备"包括硬件和软件,这一概念指向基本上等同于西方学界所指的"技术压力"的概念,即技术设备对个人带来的焦虑,因为个人无法适应新技术的变化和信息超载等带来的个体身体、心理和行为反应方面的负面影响[1],这种界定基本上来自纯技术的角度。就第二个方面来说,压力型体制作用于技术带来的负担更加复杂,从现有的研究文献来说,这种负担可以分为形式负担、考核负担和捆绑负担三种。形式负担是指为了满足或迎合上级"合规性"要求而产生的形式主义负担[2],考核负担是为了完成数字化任务考核指标而带来的负担,而捆绑负担则是上级通过技术手段对基层进行的各种随时随地的监督,基层公务人员被技术所"捆绑"而产生的各种压力。出于直观的目的,我们从技术、制度和行动者三个维度,建立了一个简单的图形,对基层政府的新技术负担类型加以呈现。如图 3-1 所示,横轴代表基

---

[1] J. Dixon, Tired of Technology: A Review and Theoretical Model of Organizational Technostress, *Academy of Management Proceedings*, Vol. 2016, No. 1, 2016, pp. 168-174.
[2] 桂华:《乡村治理中的体制性空转——基层形式主义的成因与破解》,载《吉首大学学报(社会科学版)》2022 年第 2 期。

层压力型体制的制度逻辑,从左到右代表这种体制逻辑的由弱变强,纵轴代表新技术的逻辑,自下而上代表这种技术逻辑自弱变强,曲线是实践中的行动者的行动过程。设备负担总体上来说与制度逻辑本身并没有太大关系,而是新技术在行动者实践过程中因为自身素养和能力不足带来的压力;形式负担、考核负担是压力型强大的体制逻辑在行动者实践中对技术的塑造和扭曲的结果,而捆绑负担则是行动者在实践中被强大的新技术跟随性、即时性的技术逻辑和强大的自上而下的压力型权威逻辑双重塑造的结果。具体来说,基层政府的这四种新技术负担分析如下:

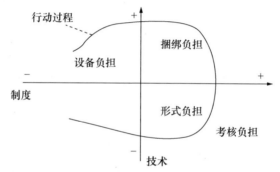

图 3-1　技术—制度—行动者逻辑下的基层政府新技术负担

1. 设备负担

设备负担就是新技术本身及其载体在使用过程中由于其复杂性、不易使用性给人带来的压力,也就是使用者在面对新技术的时候,技术使用的难度给其带来的额外压力。一般来说,使用者对技术的心理感知来自两个方面,一是技术本身所包含的"使用价值",二是使用者对技术的"期望价值",前者是指使用者在使用技术时对所获得的技术的判断或评估,后者指的是使用者在使用技术时所希望发生的事情。① 因此,新技术设备需要让使用者感觉到好用、易用,而且要让其对技术充满期待,这是非常重要的。也就是说,设备本身是否好用固然重要,但是,让使用者感觉到好用、易用

---

① D. J. Flint, R. B. Woodruff, & S. F. Gardial, Exploring the Phenomenon of Customers' Desired Value Change in a Business-to-Business Context, *Journal of Marketing*, Vol. 66, No. 4, 2002, pp. 102-117.

更加重要,这种"感觉"是直接决定了使用者的内心对技术的态度。"感知的有用性"(Perceived Usefulness)和"感知的易用性"(Perceived Ease of Use)是技术接受模型(Technology Acceptance Model,TAM)中经常被提及的两个概念。所谓感知的有用性,就是使用者主观上认为新技术系统可能带来绩效提升的程度,而感知的易用性是使用者主观上认为使用新技术系统可能需要付出的努力或成本的程度。[①] 使用者感知的易用性程度越高,其对该技术使用时的态度就越倾向于积极,其所感知的有用性也就越大。感知的易用性是对技术使用过程的预期,而感知的有用性则是对技术使用结果的预期。除此之外,使用者对新的信息技术的接受程度还受到努力预期、社群影响和便利条件等因素的直接影响。努力预期是指人们使用某种信息技术的可能的难易程度,社群影响是指个人对信息技术的态度和心理受到周围人群和环境影响的程度,便利条件则是指使用者相信组织或基础设施的存在支持信息技术使用的程度。[②] 对于政府人员来说,对新技术的接受程度不仅受到感知的易用性和有用性的影响,可能还受到对技术的信赖性、互动性、自我效能等因素的影响[③],技术给使用者带来的安全性、稳定性方面的感知同样会对政府人员的技术使用态度产生影响[④]。

当新的技术及其设备无法带来易用性和可用性以及稳定性等方面的感知而又不得不使用这一技术时,就可能带来我们所言的设备负担。也就是说,对于使用者来说,如果新的技术不但不能让其感觉提升了使用过程的体验,也不能给其带来提升工作绩效方面的感知,并且可能带来新的问题和风险,也就意味着增加了其额外的负担。这种负担的产生可能有两方面的原因:一是技术系统及其载体本身在设计与质量方面的问题;二是使用者本身新技术素养方面的问题。系统设计特征(如菜单、图标、鼠标和触

[①] F. D. Davis, Perceived Usefulness, Perceived Ease of Use, and User Acceptance of Information Technology, *MIS Quarterly*, Vol. 13, No. 3, 1989, pp. 319-340.

[②] V. Venkatesh, M. G. Morris, & G. B. Davis (*et al.*), User Acceptance of Information Technology, *MIS Quarterly*, Vol. 27, No. 3, 2003, pp. 425-478.

[③] S. Hung, C. Chang, & S. Kuo, User Acceptance of Mobile E-Government Services: An Empirical Study, *Government Information Quarterly*, Vol. 30, No. 1, 2013, pp. 33-44.

[④] C. Wang, T. Teo, & L. Liu, Perceived Value and Continuance Intention in Mobile Government Service in China, *Telematics and Informatics*, Vol. 48, 2020, pp. 101-124.

摸屏等）、用户特征、任务特征、开发或执行过程的本质、培训、政策影响、组织结构等构成的各种外部变量将内在信念、态度与意向和不同的个人差异、环境约束、不可控制的干扰因素等联系在一起。① 作为一种全新的技术，一些人员可能本身并不适应，也可能由于技术及其设备在设计和操作界面等方面的易用性不够，如部分平台建设还不成熟、不太稳定，系统经常会出现崩溃、升级、维修等情况，无法正常使用。② 这会导致"角色超载"（Role Overload），就是技术对组织成员提出了更多的任务需求，他们必须投入更多的工作时间来学习，并将其融入日常生活，这种需求通常会导致任务过多。③ 一些使用者，特别是长期对新技术保持戒备和排斥的使用者，可能面对这一新鲜事物，自身能力和知识难以适应，从而带来新的负担。

2. 形式负担

形式负担是新技术脱离了沟通交流、信息共享等实用性的效能而成为一种形式化的工具，过于强调对技术应用的外在形式、为了形式而形式给基层政府带来的额外负荷。电子形式主义因为披上了"智能"外套，所以其表现形式相较于传统形式主义来说更加丰富多样，包括痕迹主义、电子化的多样考核形式、"线上文山会海"、技术障碍与平台的滥用等。尤其是为了留痕而带来的各种额外的工作，基层人员为了应付上级检查，在工作的过程中刻意留下"痕迹"，而不在乎工作的实际效果。④ "痕迹管理"本应该是一种通过文字、图片、视频等材料对基层治理中相关工作进展、落实情况的有效监督管理方式，但在实践过程中逐渐演变成重"痕"不重"绩"、留"迹"不留"心"的"痕迹主义"。⑤ 上级利用电子技术，如微信定位功能和政

---

① F. D. Davis, Perceived Usefulness, Perceived Ease of Use, and User Acceptance of Information Technology, *MIS Quarterly*, Vol. 13, No. 3, 1989, pp. 319-340.
② 李正浩：《记者下载 40 款政务 App，近半数无法正常使用》，http://mini.eastday.com/mobile/180211094846122.html#，2024 年 7 月 20 日访问。
③ G. Król, Individual Differences in Dealing with Overflow, *European Management Journal*, Vol. 35, No. 6, 2017, pp. 794-802.
④ 张明：《"痕迹主义"的表现、实质、危害与批判路径》，载《新疆师范大学学报（哲学社会科学版）》2019 年第 4 期。
⑤ 邓晶晶、刘海军：《形式主义的新变种 基层干部"痕迹主义"倾向剖析》，载《人民论坛》2019 年第 20 期。

务 App 签到等功能来作为基层公务人员随时在场的"证据"。[1] 痕迹管理相较于以前的基层管理来说更加强调过程导向和技术应用。[2] 在"痕迹管理"理念的影响下,"列队回复、事事留痕"耗散了基层官员的大部分精力,不仅远离了群众,还增加了其负担,基层减负难以有实效。[3]

文山会海现象也是常见的基层形式主义表现。主要表现在:基层公务人员忙于各种会议,查看各种文件,填写各种表格,接待上级各种检查等。[4] 现如今,由于信息技术的嵌入,文山会海现象已从线下转战线上,微信群已然成为政府办公的主要"场所",通过微信群发短信、下发文件,没有纸质版的文件成本,这使得线上文件变得越来越多。[5] 钉钉视频、腾讯会议等各种软件功能的开发,使得行政官员之间不用通过面对面就能举行会议,免去了实地举行会议的路程成本,但"线上会议"次数频繁,有时并没有实质内容,甚至"以会议落实会议",通过多次线上会议重复叠加来下达工作目标[6],不仅如此,会议还要求参会者电子签到进行留痕等[7]。疫情期间有些地方政府出现"表格抗疫",扶贫期间出现"表格扶贫"等情况[8],导致表格泛滥的"表僚主义"[9]。除此之外,有时一项工作任务的展开不是先通过实地调研,而是先下发一系列文件、一整套的材料档案,做材料工作,使得做材料大于实践;对于下派的任务,首先关注的是,先以文件转发文件的

---

[1] 耿羽:《乡村治理中形式主义的新表现及治理路径》,载《中共宁波市委党校学报》2020 年第 6 期。
[2] 徐行、王娜娜:《基层治理中形式主义的成因探讨与根除对策——推进治理体系和治理能力现代化视域下的研究》,载《学习与实践》2020 年第 3 期。
[3] 胡卫卫、陈建平、赵晓峰:《技术赋能何以变成技术负能?——"智能官僚主义"的生成及消解》,载《电子政务》2021 年第 4 期。
[4] 《习近平批形式主义:"再这么搞,没收打字机!"》,载《学习时报》2019 年 12 月 13 日。
[5] 蔡娟、郁宁远:《力戒基层社会治理中的形式主义官僚主义》,载《廉政文化研究》2021 年第 4 期。
[6] 邓斌、龚照绮:《基层减负的治理困境及梳理——以 C 市 Q 区市场监督管理局"形式主义"整治为例》,载《重庆社会科学》2021 年第 9 期。
[7] 周少来:《"电子官僚主义":一种披着"新马甲"的官僚主义》,载《党员文摘》2020 年第 12 期。
[8] 陈新:《注意力竞争与技术执行:数字化形式主义的反思及其超越》,载《社会科学战线》2021 年第 8 期。
[9] 张乾友:《"表僚主义"论》,载《公共管理与政策评论》2022 年第 5 期。

可见"形式化"方式加以推进,关心制定了多少文件、传达了多少通知等所谓"可见材料"。有些行政单位在众多的微信群里转发各种文件,频繁进行"信息和任务轰炸",但对于文件有没有真正落实,却并不在意。这些都是"线上文山会海"现象的表现。①

3. 考核负担

考核负担是新技术应用的绩效评价所带来的负担。从逻辑上来说,新技术的绩效应该取决于其对工作效率、沟通效率以及信息共享和合作方面的实际效能,但是,在很多时候,对新技术的应用效能往往并不关注实际的效能而是强调表面的数字指标,通过行政化的指标摊派的方式推动技术的应用,如下载率、网上办件率、点击率等。一些上级在检查作业和绩效考评时把"媒体留痕"看得格外重要,也有地方政府将微信公众号文章的阅读量和转发量、政务App的下载量等作为政绩考核的内容。以电子台账、材料等作为检查依据,"从微信群里来,到微信群里去"②。相较于传统的考核机制来说,有关新技术应用的考核指标更加注重量、纸面数据,如政务App下载与推送、微信公众号点赞量与阅读量等统统计入考核③,导致基层花费大量时间、精力,去宣传各种政务App、微信公众号,甚至将工作重心放在"如何制造更好的痕迹表象"上。一些地方的政务App平台与年终考核、评优评先以及干部提拔是硬性挂钩的,不仅如此,没完成既定任务也会被扣分。④ 除此之外,"晒政绩"往往比真实的政绩更加重要,一些工作微信群和政务办公群变成"秀场",去一个地方走访也要换成特定的衣服,拍照上传至微信群;⑤一些无效留痕和重复考察的要求使得新技术所带来的

---

① 范逢春:《信息化背景下新型形式主义与官僚主义的治理之道》,载《国家治理》2020年第25期。
② 孙璐、庞昌伟:《痕迹主义的产生原因及治理策略》,载《人民论坛》2020年第14期。
③ 蔡娟、郁宁远:《力戒基层社会治理中的形式主义官僚主义》,载《廉政文化研究》2021年第4期。
④ 《政务App在"精"不在"多"》,http://www.xndjw.gov.cn/website/contents/53/64328.html,2024年7月20日访问。
⑤ 王李彬:《把基层从运营公号上解放出来,破除干得好不如晒得好》,https://www.thepaper.cn/newsDetail_forward_3428033,2024年4月13日访问。

工作压力要超越任务本身所赋予的目的①,不仅浪费了行政资源,而且给基层官员增添了新的负担。

4. 捆绑负担

对于基层政府来说,新技术在很多时候反而成为一个自上而下随时随地的捆绑工具,从而带来新的负担。信息技术跨越了时空的障碍,能够随时随地地实现互动和沟通的同时可能带来技术对个人生活空间的介入。②当新技术的这种特征与特殊的组织制度结合的时候,制度对技术的形塑可能会异化其作用形式和效果,使得原本有利于多元主体的协同合作和民主参与的治理价值异化成自上而下的监督,尤其是在官僚体制的权威逻辑下。"政府组织在应用信息技术的时候,总是倾向于重塑、加强既有的制度和组织结构,这就使得信息技术的应用不仅没有使政府中的制度发生变化,没有使政府建立起与开放性相关的制度,反而使政府变得封闭,而且当我们深入组织实际当中来看,为什么技术会受到很多组织的'追捧',在很大程度上是因为技术的应用增强了那些要求维护现状的人的能力。"③对于处于组织科层末梢的个人和机构来说,他们一般为了"跟上时代"而迫切需要适应新技术工具的使用和创新,同时新技术工具自身所具有的属性也使得他们每天都面临着信息过载的压力,再加上自上而下的任务要求以及随时随地频繁使用新技术工具来处理工作,使得他们产生了大量的工作压力和负担。④ 新的技术打破了物理意义的限制,也突破了时间边界,对于组织成员来说产生了更加明显的跟随效应。⑤ 结果,由于新技术的引入,

---

① 张国磊、张新文:《行政考核、任务压力与农村基层治理减负——基于"压力—回应"的分析视角》,载《华中农业大学学报(社会科学版)》2020年第2期。

② J. Dixon, Tired of Technology: A Review and Theoretical Model of Organizational Technostress, *Academy of Management Proceedings*, Vol. 2016, No. 1, 2016, pp. 168-174.

③ 〔美〕简·E.芳汀:《构建虚拟政府:信息技术与制度创新》,邵国松译,中国人民大学出版社2010年版,第86页。

④ R. Ayyagari, V. Grover, & R. Purvis, Technostress: Technological Antecedents and Implications, *MIS Quarterly*, Vol. 35, No. 4, 2011, pp. 831-858.

⑤ T. S. Ragu-Nathan, M. Tarafdar, B. S. Ragu-Nathan, & Q. Tu, The Consequences of Technostress for End Users in Organizations: Conceptual Development and Empirical Validation, *Inforation System Research*, Vol. 19, No. 4, 2008, pp. 417-433.

一些人反而被技术所困。① 尤其当员工在空闲时间或正常工作以外的时间不得不频繁地使用新技术处理与工作相关的任务时,会导致工作与生活没有明显的区分和界限,带来了工作压力②,从而对工作产生了一系列的负面影响与消极的情绪,比如工作倦怠、离职意愿等。③ 一些政府部门可能会通过自上而下的权威来实施新技术工具,而这种行为会导致组织的自我懈怠和自我消耗。④ 技术压力研究模型把这种捆绑负担称为"角色模糊"(Role Ambiguity)带来的压力,而角色模糊则是因为技术越过边界导致个人工作和生活角色边界的不清晰,这是技术诱导的结果。⑤

二、研究设计

(一)研究假设

一直以来,中国基层的复杂性在不断吁求基层社会的有效治理,适逢信息技术发展,衍生了以科技应用为依托的"技术治理"⑥,这为基层政府转型提供了强大的驱动力,各地试图通过数字技术嵌入政府影响制度环境,在政务流程上实现速通,在服务方式上不断升级迭代,从而为基层公务

---

① Christian Korunka & Oliver Vitouch, Effects of the Implementation of Information Technology on Employees' Strain and Job Satisfaction: A Context-Dependent Approach, *Work & Stress*, Vol. 13, No. 4, 1999, pp. 341-363.
② K. B. Wright, B. Abendschein, & K. Wombacher(*et al.*), Work-Related Communication Technology Use Outside of Regular Work Hours and Work Life Conflict: The Influence of Communication Technologies on Perceived Work Life Conflict, Burnout, Job Satisfaction, and Turnover Intentions, *Management Communication Quarterly*, Vol. 28, No. 4, 2014, pp. 507-530.
③ Danilo Magno Marchiori, Emerson Wagner Mainardes, & Ricardo Gouveia Rodrigues, Do Individual Characteristics Influence the Types of Technostress Reported by Workers? *International Journal of Human-Computer Interaction*, Vol. 35, No. 3, 2019, pp. 218-230.
④ 刘世定、邱泽奇:《"内卷化"概念辨析》,载《社会学研究》2004年第5期。
⑤ C. Maier, S. Laumer, & A. Eckhardt, Information Technology as Daily Stressor: Pinning down the Causes of Burnout, *Journal of Business Economics*, Vol. 85, No. 4, 2015, pp. 349-387.
⑥ 陈晓运:《技术治理:中国城市基层社会治理的新路向》,载《国家行政学院学报》2018年第6期。

人员松绑解负。① 然而,原本以提高治理效能为目的的技术嵌入手段,在实践中不同程度地增加了基层公务人员的工作压力,导致了技术治理的效率悖论。由技术诱发的形式主义变形②、新型痕迹主义③形成了基层公务人员的新工作压力。上级有时候不需要进入基层,对田间地头的情况也不甚了解,片面追求技术创新和模式变革,导致脱离基层实际,偏离解决群众真正"急难愁盼"问题的方向,技术的嵌入偏离了基层社会内在的治理需求,基层公务人员为了满足数字化考核要求只能以数字形式主义来应付,这导致无谓的工作激增。同时,在留痕主义管理中,技术工具的应用为留痕提供了更多的便利,基层公务人员处处都要做台账,时时都要拍视频,以备监督与检查。过度留痕耗费了基层公务人员大量的时间与精力,成为近年技术深入基层政府运作的趋势下基层公务人员超负荷运转表现得尤为明显的重要影响因素。同样,不好用、缺乏有效维护的技术设备也会让基层公务人员倍感沮丧,带来心理上的负担。因此,本书提出了如下研究假设:

假设1:新技术在基层的嵌入显著增加了基层公务人员的负担。

技术嵌入治理的初衷是让政府治理更高效、群众办事更快捷,然而当与形式主义勾连后,"技术赋能"就变成了"技术负能"。各基层政府相继开发数字平台,包括政府网站、各类公众号等技术系统,然而由于技术应用的目标替代,反而导致办事复杂、沟通不畅、平台冗余等现象。一些沟通群聊、小程序仅仅成为为领导点赞、为政绩鼓掌的工具。基层工作人员不得不面对诸多的数字平台,进行频繁的身份认证和信息的重复填报。部分平台的建停留在走形式阶段,系统运行不畅、升级成为常态,技术平台成为"僵尸"式存在。基层公务人员也难以从技术平台享受协调沟通的便利,这些动作看似是把大部分时间和精力用在数字化的建设上,实际上是热衷于

---

① 孟天广:《政府数字化转型的要素、机制与路径——兼论"技术赋能"与"技术赋权"的双向驱动》,载《治理研究》2021年第1期。

② 康俊、王进芬:《压力型体制下乡镇政府形式主义的生成因素与化解路径》,载《行政科学论坛》2022年第9期。

③ 季乃礼、王岩泽:《基层政府中的"留痕形式主义"行为:一个解释框架》,载《吉首大学学报(社会科学版)》2020年第4期。

技术的建设而忽略背后的机制建设。基层公务人员需要耗费大量的精力应对技术平台的运转,陷入"空忙"①的无效工作状态,而难以把真正的精力投身于解决基层群众实际需求,推动基层社会经济发展的实务中,这些由技术带来的障碍不仅无法让基层公务在工作中得到能力的提升,还会消磨其工作的动力和积极性,挫伤其工作意愿,使基层公务人员对自身工作产生倦怠感,由此提出假设:

假设2:新技术负担对基层公务人员的担当作为产生了显著的负面影响。

(二)变量操作

技术压力的研究将这些超过承受范围的负担称为"压力源"(Technostress Creators),并把组织、制度和机制等因素纳入分析框架,认为组织机制如考核、激励会对成员的压力状态产生重要影响。在借鉴技术压力研究的基础上,结合我国基层治理结构和压力型体制的制度逻辑,我们建构了本研究的框架,试图呈现当前我国地方政府新技术负担的基本现状,并探索这种新负担对于基层官员个人工作满意度、个人贡献意愿等方面的影响,具体如下:

自变量:本研究的自变量是新技术负担,具体为新技术的设备负担、形式负担、考核负担和捆绑负担等四个方面。在借鉴拉古那赞(T. S. Ragu-Nathan)等有关技术压力问卷设计的基础上,对每一维度通过具体的问题进行测量,如设备负担通过"基层大部分政务公众号对工作并没有太大的帮助""基层大部分政务App缺乏有效的维护""基层大部分信息化平台并不太好用"来测量;形式负担通过"微信群成为打卡、晒图的工具""我觉得新技术主要用于点赞""新技术让基层形式主义更加严重"来测量;捆绑负担通过"由于新技术,我必须随时待命""我觉得个人生活严重地被技术所侵入了"来测量;考核负担通过"我觉得各种线上打卡任务压力很大""线上满意度考核感觉压力挺大"来测量,所有维度的信度检验均超过0.8。除

---

① 段哲哲、贾泽民:《少数基层干部"空忙"现象的解释》,载《江苏师范大学学报(哲学社会科学版)》2023年第5期。

此之外,把人口背景变量,如年龄、性别、学历、干部层级、工作年限等纳入问卷题项。

因变量:本研究的因变量是被访者担当作为的意愿和态度。在对新技术负担现状进行分析的基础上试图探讨这种负担对基层公务人员担当作为的影响,也就是在工作意愿、态度和工作投入等方面的影响,具体分为工作满意度、组织贡献度、持续从业度。同样借鉴拉古那赞等的问卷设计,工作满意度通过"我喜欢我所从事的基层事务"、组织贡献度通过"我为我所从事的基层事务感到骄傲"、继续从业度通过"如果有更好的选择,我会考虑不再从事现在的工作"来测量。[①]

本研究以李克特四点量表进行赋值,从"非常不同意""不太同意""比较同意""非常同意"分别赋值1—4。

三、数据来源与样本情况

1. 数据来源

本研究的数据来自浙江省街道(乡镇)基层公务人员,之所以选择基层公务人员为研究对象,是因为基层政府的新技术压力最终是通过具体的个体体现出来的,基层官员是最终的承载者和感知者,基层政府的新技术负担说到底最重要的是基层公务人员的感知。样本数据的获取主要通过两种方式:一是笔者在 MPA 授课期间针对来自基层政府的学员进行的问卷调查。在完成前期试调并完善问卷的基础上,自 2020 年 6 月起开始对历届 MPA(含毕业)乡镇干部学员进行问卷调查,并通过这些学员以滚雪球的方式扩大问卷对象。同时,通过浙江省其他 MPA 教学中心以问卷星方式向基层公务人员学员发放问卷。二是笔者在基层调研期间面对面发放问卷。自 2021 年 11 月开始,笔者就基层政府减负问题在浙江省陆续进行了一系列的调研和访谈,一直持续到 2023 年,其间结识了不少基层公务人员,并通过这些干部发放了一定数量的问卷。在此基础上,借助 SPSS 软

---

① T. S. Ragu-Nathan, M. Tarafdar, B. S. Ragu-Nathan, & Q. Tu, The Consequences of Technostress for End Users in Organizations: Conceptual Development and Empirical Validation, *Information Systems Research*, Vol. 19, No. 4, 2008, pp. 417-433.

件对所获得的数据进行分析。

2. 样本情况

经过一年半左右的努力,在剔除无效问卷后,本研究最后收集到的问卷一共为 795 份,样本涉及浙江省的 11 个地市,具体情况见表 3-1。从性别上来看,男女分别为 494、301 人;从年龄上来看,25 岁及以下占比为 2.4%,26—35 岁占比最大,达到 67.9%,而 50 岁以上占比只有 5.3%;从行政级别上来看,涵盖从一般办事员到主任科员,主任科员占比为 6.9%,副主任科员、办事员比例分别为 20.0% 和 42.8%,其他占比 14.2%,这些人员主要是指基层政府中的事业编制人员,如乡镇便民服务中心的相关人员;从工龄来看,工作年限在 6—15 年的比例占到 63%。性别、年龄、行政级别和工龄等与实际情况总体相符合。另外,需要特别说明的是,调查中涉及的新技术主要指的是当前基层政府中应用最广泛的三种类型:微信公众号、政务 App 和基层信息化平台。

表 3-1 样本特征分布

类别		人数	有效百分比(%)
性别	男	494	62.1
	女	301	37.9
年龄	25 岁及以下	19	2.4
	26—35 岁	540	67.9
	36—40 岁	114	14.3
	41—50 岁	80	10.1
	50 岁及以上	42	5.3
学历	高中及以下	0	0.0
	大专	84	10.5
	本科	588	74.0
	硕士及以上	123	15.5
行政级别	主任科员(正科)	55	6.9
	副主任科员(副科)	159	20.0
	科员	340	42.8
	办事员	128	16.1
	其他	113	14.2

(续表)

类别		人数	有效百分比(%)
工龄	5年及以下	75	9.4
	6—10年	364	45.8
	11—15年	137	17.2
	16—20年	131	16.5
	20年以上	88	11.1

注:数据由调查问卷整理所得。

第二节
实证分析:基层政府的新技术负担及其影响

为了更好地呈现当前我国基层政府的新技术负担情况,我们首先对基层公务人员新技术负担感知的总体情况和新技术负担的四个具体方面进行简单的描述性统计性分析,在此基础上通过回归模型,分析新技术负担所产生的影响。

一、新技术负担的总体情况

为了测试基层公务人员新技术压力的总体感知,问卷设计了"微信、钉钉等新的技术使我的压力大大增加",分别设立了"非常不同意"到"非常同意"四个选项,结果如表3-2所示。从统计结果可以看出,总体来说,当前基层公务人员感知的新技术负担处于相对比较高的水平,在满分值为4的标准下,所有被访者感知的新技术均值达到了3.10,交叉分析显示(表格略),有32.8%的被访者表示"完全认同"题项"微信、钉钉等新的技术使我的压力大大增加"的观点,有45.4%的被访者表示"比较认同",两者相加超过77%,而表示"完全不认同"的比例只有0.9%,表示"不太同意"的比例为20.9%。

具体来说,从不同的行政级别的被访者比较来看,办事员这一类别的被访者所感知的新技术负担相对来说最高,达到了3.28。有超过46%的办事员"完全认同"新技术使得自身的压力大大增加,35.9%的办事员"比较

表 3-2 被访者新技术负担感知均值总体情况

		均值	N	标准差
行政级别	主任科员	3.04	55	0.860
	副主任科员	3.16	159	0.762
	科员	3.03	340	0.724
	办事员	3.28	128	0.752
	其他	3.06	113	0.723
年龄	≤25 岁	2.89	19	0.658
	26—35 岁	3.04	540	0.759
	36—40 岁	3.28	114	0.698
	41—50 岁	3.25	80	0.755
	>50 岁	3.24	42	0.692
学历	大专	3.14	84	0.747
	本科	3.11	588	0.741
	硕士及以上	3.02	123	0.794
性别	男	3.08	401	0.719
	女	3.13	394	0.781
总计		3.10	795	0.750

赞同",也就是说超过 80% 的办事员认为新技术的压力是比较大的,这似乎比外界所想象的情况更加严重。办事员处于基层政府的底端,是各种自上而下的压力机制的最终承载者,基于新技术的压力传递过程在他们身上的感知会更加强烈。而相对来说,主任科员、科员和其他类别的被访者所感知的新技术负担则要小一些,但均值也突破了 3.0,分别为 3.04、3.03 和 3.06。主任科员通常属于乡镇(街道)的领导群体,相对来说,其所感知的新技术压力大多来自上级政府或部门,而对下更多的时候是压力的施加者和传递者。从年龄的角度来看,在所有的 5 个年龄阶段的被访者中,只有 25 岁以下的被访者所感知的新技术负担低于 3.0,为 2.89;26—35 岁的被访者所感知的新技术负担得分次之,为 3.04。进一步的交叉分析显示,25 岁以下以及 26—35 岁的被访者中,"完全同意"新技术大大增加了自身压力的比例分别为 15.8% 和 29.8%,明显低于其他年龄阶段的被访者。而 36 岁以上的被访者所感知的新技术负担并没有明显的差异。从性别的角

度来看,男性被访者新技术负担的感知均值要低于女性被访者,两者分别为 3.08 和 3.13。

总体来看,对于新技术的使用感受,大部分人认为是有压力的,超过三成的基层公务人员感到非常有压力。在所调查的基层公务人员中,超过七成的人对于新技术使用过程中带来的负担有着明显的感受,从表 3-2 中我们还可以发现,基层所感受到的新技术负担均值总体处于高位水平,这在很大程度上验证了本研究所提出的问题,新技术在基层政府中的嵌入对处于权力末端的基层人员来说反而意味着新的负担和压力。从以往的研究来看,不同人口学特征如性别和年龄的人对新技术所感受到的压力是有所差异的。[1] 本研究初步显示,除了 25 岁以下的被访者呈现出较低的新技术负担感知之外,其他年龄段之间的差异并不明显;性别方面,男性比女性总体来说感知的新技术负担要轻些。这也印证了之前相关的研究结论,那就是女性比男性总体来说具有较强烈的技术焦虑倾向,从而产生较为明显的技术压力。[2]

二、不同类型新技术负担情况

在此基础上,为了更加深入地呈现基层政府的具体新技术负担,我们对基层公务人员新技术负担的四个方面进行了进一步的分析,结果如下:

从新技术的形式负担的情况来看,如表 3-3 所示,对于新技术成为打卡和晒图工具这一问题的回答,有 34.5% 的被访者表示"完全同意",49.3% 的人表示"比较同意",即超过 83% 的人认为这种形式负担是比较

---

[1] 如伯顿-琼斯(A. Burton-Jones)和胡博纳(G. S. Hubona)发现,年龄对信息通信技术使用的易用性有负面影响。然而,关于计算机相关压力的研究表明,年龄并不影响计算机恐惧症或计算机相关压力。也就是说,老年人并不比年轻人经历更多的计算机焦虑或计算机恐惧症。也许,因为成熟,老年人能够更好地处理压力源。See A. Burton-Jones & G. S. Hubona, Individual Differences and Usage Behavior: Revisiting a Technology Acceptance Model Assumption, *ACM SIGMIS Database*·*The DATABASE for Advances in Information Systems*, Vol. 36, No. 2, 2005, pp.58-77; L. D. Rosen & P. Maguire, Myths and Realities in Computerphobia: A Meta-Analysis, *Anxiety Research*, Vol. 3, No. 3, 1990, pp. 175-191.

[2] B. E. Whitley Jr., Gender Differences in Computer-Related Attitudes and Behavior: A Meta-Analysis, *Computers in Human Behavior*, Vol. 13, No. 1, 1997, pp. 1-22.

重的,而只有10.8%的人表示"不太同意",而表示"完全不同意"的只有5.4%。也就是说,在基层公务人员眼中,新技术已经在很大程度上沦为痕迹主义的工具,给大部分基层公务人员带来了较为明显的形式负担。相比较而言,对于新技术成为为领导点赞工具这一问题的回答,表示"完全同意"的比例为25.7%,而表示"比较同意"的比例为49.7%,二者相加的比例超过75%。也就是说,大部分基层公务人员对新技术的形式主义有着较为切肤的负面感知,数字形式主义已经成为基层新技术负担的重要来源。

表3-3 基层公务人员对新技术形式负担的感知

		新技术成为打卡、晒图的工具			
		频率	百分比	有效百分比	累积百分比
有效	完全同意	274	34.5	34.5	34.5
	比较同意	392	49.3	49.3	83.8
	不太同意	86	10.8	10.8	94.6
	完全不同意	43	5.4	5.4	100.0
		新技术成为为领导点赞的工具			
	完全同意	204	25.7	25.7	25.7
	比较同意	395	49.7	49.7	75.4
	不太同意	140	17.6	17.6	93.0
	完全不同意	56	7.0	7.0	100.0

对两项进行李克特四点量表赋值并取二者的平均数作为形式负担衡量依据,进一步的分析如表3-4所示。总体来看,基层公务人员所感知的形式负担均值为2.89,从不同身份的角度来看,其中,办事员所感知的这种形式负担相对来说较为明显,均值达到了3.03,而主任科员的这种感知最轻,均值为2.83;而从年龄的角度来说,50岁以上年龄较大的被访者所感知的这种形式负担最重,均值达到了3.06,而25岁以下年轻人的感知则相对要好很多,均值只有2.37,36—50岁的被访者的感知则没有明显的区别。年轻人由于对新技术总体上有较高的亲和度和新技术素养,对这种形式主义的感知相对来说会好些,而50岁以上的被访者正好相反。

表 3-4　不同身份和年龄段基层公务员的新技术形式负担感知情况

身份	均值	N	标准差	年龄	均值	N	标准差
主任科员	2.83	55	1.110	≤25 岁	2.37	19	1.065
副主任科员	2.89	159	1.026	26—35 岁	2.88	540	0.924
科员	2.89	340	0.913	36—40 岁	2.96	114	1.017
办事员	3.03	128	0.974	41—50 岁	2.96	80	1.001
其他	2.96	113	0.892	>50 岁	3.06	42	1.060
总计	2.89	795	0.959	总计	2.89	795	0.959

从设备负担的情况来看,如图 3-2 所示,面对是否认同"当前政务公众号不好用"的问题时,有 13.3% 的人表示"完全同意",有 51.4% 的人表示"比较同意",两者累积百分比超过了 64%,而表示"不太同意"和"完全不同意"的比例分别为 31.9% 和 3.3%。对是否认同"政务 App 缺乏维护"与"信息化平台不太好用"这两个问题的回答,总体数据分布基本上与前一问题一致,有 13.6% 的人"完全同意"政务 App 缺乏维护这一看法,而表示"比较同意"的人的比例最高,为 57.2%,二者累积百分比超过 70%,而表示"不太同意"和"完全不同意"的比例分别为 27.3% 和 1.9%;有 16.1% 的人"完全同意"信息化平台不太好用的看法,有高达 50.1% 的人"比较同意"这一观点,而表示"不太同意"和"完全不同意"的人分别为 30.4% 和 2.9%。尽管总体来说,基层公务人员认为当前新技术在使用体验,也就是设备的易用性和可用性方面并不是很好,但是相对于形式负担,基层公务人员所感受到的设备负担明显要轻。从表 3-5 中可以看出,被访者所感知的 App、信息化平台和公众号的设备负担总体均值分别为 2.83、2.80 和 2.75,均明显低于其所感知的形式负担(2.89)。具体到不同级别的被访者,所有行政级别的被访者所感知的三种设备负担均低于其所感知的形式负担,如主任科员所感知的三种设备负担分别为 2.76、2.69、2.69,而其所感知的形式负担则为 2.83;办事员所感知的三种设备负担分别为 2.95、2.91、2.94,而其所感知的形式负担则为 3.03。

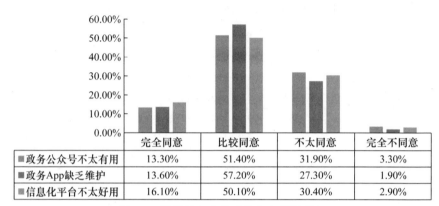

图 3-2　基层公务人员对设备负担的感知

表 3-5　不同行政级别的被访者所感知的设备负担情况

行政级别		App 负担	平台负担	公众号负担	形式负担
主任科员	均值	2.76	2.69	2.69	2.83
	标准差	0.744	0.767	0.836	1.110
副主任科员	均值	2.83	2.84	2.76	2.89
	标准差	0.677	0.771	0.716	1.026
科员	均值	2.82	2.84	2.73	2.89
	标准差	0.667	0.705	0.711	0.913
办事员	均值	2.95	2.91	2.94	3.03
	标准差	0.679	0.667	0.684	0.974
其他	均值	2.73	2.90	2.60	2.96
	标准差	0.641	0.689	0.714	0.892
总计	均值	2.83	2.80	2.75	2.89
	标准差	0.674	0.720	0.722	0.959

从捆绑负担来看，从表 3-6 的交叉分析可以看出，总体上有 39% 的被访者表示"完全同意"新技术使得个人必须保持随时待命的状态，而超过半数（50.2%）的人表示"比较同意"，也就是说接近九成的人（89.2%）认为新技术具有较强的捆绑效应，而表示"不太同意"和"完全不同意"的人的比例分别只有 5.5% 和 5.3%。这一比例在各级别被访者中的分布基本上差不多，而表示"完全同意"和"比较同意"二者比例之和在所有行政级别的被访者中均超过 80%，其中办事员中二者比例之和达到了 93%。从"完全不同

意"到"完全同意"进行李克特四点量表赋值后,情况如表 3-7 所示。我们可以看出,基层公务人员所感知的这种新技术捆绑负担总体均值高达 3.23,所有行政级别的被访者所感知的这种负担均超过了 3.10,其中办事员的这种负担感知最高,均值达到了 3.45,也就是说,越到基层,这种被技术捆绑带来的负面感知越突出。尽管相对来说,主任科员的感知好些,但是均值依然到达了 3.15,这一结果颇让人感觉有些意外。也就是说,从基层公务人员的感知来看,这种技术捆绑带来的负担明显高于新技术带来的形式负担,在所有四类技术负担中,技术捆绑带来的负面评价是最突出的,这值得高度关注。

表 3-6 "行政级别"与"由于新技术必须随时待命"交叉分析

		完全同意	比较同意	不太同意	完全不同意	总计
主任科员（正科）	N	21	26	3	5	55
	百分比	38.2%	47.3%	5.5%	9.1%	100.0%
副主任科员（副科）	N	64	73	10	12	159
	百分比	40.3%	45.9%	6.3%	7.5%	100.0%
科员	N	115	189	21	15	340
	百分比	33.8%	55.6%	6.2%	4.4%	100.0%
办事员	N	70	49	5	4	128
	百分比	54.7%	38.3%	3.9%	3.1%	100.0%
其他	N	40	62	5	6	113
	百分比	35.4%	54.9%	4.4%	5.3%	100.0%
总计	N	310	399	44	42	795
	百分比	39.0%	50.2%	5.5%	5.3%	100.0%

注:$X^2=23.572, \mathrm{d}f=12, p=0.023$。

表 3-7 不同级别基层公务人员所感知的新技术捆绑负担

级别	均值	N	标准差	年龄	均值	N	标准差
主任科员（正科）	3.15	55	0.891	≤25 岁	3.05	19	0.524
副主任科员（副科）	3.19	159	0.858	26—35 岁	3.23	540	0.737
科员	3.19	340	0.737	36—40 岁	3.29	114	0.817
办事员	3.45	128	0.719	41—50 岁	3.20	80	0.920
其他	3.20	113	0.758	>50 岁	3.24	42	0.983
总计	3.23	795	0.778	总计	3.23	795	0.778

最后,从考核负担来看,当问及是否认为"线上各种打卡让人压力很大"时,有 31.3% 的人表示"完全赞同",48.7% 的人表示"比较赞同",17.4% 的人表示"不太赞同",而表示"完全不赞同"的人只有 2.6%。对测试考核负担的两个题项的得分进行均值计算后可知,基层公务人员所感知的新技术考核负担总体均值为 3.08。进一步的分析显示,不同行政级别和不同年龄段的被访者在考核负担感知方面的得分情况存在着一定差异,就年龄阶段来说,41—50 岁年龄段的被访者所感知的考核负担均值最高,为 3.24,其次为 36—40 岁的被访者,均值为 3.19,而感觉这种考核负担最轻的依然是 25 岁以下的被访者,均值只有 2.63。就不同行政级别的被访者来说,副主任科员和办事员所感知的这种新技术负担较高,分别达到 3.18 和 3.17,而感觉最轻的是其他类别的被访者,均值为 2.88。

为了更加直观地呈现基层公务人员所承受的新技术负担,我们以雷达图的方式把同行政级别所感知的四种具体的新技术负担情况表示出来,如图 3-3 所示。总体来说,对于所有行政级别的被访者来说,四种具体的新技术负担中,感受最明显的、压力最大的是捆绑负担,在雷达图中处于最外围、面积最大的部分,其次是考核负担,而设备负担则基本上处于最里面,所占面积最小。因此,新技术对基层产生的捆绑效应和相关的考核是基层新技术负担的主要来源。也就是说,从减负的角度来说,如何有效地消除新技术对基层公务人员的捆绑效应并有效减少围绕新技术的各种考核显得非常重要。

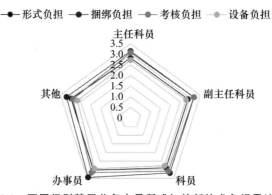

图 3-3 不同级别基层公务人员所感知的新技术负担雷达图

三、新技术负担的影响分析

(一) 相关性分析

为了更加深入地剖析这种新技术负担对基层公务人员担当作为的影响,我们首先对衡量新技术负担的四个变量以及衡量被访者的工作满意度、继续从业度、组织贡献度的四个变量等进行了简单的相关分析,结果如表3-8所示。被访者所感知的新技术负担的所有变量与工作满意度、组织贡献度与继续从业度之间均呈现出明显的负相关性。例如,被访者的工作满意度与形式负担、App 负担、平台负担、公众号负担、捆绑负担、考核负担的相关系数(r)分别为-0.440、-0.164、-0.186、-0.132、-0.408、-0.175,被访者的满意度尤其与其所感知的形式负担和捆绑负担呈现出更为明显的负相关性;被访者的组织贡献度与其所感知的形式负担、App负担、平台负担、公众号负担、捆绑负担、考核负担之间呈现出较为明显的负相关性,相关系数分别为-0.294、-0.227、-0.246、-0.206、-0.281、-0.262;被访者的继续从业度与其所感知的形式负担、App 负担、平台负担、公众号负担、捆绑负担、考核负担之间也呈现出较为明显的负相关性,相关系数分别为-0.294、-0.151、-0.173、-0.137、-0.280、-0.230。而新技术负担的几个变量之间呈现出明显的正相关性,初步验证了新技术负担对于基层公务人员的责任担当的负面影响。

表 3-8 变量间的相关性分析

	1	2	3	4	5	6	7	8	9
1. 形式负担	1								
2. App 负担	0.224*	1							
3. 平台负担	0.171*	0.662*	1						
4. 公众号负担	0.166*	0.553*	0.545*	1					
5. 捆绑负担	0.697*	0.182*	0.219*	0.141*	1				
6. 考核负担	0.251*	0.276*	0.296*	0.226*	0.283*	1			
7. 工作满意度	0.440*	-0.164*	-0.186*	-0.132*	-0.408*	-0.175*	1		
8. 组织贡献度	-0.294*	-0.227*	-0.246*	-0.206*	-0.281*	-0.262*	0.535*	1	
9. 继续从业度	-0.294*	-0.151*	-0.173*	-0.137*	-0.280*	-0.230*	0.445*	0.423*	1

注:* 表示在 0.01 水平(双侧)上显著相关。

（二）回归分析

为了进一步验证相关性分析的初步结果，我们进行了多元回归分析，分别以工作满意度、组织贡献度、继续从业度为因变量，以人口背景变量和新技术负担变量为自变量，设备负担同样取 App 负担、平台负担和公众号负担的均值，进入回归模型，模型 1 是没有加入控制变量情况下的回归结果，模型 2 是加入控制变量"收入满意度"后的回归结果。具体结果情况如表 3-9 所示。所有模型中的膨胀因子（VIF）均远远小于 10。6 个模型的拟

表 3-9 多元回归模型列表

	工作满意度		组织贡献度		继续从业度	
	模型 1	模型 2	模型 1	模型 2	模型 1	模型 2
性别	0.130* (0.054)	0.123* (0.053)	0.026 (0.047)	0.017 (0.046)	0.148* (0.062)	0.134* (0.060)
年龄	0.004 (0.031)	0.006 (0.031)	0.022 (0.027)	0.024 (0.027)	−0.091* (0.036)	−0.088* (0.035)
学历	−0.092 (0.056)	−0.108 (0.056)	−0.042 (0.049)	−0.061 (0.048)	−0.146* (0.065)	−0.175* (0.063)
行政级别	0.024 (0.025)	0.041 (0.025)	0.012 (0.021)	0.033 (0.021)	−0.003 (0.028)	0.029 (0.028)
设备负担	−0.105* (0.045)	−0.073 (0.045)	−0.190*** (0.040)	−0.152*** (0.039)	−0.110* (0.052)	−0.051 (0.051)
捆绑负担	−0.191*** (0.043)	−0.188*** (0.042)	−0.079* (0.037)	−0.076* (0.037)	−0.139** (.049)	−0.133** (0.048)
考核负担	−0.026 (0.036)	−0.001 (0.036)	−0.125*** (0.032)	−0.094** (0.031)	−0.154*** (0.042)	−0.108* (0.041)
形式负担	−0.235*** (0.037)	−0.224*** (0.037)	−0.108*** (0.032)	−0.094** (0.032)	−0.134** (0.043)	−0.113** (0.041)
收入满意度		0.125*** (0.028)		0.153*** (0.024)		0.231*** (0.032)
R	0.482	0.520	0.397	0.446	0.377	0.444
调整 R^2	0.225	0.243	0.149	0.190	0.133	0.188
F	29.871***	29.323***	18.431***	21.691***	16.258***	21.398***

注：* 表示 $p<0.05$，** 表示 $p<0.01$，*** 表示 $p<0.001$，括号内的数字为标准误。

合优度(调整后的 R^2)在 0.13—0.25,结果在可接受范围内。从回归结果可以看出,在因变量为工作满意度的回归模型中,形式负担和捆绑负担对基层公务人员的工作满意度有显著的负面影响,回归系数为 -0.191 和 -0.235,也就是说,被访者对形式负担的评价每增加 1 个点,对工作满意度的评价就减少 0.191 个点;对捆绑负担的评价每增加 1 个点,对工作满意度的评价就减少 0.235 个点。相比较而言,设备负担对工作满意度有一定的负面影响(回归系数为 -0.105)。在人口变量方面,除了性别,其他均没有呈现出对工作满意度的显著性影响。加入"收入满意度"这一控制变量后,捆绑负担和形式负担依然呈现出对工作满意度的显著性负面影响(回归系数为 -0.188 和 -0.224),解释变量并明显没有受到控制变量的影响。

在因变量为组织贡献度的回归模型中,我们可以看出,所有的解释变量在统计学上均呈现出对组织贡献度的负面影响,在统计学上具有显著性,其中设备负担的感知和考核负担的感知的这种负面影响具有统计学上非常显著的差异($p<0.001$),也就是说被访者对设备负担的评价每增加 1 个单位,对其组织贡献度的评价就降低 0.19 个单位,相比较对于工作满意度的影响,形式负担对于组织贡献度的影响则相对来说显著性差异要弱,但依然具有统计学上的显著性,捆绑负担对组织贡献度的影响在四个解释变量中最弱。加入"收入满意度"这一控制变量后(见模型 2),四个解释变量对于组织贡献度的负面影响依然具有统计学上的显著性。而人口背景的四个变量对组织贡献度的影响均没有通过统计学上的显著性检验。在因变量为继续从业度回归模型中,同样四个解释变量在统计学上均呈现对继续从业度的负面影响,尤其是考核负担,这种显著性的影响更加明显,捆绑负担和形式负担在统计学上呈现了较为显著的对组织从业意愿的负面影响,而设备负担的这种影响相对较弱,但依然具有统计学上的显著差异性。在加入控制变量后,除了设备负担外,其他三个解释变量依然呈现出对继续从业度方面的显著负面影响。

四、结论与反思

通过上述相关性分析和回归模型，我们可以看出，当前新技术在基层治理中的广泛应用在实践中产生了明显的异化效应，新技术的应用在推进基层治理向现代化转型的同时，对基层政府产生了较为明显的新技术负担和压力，这种负担对基层公务人员的工作态度和责任担当产生了明显的消极影响，这非常值得关注。尤其是新技术对基层官员产生的捆绑负担和形式负担对基层公务人员的担当作为和工作的积极性、满意度产生了较为明显的负面影响，不管是被访者的个人工作满意度、组织贡献度还是继续从业度都明显地受到了这两个解释变量的负面影响。也就是说，基层公务人员对自身所面临的新技术产生的捆绑效应和形式主义压力在很大程度上影响到了他们对工作的投入、满意度，影响到基层工作中的主动作为，从而催生基层工作的倦怠感。

基于这种研究结论，可以看出，减轻新技术负担的关键在于如何有效地减轻新技术对基层公务人员的捆绑效应。新技术对基层公务人员的捆绑效应来自新技术在很多时候作为一种自上而下的随时随地派发任务、督促任务的工具，从而强化了对基层公务人员的监督和控制。在调查问卷中，当被问及"目前新技术主要用于什么目的"时，有79.5%的基层公务人员选择了"主要用作接收并完成上级的任务"，远高于认为新技术用途主要用于联系服务群众的比例（51%）。另外，有超过三成的人认为新技术主要用于"向村社传递任务"。也就是说，在基层新技术很多时候是作为上传下达的任务传送器。作为权威体系末端的基层公务人员成为任务执行体系的最终承载者，在新的技术环境中，被各种任务随时随地地捆绑。这点可从问卷调查中被访者所具有的微信工作群的数量体现出来，调查显示，被访者平均拥有微信工作群的数量达到了25个以上，其中主任科员平均每人拥有的微信工作群的数量超过40个，办事员平均所拥有的微信工作群数量接近29个。基层公务人员为各种微信群捆绑，往往因为某一项任务而组建一个群，成为基层公务人员负担的重要源头。

同样需要注意的是，减轻基层政府新技术负担需要花大力气减轻形色色的基层电子形式主义。基于新技术的各种形式主义,如留痕、打卡、点赞等各种脱离实务的指尖任务虽然对于基层公务人员来说在很多时候只是"动动手指"的事情,但是却给基层公务人员的心理造成了压力,增加了新的负荷。而一些基于新技术的台账、报表等名义上能够促进政府的精准管理,通过新技术,能够实现报表账目等数字化、标准的统一化,但是却也促进了更多留痕的产生,很多时候是重复性的留痕以及为了留痕而留痕。因此,如何把握住新技术带来的优势,而不是将其变为新时期形式主义、官僚主义等的工具也是现阶段减轻基层负担需要认真对待的事情。

第三节
基层政府新技术负担成因的扎根分析

上述定量分析对新技术基层增负的现状进行了直观呈现,尤其是新技术产生的捆绑负担和形式负担,但是,为什么会这样?在我国的制度体系下,新的技术为什么在一些时候反而成为负担的新的来源?这需要进一步的探讨和分析,对基于问卷数据的定量研究尽管能够通过大量的数据呈现出一些规律和现象,但是由于缺乏对个体"人"的深度关注,存在忽视理论就数据谈数据的倾向,追求各种"高大上"的复杂方法而不是在经验主义上遵循奥卡姆剃刀定律的合适方法。[①] 扎根理论研究方法是一种质性的研究方法,强调从原始资料中提炼理论,在资料和资料之间、理论与理论之间不断进行对比,然后根据资料与理论之间的相关关系提炼出有关的类属及其属性。[②] 从原始资料入手,逐级归纳出抽象层次不同的概念与范畴,而不仅仅限于实证资料作经验性描述。[③] 同时,在不作预设的前提下,通过原始资料的分析来建构理论。本研究采取扎根理论的方法是试图通过这种从个人访谈的原始资料出发,在定量研究的基础上,对背后的影响因素进行深入剖析,一方面在某种程度上是为了验证之前的定量研究,另一

---

① 王琰:《社会学定量研究困境的解决之道》,载《中国社会科学报》2018年9月19日第6版。
② 陈向明:《扎根理论的思路和方法》,载《教育研究与实验》1999年第4期。
③ 文军、蒋逸民主编:《质性研究概论》,北京大学出版社2010年版,第26页。

方面也是深入研究定量的背后逻辑。

一、数据来源与研究方法

对这一问题的关注,同样源于笔者在 MPA 教学期间与来自街道(乡镇)学员的交流过程中所感受到的来自基层公务人员普遍的新技术焦虑。为此,笔者就这一问题针对 MPA 学员中的基层公务人员进行了小范围内的问卷调查(即本章第二节定量分析中的试调)。初步的问卷统计数据显示,当前基层公务人员的这种新技术焦虑还是比较明显的。有近七成的人表示新技术负担比较大或非常大,而表示"完全没有压力"的人只有 7% 左右。尤其是行政级别比较低、年纪较轻的被访者,这种压力表现得更加明显,这让笔者感到惊讶。为了深入剖析新技术增负背后的成因,笔者随后在问卷中设计增加了开放性的问题,要求被访者就目前新技术应用中存在的问题和原因进行开放性的回答。在随后的扩大问卷调查范围收集到的 795 份问卷中,这一开放性的题目收集到了 249 条原始语句,通过对其进行梳理,发现其中基本的概念和类属,在此基础上展开本研究的理论抽样。首先随机抽取 MPA 教学班的 5 名基层公务人员进行了一对一的深入访谈,获得初步的访谈研究资料。其次按照扎根理论研究规范,扩大资料收集的范围,指导学生利用暑期实践的机会,有针对性地对基层公务人员进行了深入访谈。同时,笔者在基层调研期间,针对这一问题进行了座谈或一对一的访谈。考虑到基层公务人员与村社关系密切,村社干部在很大程度上是新技术任务的最终落实者,本研究把社区(村)书记纳入研究对象。而随着访谈和研究的不断深入,笔者发现,新技术的应用带来的负担很多时候与新技术背景下的市长热线运行有着密切关系,与基层官员的考核密切相关。为此,笔者扩大了访谈的范围,对市长热线受理中心的负责人和督查室相关人员进行了补充性访谈。在研究过程中通过数据资料的对比分析和归纳概括实现理论的饱和,完成了本研究最初的建构理论的目的。整个访谈持续了 10 个月左右,所有的访谈均为半结构性访谈,最终获得了 41 份对基层公务人员的访谈记录作为原始资料进行扎根分析(访谈对象情况见表 3-10),进行开放式编码、主轴式编码和理论编码。

表 3-10　访谈对象情况一览表

身份	人数	占比
乡镇(街道)党政领导	6	14.6%
乡镇(街道)部门负责人	7	17.1%
乡镇(街道)一般工作人员	13	31.7%
社区(村)书记(主任)	11	26.8%
12345热线受理中心负责人	2	4.9%
督查室(考核办)负责人	2	4.9%

二、数据编码和模型建构

1. 开放式编码

开放式编码是对原始语句进行概念化的一个过程,并通过不断地比较和分析形成概念群,最后实现范畴的提取。访谈结束后,我们对41份原始访谈资料逐一扫描,对每条语句进行概念化处理,在这一过程中,由两位研究者分别进行并对比,以采取更合适的概念,这样可以保证在概念化的处理当中不添加自己的"目的"。为了便于整理,把所有原始资料依照被访对象所处的层级划分为S(市县)、Z(乡镇)和C(村社)三类,以被访对象所在地名的缩写和被访顺序对原始资料进行编号。为了确保编码过程的准确、客观,在完成对原始访谈资料的分析整理后,在进行充分讨论的基础上,对前后矛盾的初始概念进行删除和整合,共得到168个有效概念。之后我们针对这些概念进行更深一步的分析和提炼,按照每条概念的关系和联系,对其进行类属的划分,形成同一范畴的概念群,并对每一范畴进行命名。在进行范畴化时,删除了频次小于3的初始概念,共得到满意度考核、群数量多、电子留痕等58个初始范畴。开放式编码的过程示例具体见表3-11。

表 3-11　开放式编码—原始资料范畴化(列举)

分类	原始语句(概念化)	初始范畴
S	tz02:考核的标准还是比较多的,方方面面的考核(考核多),标准很细(考核细);tz03:满意率等都是我们考核的内容之一(满意度);wp02:要求数据量必须降下来(量化),村民满意度要高(提高满意度);hd104:我们要根据指示要求及时反馈,甚至有的工作任务得"周通报""日通报"(及时通报)……	S1 满意度考核(tz02、tz03、tz17、hd07、hd11、hd15); S2 精准化考核(hd214、tz21、tz31); S3 定期通报(hd104、tz09、hd13)……
Z	m101:工作QQ群、微信群、钉钉群依旧占据手机通讯录的"半壁江山"(群多);j206:这个群一会儿要什么材料,那个群一会儿要什么材料(疲于应付);m205:从早上一睁眼手机就响不停,一直到晚上十一二点(手机捆绑);dk03:你手机拿过来,我们帮你们操作(代人操作),其实我们在系统上面操作会更容易一些(额外操作);j105:因为现在办了一个微信消防站,一旦发生什么问题,我们就要马上出去解决(微信锁定);dk304:我们有在线办件率,达不到的话我们就要想办法让它达到(应对考核)……	Z1 群数量多(m101、m201、j305、l202、dk32); Z2 即时锁定(j103、j105、J206、l404、dk117、n208、z312); Z3 精神紧张(j402、m205、wp236、dk523); Z4 电子留痕(l401、j110、k307); Z5 网上办件率(dk304、j105、wp309)……
C	j101:现在一旦有啥问题,大家就会打12345(随时投诉);wp23:关键是我们这一层,文化水平也是一个问题,这些App我们都是雇人做的(花钱雇人);k137:有的微信群要求每日报到(微信打卡)……	C1 上访零成本(j101、n310、k117); C2 学习新技术(j507、m213、wp123、ld212); C3 电子打卡(k137、dk419、z311)……

2. 主轴式编码

在获得 58 个初始范畴的基础上,再对不同类型材料中的相似初始范畴进一步整合,并重新进行统一编码(用 ax 表示),最终得到了 46 个初始范畴。主轴式编码的目的在于发现范畴之间的联系,然后挖掘出主要范畴。我们提取到初步范畴后,各个范畴之间的关系依然比较离散和模糊,为此,我们对提取到的 46 个初步范畴依据内在逻辑进行联系、对比和分析,进一步归纳提炼出心理压力、工作倦怠、全时捆绑、电子考核等 20 个副范畴(用 AAx 表示),最终我们通过不断对比分析(比如概念、逻辑上的区别),共精练出信息工具增负表现、信息工具泛滥、跨层级压力上传、跨部门压力聚集、纵向压力机制、电子形式主义、技术便利性困境和自我信息能力不足等 8 个主范畴(用 Ax 表示)。在确定好主范畴之后,将其返回到原始资料进行检验,以保证提取到的主范畴具有可靠性,具体如表 3-12 所示。

表 3-12 主轴式编码结果

主范畴	副范畴	初始范畴
A1 信息工具增负表现	AA1 心理压力	a1 影响休息、a2 精神紧张
	AA2 工作倦怠	a3 热情消耗、a4 工作麻木
	AA3 全时捆绑	a5 即时锁定、a6 随时呼叫
A2 信息工具泛滥	AA3 来源多	a7 基于任务、a8 基于条线、a9 多群兼顾
	AA4 类型多	a10 各种群多、a11 公众号多、a12 App 多
A3 跨层级压力上传	AA5 表达便利性	a13 随时投诉、a14 直通上级
	AA6 民众信息能力	a15 信息发达、a16 知识丰富
	AA7 权利意识	a17 意识提升
	AA8 信访制度	a18 信访泛化、a19 逆向选择
A4 跨部门压力聚集	AA9 任务工具	a20 任务工具、a21 任务派发、a22 任务发布
	AA10 任务转发	a23 转发任务、a24 电子任务
	AA11 任务汇集	a25 多任务集中
A5 纵向压力机制	AA12 责任下沉	a26 责任要求、a27 责任下派
	AA13 过程考核	a28 精细化考核、a29 全过程考核
	AA14 结果考核	a30 层层考核、a31 满意度考核、a32 结果通报
A6 电子形式主义	AA15 电子考核	a33 电子台账、a34 电子打卡、a35 电子留痕
	AA16 信息化率考核	a36 网上办件率、a37 网络满意度
A7 技术便利性困境	AA17 系统冗余	a38 多重操作、a39 材料重叠
	AA18 系统离散	a40 信息不共享、a41 系统不兼容
A8 自我信息能力不足	AA19 自我学习	a42 学习电脑、a43 学习 App、a44 学习 PPT
	AA20 寻求帮助	a45 请人帮忙;a46 花钱雇人

3. 理论性编码

理论性编码的核心在于将核心范畴与主范畴之间进行逻辑联系,同时在这个过程中发现各个范畴之间是否存在某种关系,围绕我们的研究主题,将其与主范畴之间串联成"故事线",并基于此进行相应的模型构建。

我们最终确定的核心范畴是"信息化工具嵌入对基层公务人员增负效应的影响因素",通过对现有 8 个主范畴的深入分析、比较和联系,将 A3、A4、A5 三个主范畴组合成"制度机制"编码,而把 A2 和 A7 组合成"应用方式"编码,从而形成本研究的"故事线":(1) 信息化工具对基层公务人员增负的主要表现为心理紧张、工作倦怠和全时捆绑;(2) 背后的制度问题、新技术运用方式问题、系统便利性问题以及自身能力素质问题是新技术对基层公务人员增负效应的影响因素;(3) 压力型体制的运行模式是信息化工具对基层公务人员增负的关键性因素;(4) 新技术的形式化运用方式是基层公务人员增负的重要因素;(5) 系统便利性以及自身信息能力因素在一定程度上调节着制度机制——新技术之间的关系,从而影响着新技术对基层公务人员的增负效应(主范畴的典型关系见表 3-13)。

表 3-13 主范畴的典型关系结构

典型关系结构	涵盖类属	关系结构释义
制度机制—新技术增负	A3 跨层级压力上传 A4 跨部门压力聚集 A5 纵向压力机制	自上而下压力传递和自下而上的诉求传递以及条块关系结构使得新技术的应用反而增加了基层公务人员的负担
应用方式—新技术增负	A2 新技术工具泛滥 A6 电子形式主义	以手段为目的,以形式为目的应用方式使得信息化工具呈现出增负效应
技术问题—新技术增负	A7 技术便利性困境	操作冗余、重复和复杂
能力素质—新技术增负	A8 自我信息能力不足	自身的信息能力和素养跟不上新技术环境要求

根据该"故事线",通过将核心范畴和主范畴的有机联系,在综合所有的原始资料和编码过程的基础上,我们构建了一个有关信息化工具对基层公务人员产生增负效应的内在机理模型(如图 3-4 所示)。在建立好相应的理论模型后,我们将搜集到的一些网上相关的新闻报道和对一些基层公务人员进行的随机访谈记录进行理论饱和度检验。结果显示,我们建设的理论已经基本实现饱和,并且在这几个范畴间未发现新的关系及"故事线"。

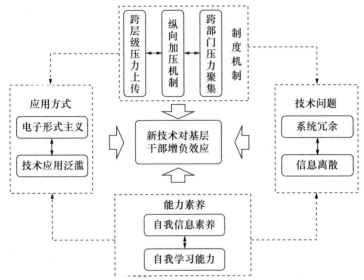

图 3-4 信息化工具对基层公务人员增负的成因模型

三、模型解释:新技术基层增负的成因分析

新技术嵌入基层治理很多时候反而让基层公务人员负荷重重,经过扎根理论的编码过程和饱和度检验,本书构建了技术增负效应的内在成因。基于我国特殊体制和基层治理关系、结构,在结合研究过程和访谈备忘录的基础上,并结合第二章的技术—制度—行动者的分析框架,我们可以对当前我国特殊的制度体系下基层政府中的新技术增负现象背后的机理进行更加深入、系统的剖析。

首先,从制度层面来说,压力型体制呈现出了对新技术的强大形塑能力,新技术对基层公务人员的增负效应是制度对技术建构的结果。新技术的嵌入更多受到的是政治环境或者政府制度的影响而不是经济环境的影响。[①] 制度环境干预了政府组织对新技术的应用,在压力型体制下,人们

---

① T. Heintze, S. Bretschneider, Information Technology and Restructuring in Public Organizations: Does Adoption of Information Technology Affect Organizational Structures, Communications, and Decision Making? *Journal of Public Administration Research and Theory*, Vol. 10, No. 4, 2000, pp. 801-830.

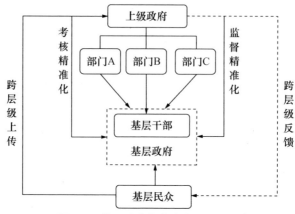

图 3-5　基层政府新技术负担的成因

仍然带有一种"路径依赖"的惯性①，新的技术从一开始就嵌入到了压力型体制的强大逻辑之中，由于即时性、跟随性的技术特征，新技术的渗透反而更加强化了原有的制度逻辑，从而使得基层公务人员由于新技术的运用很多时候面临着更加明显的多重挤压（见图 3-5）。从访谈和编码结果来看，主要表现在几个方面：

一是新技术使得基层治理问题"上级化"，基层公务人员面临自下而上的挤压的同时也面临着更加强大的"上级"压力。新技术大大增强了基层民众的权利意识(a17)和信息能力(a15、a16)，更重要的是，新技术使得自下而上的信息流动跨越了传统政府科层的束缚。在现有的制度逻辑下，信访泛化(a18)和逆向选择(a19)倾向使得基层民众借助于新的技术平台轻松地跳过了基层政府而直接与上层权威发生联系(a13、a14)。众多政务App、微信公众号和12345热线平台在最短的时间里提取到基层治理中的各种问题和民众诉求，借助于自上而下的权威，在压力型的体制运行中，这些问题和诉求对基层公务人员产生了很大的压力。

二是新技术使得上级权威对基层公务人员的监督考核更加"精细化"，基层公务人员被纳入到更加严密的压力网络之中。借助于新技术，来自上

---

① 杨雪冬：《压力型体制：一个概念的简明史》，载《社会科学》2012 年第 11 期。

级的各种考核和监督可以跳过中间的科层环节,直达基层公务人员个体(a27),对基层公务人员的考核内容更加细致(a28),实现了对基层公务人员行为的全过程监督(a29)。更重要的是,对基层公务人员的行为能够实现即时性的介入和干预(a33)。

三是新技术使得不同部门实现了对基层公务人员的全时态任务"捆绑"。新的技术成为不同部门的任务派遣(a21)和任务转发(a25)的工具。尽管不同的部门条线与基层政府之间在组织结构上处于相互"分割"的状态,但是通过新的信息技术这一无形的手,各部门实现了对基层公务人员的全时态绑定(a5、a6)和多任务聚集(a25)。在压力型体制下,信息化工具被异化成随时随地下任务、发指令、填表格、报材料的现代"BP机",使基层公务人员精神处于紧张状态①,同时面临着来自基层民众更加强烈的诉求压力,图3-4对这种制度逻辑进行了简单的呈现。

其次,从行动者的角度来说,新技术增负是行动者基于自身的理性目标对技术建构的结果。技术的运用形式与目标存在着明显的背离,新技术的增负效应是二者紧张关系的呈现。从治理的价值性目标来说,新技术的运用核心目标在于创造一种新的治理结构和关系网络,创建共享共治和多元协同的行为模式。对于政府管理而言,不同部门和官员大多时候是基于自身的既得利益出发审视技术的运用问题的。② 技术往往被组织内不同的行动者赋予不同的期望和意义,信息技术的收益通常没有在政府组织人员中平均分配,主要受益者是公共行政中占主导地位的管理者或领导者,而不是技术精英、中层管理人员、文职人员。③ 行动者从自身的权力和责任结构出发,通过设定技术发挥作用的形式,从而使得技术运用偏离本来的目标。在压力型体制的层层考核和短期化的绩效刺激下,通过片面的、

---

① 何亚兵:《莫让现代办公工具掩盖惰政思维》,载《领导科学》2018年第34期。
② Richard J. Self & Conard Aquilina, TechnoStress in the 21st Century: Does It Still Exist and How Does It Affect Knowledge Management and Other Information Systems Intiatives, in Lorna Uden et al. (eds.), *7th International Conference on Knowledge Management in Organizations: Service and Cloud Computing*, Springer, 2013, pp.117-127.
③ Kenneth Kraemer & John Leslie King, Information Technology and Administrative Reform: Will E-Government Be Different? *International Journal of Electronic Government Research*, Vol.2, No.1, 2006, pp.1-20.

简单化的、机械的指标来衡量治理绩效成为地方政府在基层治理中最常见的行为选择，用形式剪裁事实，用手段遮蔽目标，最终致使指标与实际需求和治理实效脱节。①

从对基层公务人员访谈资料的扎根编码中可以清晰地感觉到，基层信息化技术运用中的形式与目标之间的紧张关系表现得较为明显，过于追求短期绩效目标和创新形式感，较少考虑技术治理举措在多大意义上可以进一步推动基层治理体制的改革和创新。② 新技术被广泛地运用于电子台账(a33)、电子打卡(a34)和电子留痕(a35)，片面地追求网上办件率(a36)和网络满意度(a37)。一些政府部门和地方官员为了追求所谓的创新，树立"互联网+"的电子化形象，纷纷设立各种各样的公众号(a11)和 App(a12)，强调形式化的指标，却忽略了实际的效果。这导致基层公务人员为形式所累，必须花费大量的时间和精力应对脱离实际的考核，以满足指标化的绩效目标。这让基层公务人员压力倍增，与此同时他们的心理负担也值得关注，如热情消耗(a3)和工作麻木(a4)。实践中地方政府对过程管理的过度强调，譬如事无巨细都要在平台上做好记录、留下电子痕迹，极大地增加了基层公务人员的工作量，让其忙于做数据，无暇顾及具体事务的处理。③

最后，从技术本身的角度来说，技术便利性和个人能力素养与新环境要求不够匹配，一定程度上影响着新技术对基层公务人员的增负效应。在基层的技术运用过程中，有时基层公务人员对技术便利性的期待并没有得到满足，由于不同部门和条块之间信息共享不充分(a40)、系统不兼容(a41)以及形式化的考核等问题，反而使得技术使用过程产生额外的负担，如反复性的操作(a38)和重复递交材料(a39)。这点在基层行政服务办理中体现得非常明显，由于不同业务系统的信息共享没有完全实现，同样的材料和流程往往必须在不同的系统中重复操作，而为了满足在线办件率的

---

① 彭勃、赵吉：《折叠型治理及其展开：基层形式主义的生成逻辑》，载《探索与争鸣》2019 年第 11 期。
② 黄晓春：《技术治理的运行机制研究》，上海大学出版社 2018 年版，第 104 页。
③ 张丙宣、任哲：《数字技术驱动的乡村治理》，载《广西师范大学学报(哲学社会科学版)》2020 年第 2 期。

考核,在业务办理完成后,还必须进入专门的考核系统,按照同样的流程再操作一遍,这是一种无实际意义的操作冗余。与此联系的是个人的能力问题,新的技术运用需要与之相匹配的意识和能力,对于伴随着互联网成长的年轻人来说,这种能力似乎是与生俱来的,但是对于一些基层公务人员来说,尤其是对于50岁以上的基层公务人员来说,基于新技术的工作方式无疑是一种挑战,意味着必须重新学习与此相关的各种知识,包括各种硬件(a42)和软件(a43、a44)。当自我学习能力难以适应新的环境的时候,基层公务人员不得不寻求别人的帮忙(a45、a46)。这对于基层公务人员来说,同样意味着新的负担。需要强调的是,不管是技术的便利性还是个人能力素养都没有成为被基层公务人员反复强调的问题,只是在少数年纪比较大的村支书(主任)或乡镇行政服务中心的被访对象中被提及,对于大多数基层公务人员来说,类似的问题并不突出。实际上,在基层,在操作智能手机上并没有人人的能力鸿沟。

新技术在基层的增负效应是一个值得关注的问题,本研究通过对基层公务人员访谈资料的扎根分析,构建了信息化工具对基层公务人员增负的内在逻辑机理。新技术之所以让基层公务人员压力重重,主要受到制度因素、技术应用方式、技术便利性和个人能力四个方面的影响,并得出结论:信息化工具被嵌入到了强大的压力型体制逻辑之中,新的技术作为压力的跨层级传递、跨部门压力聚集和跨时空的压力跟随的手段,进一步强化了自上而下的精细化考核和精准化监督,使得基层公务人员被"捆绑",新技术运用中的形式与目标的背离,使得基层公务人员背负着电子形式主义的负担,对于一些基层公务人员来说,技术的便利性和个人也是一个问题。信息技术在基层的嵌入使得原有的体系更加精细化,缺乏创新和发展,从而失去活力,导致基层治理的内卷化。① 未来基层治理的信息化转型需要调转制度与技术之间关系的箭头,从制度对技术的形塑转变为基于新技术的制度化改革,以技术的革新为契机,推进共建共治共享的基层治理结构的建设。

---

① 易臻真:《城市社区治理的内卷化危机及其化解——以上海市J街道基层治理实践为例》,载《人口与社会》2016年第1期。

第四章

制度塑造技术：新技术的项目化嵌入与基层增负

长期以来,我国基层政府面临着双重困境:一方面,来自上层的大量任务、责任不断地向基层转移,使得基层不堪重负;另一方面,作为最末端的政府层级,基层政府缺乏足够的体制性和常规性治理资源,从而产生了较为明显的权责不对等困境,事多、责大、权小的矛盾越来越突出。近年来,越来越多的公共资源和公共服务进入到基层,大量事务重新被纳入科层治理的议程[①],与之伴随的是基层社会中的个人从义务本位向权利本位转型[②],基层治理面临着新的转型,但也产生了新的问题。

2021年4月印发的《中共中央、国务院关于加强基层治理体系和治理能力现代化建设的意见》强调,要提高基层治理社会化、法治化、智能化、专业化水平。新技术的不断发展和日益渗透无疑为构建这种新的治理格局提供了新的路径。自党的十八大以来,运用信息化的手段推动治理能力现代化的重要性不断被强调。在大数据、云计算的支撑下,各种智能化终端、政务App和各种新媒介程序在基层得以日益广泛地运用,推进基层治理的信息化成为未来基层治理改革的重要趋势。但是,从基层政府自身的角度来说,压力和负担似乎并没有因此而明显减轻,有时候甚至可能变得更重,原本希望信息技术在基层走向共建共治共享的现代治理目标方面产生促进作用,但目前看来似乎并没有出现令人期待的效果。为什么会产生这种看似矛盾的结果?这与特殊的体制和结构中新技术嵌入方式有着密切的关系,我们试图从基层信息化过程中的新技术嵌入模式入手,对这一困

[①] 杨磊:《返场、控制与捆绑:乡镇干部的压力源及其解释》,载《公共管理与政策评论》2020年第1期。

[②] 陈锋:《分利秩序与基层治理内卷化 资源输入背景下的乡村治理逻辑》,载《社会》2015年第3期。

惑进行解释。本章将以具体的案例为分析对象,呈现依托于组织权威的项目化技术嵌入方式是如何对基层增负的。

第一节
新技术的嵌入及其增负效应

信息技术是一种外源性技术,使用技术的组织不掌握技术的核心结构,也没有对技术进行改造和调整的能力[①],对技术的应用前提是需要有效地引入技术,并嵌入到政府治理的过程之中。政府普遍希望利用新技术来促进内部效率的提升,提高政府信任水平、透明度和开放性,但值得注意的是,政府到底应该采取怎样的方式或策略引进新技术并不是一个简单的问题。由于新技术可能对政府内部运作产生新的影响,在引入技术的策略方面需要强调适宜性和阶段性,必须寻找到一种方法和路径,使得新技术有效地融入政府流程和结构,以确保它们满足公众的需求,并使政府受益。[②] 否则,如果新技术的嵌入方式和过程与现有的组织结构产生明显的冲突,技术的嵌入本身就可能成为一种负担。

一、新技术嵌入的影响因素

新技术的引入意味着不只是涉及组织内部协调,还增加了技术供给组织之间的协调。[③] 新技术的嵌入过程也受到诸多因素的影响,使得不同层级、不同部门的政府在新技术嵌入的时间、阶段和方式等方面都存在很大的差异,从而影响其应用的过程和效果。具体来说,主要体现在几个方面:

[①] 邱泽奇:《技术与组织的互构——以信息技术在制造企业的应用为例》,载《社会学研究》2005年第2期。

[②] S. E. Hidayat, A. Rafiki, & M. H. A. Khalifa, The Social Media Adoption of Public Sector in the Kingdom of Bahrain, *Journal of Advances in Management Research*, Vol. 16, No. 1, 2019, pp. 22-37.

[③] 邱泽奇:《技术与组织研究的历史脉络与未来机遇》,载邱泽奇主编:《技术与组织——学科脉络与文献》,中国人民大学出版社2018年版,第34页。

1. 领导的态度

组织中的管理者或者领导对于新技术的引入会产生重要的影响,有时候甚至是决定性的影响。正如费尔德曼所言,新技术实施的核心特征取决于受现有社会规范影响的管理者的行为,这体现在他们对制度事件和结构的个人反应上。[①] "信息和通信技术系统影响变化的潜力取决于在组织背景下,代理人如何实施这些变化。"[②] 而在政府组织中,领导的影响更加突出,原因很简单,在自上而下、层层负责的官僚体制下,领导,尤其是处于科层顶端的领导往往主导了对事务价值的判断权和决定权,从而左右了新技术的引入及其方式。最高层次的领导对技术的鼓励能够激励行政组织的行为,领导注意力是数字治理背景下影响组织运作机制的一个重要变量,领导注意力是个体的信息处理能力和资源支配能力在组织中的扩展。[③] 新技术引入的前提是政府部门对新技术有较为深刻和准确的认知,对新技术为公共部门可能带来的新的机会有一致性的认同,而这很大程度上与政府部门领导者的理念和态度直接相关。在我国政府的实际运作中,领导者的关注程度与支持力度是影响一项政策和项目执行情况的重要因素,这会影响到政府组织的"注意力"分配,其反映了组织对一系列议题事项的优先性排序。[④] 这需要政府领导对新技术抱有更加开放的态度和较先进的理念,能够随着外界的环境变化而积极转变自身的认知和行为,能够接纳新鲜事物。如果领导对新技术本身有成见,对这些技术工具更强调用强力的手段进行监管,那么政府也就很难真正正确有效地运用这些技术工具。

---

① M. S. Feldman, Resources in Emerging Structures and Processes of Change, *Organization Science*, Vol. 15, No. 3, 2004, pp. 295-309.

② C. M. L. Chan, R. Hackney, & S. L. Pan (*et al.*), Managing E-Government System Implementation: A Resource Enactment Perspective, *European Journal of Information Systems*, Vol. 20, No. 5, 2011, pp. 529-541.

③ 张程:《数字治理下的"风险压力—组织协同"逻辑与领导注意力分配——以 A 市"市长信箱"为例》,载《公共行政评论》2020 年第 1 期。

④ 谭海波、范梓腾、杜运周:《技术管理能力、注意力分配与地方政府网站建设——一项基于 TOE 框架的组态分析》,载《管理世界》2019 年第 9 期。

2. 组织制度与结构

新技术的嵌入必须面对其与原有组织结构和制度之间的紧张关系,组织的、网络的、制度的安排,以及行为内嵌于这些制度安排的特征,在技术执行中扮演了关键的角色。① 新的信息技术作为一种扁平化、去中心化的工具,与开放性的、多中心的组织文化和制度体系具有更强的相容性,更容易产生令人期待的"化学效应"。但是,作为政府组织,根深蒂固的官僚文化、制度和行为习惯会深刻地塑造新技术的使用方式和过程。这是由官僚制的保守性所决定的,通常的情况是,官僚制强大的制度惯性和组织文化使得这种新技术与现有的制度产生较为突出的冲突。有研究表明,官僚制的组织体系是抗拒变革的、反数字技术的,组织设计是强化现有的结构与根深蒂固的权力和控制。② 另外,官僚制强大的制度惯性和纷繁复杂的制度体系使得新技术的去官僚制力量相形见绌。官僚制下的政府业务流程和职能往往被镶嵌到各种详细的法律法规和行政法规之中,有时候使得新技术无能为力③,新技术甚至可能被这种强大的制度逻辑所"驯服"。最终,新技术被嵌入官僚制的过程可能面临种种问题与困境。

与西方官僚制的逻辑不一样,就我国基层政府来说,其面临着较为独特的政府上下级权责关系。在我国,自上而下的权威不仅存在于某一层级的政府内部,不同层级政府之间也同样呈现出强大的自上而下的权威逻辑。基层政府面临着来自上级政府的科层压力,受到上级政府对新技术的态度和理念的影响。基层政府也可能出于地方政府之间的经济社会绩效竞争或创新竞争的压力对新技术采取不同的态度。新技术的引入在很多时候都是由于多重压力综合影响的结果,如横向政府之间的创新竞争压力

---

① 〔美〕简·E. 芳汀:《构建虚拟政府:信息技术与制度创新》,邵国松译,中国人民大学出版社 2010 年版,第 79 页。

② Rana Tassabehji, Ray Hackney, & Aleš Popovič, Emergent Digital Era Governance: Enacting the Role of the "Institutional Entrepreneur" in Transformational Change, *Government Information Quarterly*, Vol. 33, No. 2, 2016, pp. 223-236.

③ J. Wonglimpiyarat, Innovative Policies to Support Technology and ICT Development, *Government Information Quarterly*, Vol. 31, No. 3, 2014, pp. 466-475.

推动了地方政府对新技术的引入。① 可以说,在我国特殊的制度下,政府引入新技术可能受到府际竞争、府际学习、上级政府压力、公众压力、能力素养等多方面因素的影响。②

3. 资源约束

政府对新技术的引入应该具备基本的资源条件,研究表明,缺乏有效的资源支持是政府新技术引入的重要阻碍因素。③ 针对西班牙和意大利地方政府的研究表明,人口规模、债务水平等对新技术的引入有明显影响。④ 通常来说,新技术引入到政府之中的资源条件主要包括三个方面:一是设备;二是人员;三是时间。政府对新技术的引入不只是注册一个账号、开发一个应用程序,并保持内容更新和正常运转这么简单,还涉及一系列技术性的基础设备,包括足够畅通的宽带以维持视频的流畅播放、维护自身网络不受到病毒和新技术中大量恶意软件攻击的安全技术措施、足够的硬盘空间以保持某些特定的内容,等等。与设备因素相比,政府在新技术引入与运用过程中面临的人事方面的影响更加突出。新技术的引入与运用有赖于训练有素、分工合理、团结合作的专业人员,而这需要专门的人员对这一事项进行专门负责,并建立专门的团队负责新技术相关的建设和日常性的维护。而建立这样的一支队伍也不是一件容易的事情,需要编制专门的经费预算,需要事先对相关人员进行有计划的、系统的培训。除此之外,时间的分配同样是一个重要的问题。由于新技术随时随地的沟通特征,要求相关人员保持随时"在岗"的状态,以便及时地对新技术平台上的各种问题进行回应,代表政府部门与其他主体进行协商讨论,有时候需要

---

① 钟伟军:《地方政府的分散创新与中央主导下的创新整合——长三角政务服务"一网通办"的实践路径》,载《江苏社会科学》2022 年第 1 期。
② Liang Ma, The Diffusion of Microblogging in the Public Sector: Evidence from Chinese Province, in M. Z. Sobaci (ed.), *Social Media and Local Governments: Theory and Practice*, Springer, 2016, pp. 171-194.
③ Anne E. Howard, Connecting with Communities: How Local Government Is Using Social Media to Engage with Citizens, ANSOG Institute for Governance at the University of Canberra and Australian Center of Excellence for Local Government, 2012.
④ Maria-Dolores Guillamón (et al.), Factors Influencing Social Media Use in Local Governments: The Case of Italy and Spain, *Government Information Quarterly*, Vol. 33, No. 3, 2016, pp. 460-471.

通过新技术平台进行持续的互动。很显然,传统的、固定的、僵化的时间分配模式不合时宜,应该建立更加灵活机动的时间调节机制。此外,本地数字化水平以及农村和城市等不同特征的地域资源条件也可能对政府引入新技术的态度产生影响。①

可以看出,新技术运用于政府的过程受到方方面面因素的影响,而且这些因素在不同的阶段表现出的影响程度也会不同,对于政府来说,需要有长远的规划和全面、系统的考量。正如亚历山大(David E. Alexander)所言,鉴于新技术在政府管理长期实践中所扮演的角色,需要耐心尝试将新媒体纳入这些过程,在此过程中,技术、文化和社会现实将不可避免地发生变化。像民防服务和紧急警报系统等组织体系都需要适应社会技术环境不断变化的现实,并确保有健全的计划来处理未来使用新技术可能产生的任何困境。②

二、新技术嵌入政府过程中的增负效应

对于政府部门和成员来说,新技术的嵌入往往会带来新的压力和负担,这是因为,新技术的嵌入实际上是新技术与其内部和外部环境相互作用以获得合法地位,或被广泛接受或认可的状态,但是这种合法化的过程是自然而然的过程。一般来说,在新技术嵌入到政府组织的过程中面临着围绕新技术的"去制度化"和"再制度化"两个同时并存而又对立的层面,这种"去制度化"和"再制度化"往往意味着较为激烈的冲突。作为一种新鲜的事物嵌入到原有的组织过程,必然引发新的紧张关系,尤其是新技术对传统组织文化、组织运行规则等会带来新的影响,对于政府内部人员和部门来说往往意味着新的挑战和压力。实际上,很多时候,新技术带来的负担更多的是在其嵌入的过程中,因为一旦技术成熟,并有效地融入政府运行的过程,且随着技术的不断运转,新技术日益成为新的制度结构、形成组

---

① E. Avery (et al.), Diffusion of Social Media Among Public Relations Practitioners in Health Departments Across Various Community Population Sizes, *Journal of Public Relations Research*, Vol. 22, No. 3, 2010, pp. 336-358.

② David E. Alexander, Social Media in Disaster Risk Reduction and Crisis Management, *Science and Engineering Ethics*, Vol. 20, No. 3, 2014, pp. 717-733.

织惯例以后,新技术已经成为新的规则和标准,这种压力和负担就不复存在了。[①] 通常来说,新技术嵌入政府过程中的负担主要包括两个方面:一是个人理念、习惯和能力带来的负担。由于需要改变"理所当然的活动",包括认知能力修改现有文化,不确定和新旧两种理念、文化、习惯给个人带来的负担会变得更加明显。[②] 二是制度带来的负担,新技术嵌入政府的过程本身就是政府对机构和个人施加压力的过程,由此会产生各种负担和限制,新的技术规则对什么可以接受、什么不可以接受设定了新的界限,对于政府一些部门尤其是基层部门和成员来说,新技术嵌入政府过程中的这种负担会更加明显。

在新技术嵌入政府过程中,由制度因素带来的负担通常主要有三种类型:(1) 规范压力或社会压力,导致组织及其成员遵循某些规范,并往往是与专业化有关的行动;(2) 因政治影响和合法性需要而产生的强制性负担,如所实施的法律法规,以及实现某些技术或服务标准等组织的期望;(3) 由于对不确定性的标准响应而产生的模拟负担。[③] 新技术往往被引入组织作为对压力的战略反应,技术嵌入的整个过程由同构机制驱动。同构机制是指组织通过在形式、形状和结构上具有相似性来模仿其他组织(在相同的机构或服务设置内)的机制。上级机构会通过规则和制裁指标的权宜之计来强制成员遵守,或通过认证和鉴定指标对其义务提出警告,或通过流行度指标警惕"想当然的活动",所有的这一切都会产生新的负担。

斯科特(W. R. Scott)认为,规范压力与社会压力往往是密不可分的,社会压力是由于不同社会群体之间对新技术认知的分化而产生的,这种分化加剧了共识的分裂,带来了压力。他还将强制压力重新划分为两类子类型,一类是职能压力,另一类是政治压力。这两类压力分别来自新技术嵌

---

① Anne Fleur van Veenstra, Marijn Janssen, & Yao-Hua Tan, Towards an Understanding of E-Government Induced Change: Drawing on Organization and Structuration Theories, in Maria A. Wimmer et al. (eds.), *Electronic Government*, Springer, 2010, pp. 1-12.

② Bijan Azad & Samer Faraj, Social Power and Information Technology Implementation: A Contentious Framing Lens, *Information Systems Journal*, Vol. 21, No. 1, 2011, pp. 33-61.

③ V. Weerakkody, A. Omar, & R. El-Haddadeh (et al.), Digitally-Enabled Service Transformation in the Public Sector: The Lure of Institutional Pressure and Strategic Response Towards Change, *Government Information Quarterly*, Vol. 33, No. 4, 2016, pp. 658-668.

入实践的绩效层面上的问题。[①] 而在奥利弗（C. Oliver）看来，新技术嵌入中的这种压力和负担主要来自三个方面：政治性压力、社会性压力和功能性压力。政治性压力是在技术嵌入过程中面临的政治因素带来的负担，社会性压力是社会期待产生的负担，而功能性压力则是技术功能的复杂性或先进性带来的负担。除此之外，还可能面临混乱失序压力和内部压力，从而使得技术的嵌入过程和结果产生偏离[②]，如图4-1所示。可以看出，现有的对技术嵌入过程中的压力和负担的研究，针对的都是政府及其人员在引入新技术中面临的困难和挑战，从而可能对技术嵌入过程和结果的影响，而很少有研究讨论技术嵌入过程中对于技术执行链条末端人员带来的压力和负担问题。

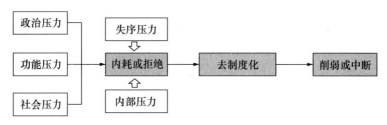

图 4-1 新技术嵌入过程中的压力和效应

资料来源：C. Oliver, The Antecedents of Deinstitutionalization, *Organization Studies*, Vol. 13, No. 4, 1992, pp. 563-588.

第二节
项目化：政府权威主导下的新技术嵌入模式

尽管新技术嵌入到政府部门的过程对一些部门和人员来说可能意味着新的负担，但是，在不同的体制中新技术嵌入过程带来的负担的具体表现形式和程度会呈现明显的差异。把新技术的嵌入转变成专门的"项目"，

---

① W. R. Scott, *Institutions and Organizations: Ideas, Interests and Identities*, SAGE Publication Inc., 2013, pp. 257-256.

② C. Oliver, The Antecedents of Deinstitutionalization, *Organization Studies*, Vol. 13, No. 4, 1992, pp. 563-588.

通过自上而下的方式层层推进,辅之以强有力的权威和资源,在时间约束下实现技术执行的目标,这是我国基层新技术嵌入的重要方式,而这种方式往往成为基层政府负担的重要源头。

一、项目与项目化执行

"项目"是一个我们耳熟能详的概念,从最广泛的意义来说,所谓的项目,通常具有"专门的任务"和"临时性的工作"的含义。美国项目管理协会(PMI)给项目下了一个定义具有较强的权威性,即项目是"为创造独特的产品、服务或成果而进行的临时性工作"①。从这个角度来说,项目可以说无处不在,在所有的国家和地区,在所有的组织形态中都存在着不同程度的项目。然而,在我国,项目是一个专门的、具有特定含义的学术概念。一开始,学界倾向于把项目特指财政意义上的"专项",是指分税制背景下,国家自上而下的资金配置和资源动员的一种新的模式,并把这种特殊的运作形式称为"项目制"——在财政体制的常规分配渠道和规模之外,按照中央政府意图,自上而下以专项化资金方式进行资源配置的制度安排。② 通常来说,项目针对的是某一专门的问题或事项,也就是说,是解决单一的困境,实现专门的目标,达成关注的专门任务,项目制本身通常并不包含多元化的"复杂任务",更多是"一事一议"。随着研究的不断深入,越来越多的人倾向于把项目制视为一种新的特殊的治理机制,而不仅仅是资金的转移支付形式,以自上而下的项目落实为中心形成了一整套包含上下级政府和横向不同部门之间激励、监督和控制的行动策略。项目早已超出了原来财政意义上的"专项",项目制也从财政转移支付领域扩展到地方政府治理辖区的各个领域。③ 越来越多的人注意到,项目制已成为其他许多领域中自

---

① 〔美〕Project Management Institute:《项目管理知识体系指南(PMBOK 指南)(第 5 版)》,许江林等译,电子工业出版社 2013 年版,第 4 页。
② 周雪光:《项目制:一个"控制权"的理论视角》,载《开放时代》2015 年第 2 期。
③ 折晓叶:《县域政府治理模式的新变化》,载《中国社会科学》2014 年第 1 期。

上而下推动任务部署的一个重要形式。① 以项目为中心,成立专门的项目组,配备专门的资源,实行专班化的运作形式,层层推进、层层压实任务,以强有力的考核保障任务的完成,对于这种任务执行过程,我们称为"项目化执行"。

这里讲的"项目化执行"是指政府把工作部署化约成类似于工程项目的实施过程,把重要的工作转化成"专门的项目",成立专门的"项目指挥部"和项目工作机制,依照时间进度和目标要求,集中资源自上而下地推进重要工作和政策的部署。项目化执行把政府的注意力和意志转变成实实在在的、目标清晰的"专项",并通过"项目攻坚"的方式,以时间倒逼进度、目标倒逼责任的强约束机制保障执行。与传统的常规治理模式不同,项目化执行可以被视为地方政府的一种"攻坚治理模式"②。在这里,项目被赋予了更加广泛的意义,指政府设定的、具有特定时间和资源约束的且具有明确目标的重要任务或中心工作。当然,中心工作或重要任务与我们这里讲的"项目"是不同的,区别在于政府是否围绕这一重要的工作成立专门的"项目工作组"——专门的领导机构和负责组织,是否建立专门的工作机制,是否有明确的"工期"约束和进度要求。与项目制强调的财政资源配置和激励不一样的是,项目化执行强调的是对某一工作强有力的推进和落实,以强化下级政府的执行力。因此,项目化的方式具有非常高的效率,项目化可以在确保时间、技术、经费和性能指标的条件下,以尽可能高的效率完成预定目标。③

项目制在过去常常被用来与单位制相区别,大多是从财税的角度来比较,但是,深入剖析项目化执行的过程可以发现,这一方式超越了财税意义上的层面,而是一种包裹着特殊的权力、结构、责任等多元因素的独特的治

---

① 折晓叶、陈婴婴:《项目制的分级运作机制和治理逻辑》,载《中国社会科学》2011 年第 4 期。
② 徐明强、许汉泽:《运动其外与常规其内:"指挥部"和基层政府的攻坚治理模式》,载《公共管理学报》2019 年第 2 期。
③ 蔡屹:《项目化运作中社会公益组织和政府之间互动关系研究》,载《华东理工大学学报(社会科学版)》2011 年第 6 期。

理方式或治理机制。与现代政府组织所强调的一般常规性的运作不同,项目化执行强调的是一种自上而下的围绕项目这一纽带的"贯通"式、封闭式的运作过程。它强调打破条块分割的边界和权力责任体系,强调建立临时性的矩阵式的运作组织,对现有的组织架构进行重新的组织和整合,尤其是打破纵向的层级权责关系与横向的条块、部门和地域分割,所有的组织、资源实现全面的集中和整合,从而提升效率。因此,项目制针对的是临时性的事本主义运作,其实质是全面凸显效率这一核心目标。①

二、权威主导:新技术项目化嵌入的特征

政府在新技术的推动和运用过程中常常是通过项目的形式来运作的,也就是政府部门把各种支持和鼓励公众参与的新技术平台建设单纯理解为一种"项目"。② 政府以项目为形式将信息化的工作有效介入到下级政府或基层政府的运作过程,将政府的信息化意图通过具体的项目直接嵌入下级政府或基层政府,也就是说项目式运作是政府执行信息化工作的部署方式。在这里,信息化工作是政府设定的、具有特定时间和资源约束的且具有明确目标的重要任务或中心工作。与项目制强调的财政资源配置和激励不一样的是,新技术的项目式运作强调的是对信息化工作部署强有力地推进和落实,以强化下级政府的执行力。

与常规化、按部就班的政府执行行为不一样,项目化执行具有以下几个重要的特征:

一是强调以任务为中心的"事本主义"逻辑。所谓事本主义就是围绕着某一特定的问题而展开的行为,这意味着项目设计的初衷是解决某一(些)地区、某一(些)领域的特定问题,而不是一揽子的综合性的解决方案。③ 项目源于政府治理过程中面临的需要在较短的时间内必须有效解

---

① 谢冬平:《单位制·项目制·混合制:我国高等教育重点建设的制度选择及审思》,载《黑龙江高教研究》2017年第7期。
② 黄晓春:《技术治理的运行机制研究》,上海大学出版社2018年版,第5页。
③ 张振洋:《当代中国项目制的核心机制和逻辑困境》,载《上海交通大学学报(哲学社会科学版)》2017年第1期。

决的难题。正因为如此,项目通常是短暂性的、一次性的、目标有限的任务,这是项目区别于其他常规活动和任务的基本标志。① 需要强调的是,并不是现实中所有重要的问题都会被政府"项目化",重要的问题和政府所认为的重要问题往往是有偏差的,是否会被政府上升为专门的"项目"取决于这一问题是否能够吸引政府足够的注意力,是否能够进入到政府的议程设置。

二是强调以条线为主的治理要素的整合,从而突破常规的政府运作模式和组织结构。项目化执行具有很强的嵌入性,所谓的"嵌入",指的是从组织外部进入,意味着改变政府常态化的科层理性,打破政府组织形态原有的运行规则和结构逻辑。项目化嵌入把项目视为一个嵌入的"点",这一"点"连接政府的资源、组织和权威的"条线",牵引着各类要素进入下级政府或基层政府的治理场域,并围绕这一"点",建立新的资源和运行体系,使得各种要素跨越横向的政府组织边界,进行重新的临时性的整合,形成以任务为中心的矩阵式的组织形态。项目有个特点,即它并不归属于常规组织结构的某个层级或点位,项目的运行试图打破纵向的层级性安排(条条)和横向的区域性安排(块块),为完成一个专门的预期事务目标而将常规组织中的各种要素加以重新组合。② 项目化执行作为一种推行上级政府意志的方式改变了科层制结构中的权力和组织边界,也对传统官僚制不断强调的分工、按部就班的运行机制产生了很大的影响。

三是强调自上而下的权威集中介入和动员机制。政府充分发挥自身纵向的权威和资源优势,通过强有力的权威手段,实现直达基层的项目执行,这种权威介入的方式通常包括督查、考核等。图 4-2 对项目化执行的这些特征和内在逻辑进行了简单的呈现。

---

① 池仁勇主编:《项目管理(第 2 版)》,清华大学出版社 2009 年版,第 15 页。
② 沈费伟、张丙宣:《项目制:社会治理创新的模式与逻辑》,载《长白学刊》2019 年第 3 期。

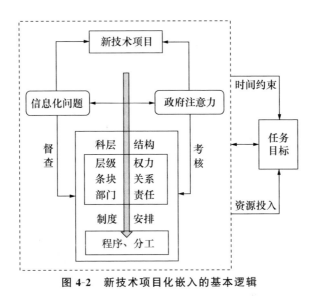

图 4-2 新技术项目化嵌入的基本逻辑

三、权威主导的项目化嵌入与基层增负

新技术的项目化嵌入方式无疑具有非常高的效率,项目化可以在确保时间、技术、经费和性能指标的条件下,以尽可能高的效率完成预定目标。[①] 项目化嵌入方式由于其特殊的运作形式和过程,使得其具有一般常规化的运作方式不具有的优势,在强调时间效应的治理任务中,这一方式为各级政府所青睐。但是,不可否认,对于处于技术执行末端的基层人员来说,这种项目化嵌入方式由于强烈的自上而下的权威主导色彩,可能意味着巨大的压力和负担,具体表现在以下几个方面:

(一) 组织注意力牵引带来的负担

从现代管理的组织形态来说,不同的组织、不同的机构或不同人员由于自身的权力分工、职责边界以及不同的目标区隔,会不同程度地关注自身职责范围内的事情,集中注意力解决自己认为非常重要的事情。受到权

---

① 蔡屹:《项目化运作中社会公益组织和政府之间互动关系研究》,载《华东理工大学学报(社会科学版)》2011 年第 6 期。

力、资源等因素的限制,注意力呈现出很大的差异性,不同时期、不同组织的关注点往往呈现出离散化的特征。以地方政府和基层政府为例,不同的地方政府和基层政府出于自身的具体实际,会在权限范围内自主地制订自身新技术应用的目标和计划,并安排各种活动。但是,项目化嵌入方式很大程度上改变了基层政府这种自我运行方式,通过上级权威的方式把基层政府的注意力牵引到上级所关注的"技术项目",上级政府通过动员等纵向压力传导机制强力主导下级政府的注意力分配①,牵引基层政府注意力跟随,与上级政府的注意力保持高度的一致,而不得不偏离自身原本的注意力分配,转向某一特殊的问题,并把这一问题列为需要着力解决的首要问题。这是一种被动的注意力服从,无疑会给基层政府带来新的压力和负担。

(二) 时间硬约束带来的负担

在规定时间内完成规定的事情是项目化执行最简单直白的表述。常规性的治理过程强调的是基于固定的程序,按部就班地完成各项治理目标。通常来说,时间尽管重要,但并不具有对某一治理过程硬约束性,而是强调有条不紊、符合正常的流程,自然而然、水到渠成地达成结果是常规性治理过程的体现。然而,与科层体制常规的运作过程相比,项目制更加强调高强度的动员机制,时间上的硬约束是其中突出的特点之一。科层行政按照常规体制运作,流程比较固定,项目制则有明确的期限,被安排在优先完成的目标序列,从而"抢先"占用基层干部的时间。② 项目制正如工程施工一样,往往从项目设立的那一天起就设立了非常明确的"工期",在规定的时间内,通常为了保障效率,这一期限不会太久。为了保障项目在预定的较短的期限内完成,项目通常会设立明确的时间进度节点,如每个月、每个季度、半年等,在每一个时间节点上需要汇报项目进展情况,并作为下一步资源投入的重要依据,其中最典型的就是中期检查。"工期"结束,必须进行终期汇报,作为验收结项的重要环节。通过时间的硬约束倒逼任务完

---

① 王惠娜、马晓鹏:《政府注意力分配与政策执行波动——B制革区企业整合重组政策的案例分析》,载《公共管理与政策评论》2022年第3期。
② 陈家建:《项目制与基层政府动员——对社会管理项目化运作的社会学考察》,载《中国社会科学》2013年第2期。

成,正所谓以时间倒逼进度,以目标倒逼过程,实现最终的项目达成。这种时间上的强约束使得基层政府失去了基于自身实践安排工作的自主弹性,同样可能意味着巨大的压力和负担。

(三) 督查绵密化带来的负担

督查机制是我国政府运作过程中常见的监督、督促手段,在追踪重点工作和解决疑难问题时,督查机制都有可能被启动,通过督查机制的运作,行政资源被重组,能够协调集中,成为实现科层组织运动化治理的基础。[1] 在项目制运作过程中,强有力的督查是实现项目目标、提升执行力最重要的方式之一,是克服项目运作过程中的目标离散、注意力分散和信息模糊的最有效手段。[2] 以超越不同组织的权力为依托,通过打破不同部门和组织的权力边界,从而保障集中优势资源,通过集中投入的方式保障目标的达成。通常,为了保障项目在规定的时间内高效地达成目标,在项目启动之后的一段时间内,专门的督查组织和人员就会成立,围绕明确的项目目标和强有力的时间规划,各种定期和不定期的督查相伴相随,对于一些重大的项目或上级领导高度关注的专门项目,地方领导还可能以明察暗访的形式进行督促,而督查的结果往往与责任惩罚紧密连接,问责直接影响到地方政府和基层政府官员的综合评价,与晋升和绩效考核挂钩,在横向政府之间绩效"竞争锦标赛"的机制逻辑下,基层政府不得不尽力在规定时间内集中投入资源,这无疑使其面临巨大的压力和负担。

第三节
案例分析:智治平台项目化嵌入的过程和结果

为了更加生动地呈现新技术这种项目化嵌入方式给基层政府带来的增负效应,我们选择了 H 市 X 区"即呼即为"党群智治平台建设过程为分析对象。

---

[1] 陈家建:《督查机制:科层运动化的实践渠道》,载《公共行政评论》2015 年第 2 期。
[2] 李声宇、祁凡骅:《督查何以发生:一个组织学的分析框架》,载《北京行政学院学报》2018 年第 4 期。

一、案例简介与选择依据

H 市作为全国较早全面启动"互联网＋政务服务"改革的城市,随着"最多跑一次"改革的不断深入,各种智慧化平台在数字化、智慧化治理的名义下得以推行。然而,在很多时候,大量的数字化平台和工具广泛嵌入基层并不意味着治理体系和治理能力现代化,反而可能引发新的技术负担。

X 区位于 H 市主城区中西部,总面积 312.43 平方千米,下辖 10 个街道、2 个镇,第七次全国人口普查结果显示常住人口近 109 万人。2021 年,X 区财政总收入达到 346 亿元①,具备较好的经济条件,为基层数字化转型奠定了良好的物质基础。近年来,X 区在数字牵引、基层智治创新改革方面不断发力,并把全面实现社区数字化治理作为未来建设重点。如何最有效利用数字红利释放基层治理活力,将新的智慧技术与党建、社区治理有机整合,实现智治为民、智慧革新成为 X 区委、区政府推动基层治理转型的重要方向。2019 年 10 月,X 区所在的 H 市提出了全面提升社区数智治理综合水平的目标,为了响应 H 市的号召,X 区委组织部门提出了打造及时响应群众诉求的"即呼即为"党群智治平台的设想,并积极投入到平台的建设规划中去,一场由"即呼即为"引领的党群一体化政务智治"战役"就此如火如荼地展开了。自 2020 年开始,在 X 区委组织部门的强力推动下,"即呼即为"党群智治平台作为全区重要的基层党建"项目"统一推行,试图通过这一平台建立联动性的云党建系统,把居民、社区、机关、企事业单位等联结起来,建设基于先进技术的、具有即时感知和快速回应功能的、有利于实现协同治理的现代化基层治理新模式。这一数字化党建形式得到了 X 区委、区政府的高度重视,要求在短期内实现全区覆盖。然而,在短短两年不到的时间里,这一平台便逐渐陷入"无呼无为"的困境,不但没有达成预定的目标,反而给基层平添了新的技术负担。

之所以选择这一案例作为研究对象,主要是出于两个方面的原因:一

---

① 资料来源:X 区 2022 年政府工作报告。

是从过程上来说,这一案例充分呈现了新技术项目化嵌入的过程。这一新型智慧治理平台从一开始就得到上级政府的高度关注,以专门的项目方式层层推进,在短期内实现了项目的落地和运行。这是不少地方基层信息化平台推行的重要方式,也是不少地方基层数字化转型的重要路径,具有强烈的典型性。二是从结果来看,该项目从一开始被上级寄予厚望,但是在很短时间内就陷于停摆,基层政府并没有因为平台的嵌入而提升自身的效能,反而为了应付平台推行中的考核指标,不得不耗时耗力去加以应对,从而增加新的负担。H 市 X 区"即呼即为"党群智治平台的嵌入过程对于探究基层新技术负担具有重要的参考价值和现实意义。2022 年 6—7 月到 2023 年 10 月,课题组对这一平台的运作过程进行了深入调研,通过参与式观察和对多个街道的实地访谈等方式获得了大量的一手资料。

二、基层治理信息化问题的"项目化"

尽管近年来 H 市 X 区在基层治理方面有不少创新,基层政府在信息化建设方面也有不少进展,但是,作为系统化的、专门的基层党建信息化平台并没有上升到党委和政府的重要议题。之前的信息化建设仅仅局限于平安建设和网格化管理的需要,各级部门和单位也建立了形形色色的 App。但总体来说,这种信息化水平显得层次比较低,而且呈现出明显的离散化、碎片化的特征,直到 2020 年,在市政府的推动下,X 区委、区政府觉得有必要改变这种状况,决定在全区范围内推进基层党建一体化"即呼即为"平台,打造枢纽型的智慧治理平台,把不同社区、单位和机关与居民需求有机对接起来,一场由"即呼即为"引领的党群智治平台"项目"建设活动在 X 区各镇街全面推开。

基层新的智慧治理平台之所以会成为重要的"项目",主要源于两个方面的原因:一是越来越凸显的基层治理困境牵引着领导的注意力。引起领导高度重视的社会问题往往具有较大的复杂性,这种复杂性更多地体现为责任划分不清,单一职能部门及单一的社区、企事业的单位难以解决,需要多主体协作完成。X 区业态多元,随着经济社会的转型升级,基层治理越来越复杂,基层政府面临着越来越大的压力。特别是在一些外来人口比较多、人员复杂、经济结构多元的乡镇和街道,居民日益多元化的诉求和矛盾层出不穷,而基层政府和相关组织往往反应迟钝。二是近年来 H 市不断推出的以数字化、智慧化为名义的各种应用成为治理能力现代化越来越突出的标志。新的平台、政务 App 的推出成为政府治理创新越来越重要的切入点。受到各地数字化治理的影响,强调把数字技术更加深入地嵌入治理过程中,承诺提供一种符合当代社会和技术条件的民主,通过利用设备、服务和应用,将基于智慧技术的新沟通形式和组织形式整合在一起,以克服传统组织内部的官僚主义[①],新的技术被上级政府寄予厚望,在 H 市委、市政府的推动和引导下,X 区委、区政府对新平台的建设注入了前所未有的热情。"即呼即为"智治平台建设被 X 区委、区政府列为"听取民意""民有所呼、我有所为"的"一号工程",提出建设并全面推广落实基层"即呼即为"智慧平台建设和应用,不断强化数字赋能,开展"民呼我为"闭环治理,探索建立长效机制,让"民有所呼"呼得更便捷,让"我有所应"应得更迅速,让"我有所为"为得更扎实。试图以此为突破口,全面提升基层治理的能力和水平。从 2020 年 3 月开始,X 区委、区政府就开始在区内开展"即呼即为"智治平台的建设试点,并逐渐在全区全面铺开推广。

三、组织化权威推动下的新技术项目嵌入

政府项目往往依靠与项目特征匹配的"运动式"动员和领导小组机制[②],政府所设立的重要项目必须建立在自上而下的强有力的组织权威保障基础之上才能有效推进。

(一) 被寄予厚望的基层智治平台

在前期试点的基础上,2021 年 4 月,"即呼即为"党群智治平台在全区范围内上线测试运行,5 月末,正式上线发布。该平台依托于现有的政务钉钉技术架构,通过手机端下载、操作。之所以被称为"即呼即为",是为了更好地体现对民众诉求的即时回应、即时作为,更好地做到"民有所呼、我有所应,民有所呼、我有所为"。该平台以社区为单位,将社区党组织、小区

[①] P. Gerbaudo, *The Digital Party: Political Organisation and Online Democracy*, Pluto Press, 2019, pp. 4-8.

[②] 史普原:《科层为体、项目为用:一个中央项目运作的组织探讨》,载《社会》2015 年第 5 期。

党组织、业委会、物业企业、党建联盟、党群力量 6 大类人员在线上整合形成联动体系共同参与社区治理,各街道负责本区域运行的监督、管理,并授予后台管理员操作权限。"即呼即为"党群智治平台主要设有三类应用模块,核心模块用于为民(为企)服务,以"我来呼""我协商""我去办""我发布"4 个工具窗切入,重点解决社区、小区包括楼宇内需要广泛动员党建联盟、党员群众共同解决的问题,提升村社党委、楼宇党委的动员力和党员群众的自治力,实现社区内一件事流转闭环办理。其他两个应用模块分别为"村社备案"和"五议两公开",通过线上填写 24 项备案信息,建立职责清晰的"云组织"架构,分层展示镇街—社区(村)—小区(网格)—楼商红盟—楼宇党委—楼宇的组织体系,规定村(社)按要求严格履行重大事项决策程序,保障村社组织规范化运行。

　　按照当初的设想,X 区委、区政府对"即呼即为"寄予了美好的期待:首先,希望基于此打造未来智慧社区,提出建成 22 个镇街全覆盖的"幸福民生综合体",根据镇街特色打造"串珠成链"珠链式与"一体两翼"星月式相结合的"15 分钟幸福生活服务圈";而后推出"7+X"服务空间项目,在实现社区 7 大空间基本功能服务的基础上鼓励各综合体挖掘 X 项特色化、个性化服务项目,利用 AI 智能技术打通服务群众的"最后一公里"。其次,希望借此整合基层不同治理主体,建立无缝隙的联动体系。基于这一平台把区域内的省级单位、媒体单位、市区部门、事业单位、企业和"两新"组织纳入进来,实现服务的联盟组群,并设置了 7 个专项党群服务联盟服务组,制定"一键呼""一统应""一桌议""一哨集""一体为"的"五个一"工作机制,形成党建引领、互联互动、共建共赢、多元共治的 10 分钟为民服务圈,辐射周边小区和居民。最后,在任务落实方面,试图以数字化改革为牵引,使"呼"的渠道更便捷,凡注册用户通过扫码就能够反映上报问题;"应"的速度更敏锐,做到各类事件 1 分钟响应,并在最短时间内联动处置;"为"的效果更扎实,对扫码上报事件全流程闭环管理,将基层工作落到实处,大幅度提升居民群众的幸福感、获得感和安全感。力求把"即呼即为"智治平台打造成别具一格的"亮点工程"来凸显治理特色,展现地方数字化转型的新面貌。在涉及 10 个街道、2 个镇、203 个社区,近 109 万常住人口如此庞大体量的情况下,通过"即呼即为"一体化智治平台建设工作的逐步推进,将社区 6 大类、20小类不同领域的人员拧成一股绳,以求建成一个通力合作联动、精细分工闭环、应时响应作为、切实为民服务的基层智治新平台。

基于当初的设想,这一智治平台可以有效地改变过去基层治理主体和资源的离散化状况。通过"即呼即为"党群智治平台,党群干部可以下载手机端钉钉 App 或扫描社区的邀请码加入社区(小区)组织体系,由社区或小区管理员在系统操作端为这些力量对号入座、标注身份。在完成注册后,"云组织"平台还能提供村社党组织书记和"两委"成员线上备案管理功能。村社管理员登录"即呼即为"平台 PC 端账号,做好各镇街组织人员 24 项备案信息的填报与核查工作。"即呼即为"平台的"云组织"功能凭借一个"码"和一个账号就能完成村社内条线错综复杂的人员归口管理,实现对行政权力运行和工作人员基础数据的高效采集、充分整合和灵活运用,从而使得组织架构内各类人员各司其职、互相协作,打破了组织部门间的行政壁垒和数据鸿沟状态;以党员干部牵头,连同群众力量,营造和强化"利益共同体"意识,推动管理流程的优化再造,也为平台发挥"云治理"功能提供了坚实的组织保障。按照这些设想,通过"即呼即为"党群智治平台实现及时倾听民情呼声、集中众人智慧共同协商、整合资源联动服务、一体化联动处置,实现基层不同主体共同参与,如图 4-3 所示。

图 4-3 "即呼即为"党群智治平台建设构想

(二)组织化动员下的新技术项目嵌入

为确保基层治理工作的数字化转型,打造具有本区特色的数字化名片,在平台搭建运行过程中,X区委、区政府采取不同形式和方法趁热打铁,在思想上、行动上、组织上为社区党员、基层干部乃至本区域各类工作人员进行了一场全方位的"功能再造"。在前期试点的基础上,为了全面推进"即呼即为"在全区的落地,2021年4月,X区委、区政府在C社区举行了该区首家"即呼即为"区域性党群服务智慧联盟盛大的启动仪式,X区委书记和该区委常委、宣传部部长出席,省、市委组织部相关部门负责人参加了会议。区委书记发表了热情洋溢、令人热血沸腾且充满期待的讲话,强调以高标准建设这一平台,以"匠心"追求将其打造成"民心工程、口碑工程、满意工程"。社区与15个相关企业、单位还举行了"即呼即为"党群服务签约仪式,宣读倡议书,为深入贯彻"即呼即为"理念,还举办了民生综合体"大家谈"等活动。为了更好地落实"即呼即为"平台的应用,在启动仪式上还宣布成立7个专项服务组,包括理论宣传组、法治服务组等。

我国的基层治理呈现出很强的"嵌入性"特征,也就是很多时候基层政府的运行并不是基于自身的科层体系和自我的规则展开的,来自上级的科层权威会以各种方式嵌入进来,从而改变基层运行的形式和过程。项目的进入使得各级政府转而以项目为中心,其行动空间均为项目化的权责关系所约束,各方的互动围绕着项目展开。① 此后,为全面推行"即呼即为"在全区的应用,"即呼即为"一体化智治理论创新座谈会、演讲比赛、便民服务专题活动等在全区如火如荼地展开,围绕政企党建联盟、主题宣讲、交流动员、理论学习、便民服务等活动,为"即呼即为"平台的推广营造了浓厚的氛围。除此之外,H市部分主流报刊甚至推出了专题系列报道,定期采访社区先锋模范,实时跟踪平台动态进程,加之各大网站纷纷转发,"即呼即为"党群智治平台被迅速推向舆论高潮。截至2022年年底,在网页检索"'即呼即为'党群智治平台"得出相关结果约56.1万条,微信推送文章上百篇,阅读量过万,相关新闻资讯约200多条,内容包括小区铁门拆除、幼儿园翻

---

① 陈家建、张琼文、胡俞:《项目制与政府间权责关系演变:机制及其影响》,载《社会》2015年第5期。

新改造、社区公共区域设立无线网络、违章停车修整等实景案例,形象地刻画出群众与基层工作者"一呼一应"交流互动的生动画面。

各街道和乡镇在此后的一段时间内推动"即呼即为"平台的建设和运行成为"中心任务",纷纷召开专项工作会议,制订推广方案,组建专门的平台操作团队,街道、社区指定专人负责平台维护工作,广泛动员,引导社区按照工作任务要求落实"即呼即为"平台的落地,相关单位对街道乡镇和社区人员组织了专门的系统应用培训,要求在规定的时间内完成"即呼即为"后台信息的录入、完善和审核,完成社区居民委员会主任(书记)资料备案,依照系统设置的具体身份——对应完成实名化信息输入和审核,包括社区工作者(村干部)、小区党组织委员、业委会成员、物业服务人员、在册党员、非在册党员、楼道长、人大代表、党代表、政协委员、乡贤、热心群众、志愿者等,一共20个身份信息的输入。在短短3个月左右的时间内,全区所有街镇要全部完成新平台的落地运行。

(三)新技术项目嵌入中的组织化考核

为了保障项目的落地,督查与考核成为最有效的权威工具。督查已经成为具有自身特色的行之有效的落实党委重大决策、保障重要工作部署落实、压实责任的重要力量。[①] 在X区"即呼即为"智治平台的推行过程中,强有力的督查与考核成为有力的手段和保障。X区针对街道乡镇制定了"即呼即为"智治平台落实工作任务清单(见表4-1),对注册人数、参与人次以及平台中的四大功能模块的具体数据都提出了详细、具体的任务目标。同时,建立了每周任务清单完成情况通报制度,任务没有完成的街道乡镇将会被点名。在这种压力下,各街道乡镇同样建立了对各社区任务完成情况的通报机制,表4-2是2021年11月J街道对各社区任务完成情况的通报,完成率未达到90%的社区会被标红。考核中排名处于后三位的,主要负责人需要接受上级领导约谈,次月仍得不到提升的,则会面临调职、降职的风险。如表4-2所示,在2021年11月平台应用情况周通报的数据统计中,D社区、X社区、H社区分别就"我来呼"和"我去办"的完成情况位列后三位,其社区负责人不仅要被约谈,而且要就工作不足上交纸质和电子报

---

① 陈家建:《督查机制:科层运动化的实践渠道》,载《公共行政评论》2015年第2期。

告。"即呼即为"智治平台的注册情况、使用情况、"两委"成员备案完成情况将纳入年度大党建评价。围绕各地"即呼即为"智治平台建设的落实情况，相关部门还通过检查相关文件、台账以及实地考察、座谈等形式，了解具体情况、存在的问题及下一步推进和整改计划等。

表 4-1 "即呼即为"智治平台落实任务清单

任务	具体指标
注册人数	＞本社区常住人口数量＊3%
参与人次	＞注册人数＊80%
问题上报数量（我来办）	每人每月至少发布一个问题
问题解决数量（我来办）	＞问题上报数量＊90%
	引导每人每月至少认领一个问题
我协商	各社区党组织书记每周至少发起一次协商
我去办	各社区党组织书记或小区党组织书记每周至少发动一次党群力量解决一个问题
"两委"成员线上备案	请于8月13日前完成本社区"两委"成员线上备案

资料来源：X区《关于对2021年30项重点工作任务进行绩效考核的通知》。

表 4-2 J街道"即呼即为"党群智治平台2021年11月完成情况通报

		F社区	J社区	S社区	G社区	C社区	D社区	X社区	H社区
常住人口	数量	3756	5200	3640	5300	3500	3712	4500	3756
注册人员	应注册量	113	156	109	159	105	111	135	113
	实注册数	116	170	176	273	147	115	312	118
	完成率	102.7%	109.0%	161.5%	171.7%	140.0%	103.6%	231.1%	104.4%
参与人员（本月）	应参与数	90	125	87	127	84	89	108	90
	实参与数	25	29	27	31	29	26	26	26
	参与率	27.8%	23.2%	31.0%	24.4%	34.5%	29.2%	24.1%	28.9%
我来呼（每周）	应上报量	28	39	27	40	26	28	34	28
	实上报量	34	49	30	32	27	20	21	18
	完成率	121.4%	125.6%	111.1%	80.0%	103.8%	71.4%	61.8%	64.3%
我去办（本周）	应解决量	25	35	25	36	24	25	30	25
	实解决量	34	49	30	32	27	20	21	18
	完成率	136.0%	140.0%	120.0%	88.9%	112.5%	80.0%	70.0%	72.0%

（续表）

		F社区	J社区	S社区	G社区	C社区	D社区	X社区	H社区
我去办（本月）	应认领数	113	156	109	159	105	111	135	113
	实认领数	115	198	120	129	111	182	87	73
	完成率	101.8%	126.9%	110.1%	81.1%	105.7%	164.0%	64.4%	64.6%
我协商（本月）	应协商数	1	1	1	1	1	1	1	1
	实协商数	5	1	1	1	1	1	1	2
	完成率	500%	100%	100%	100%	100%	100%	100%	200%

资料来源：J街道内部文件，社区名均用字母代替。

为了激励各街道积极推进"即呼即为"党群智治平台的建设工作，X区还建立了相应的绩效奖励机制，从"动员力"和"活跃度"两个大的维度对基层相关工作进行评价。"动员力"评价分为"党群力量参与度、党群力量活跃度、问题解决率、群众满意度"四个维度，根据指标完成百分比给予不同星值大小；"活跃度"激励机制以"平台使用、参与治理、治理银行"作为三大评价维度，主要针对"钉钉"系统的使用情况以加分制的形式进行评分。此外，党群干部可以通过"治理银行"兑换积分奖励，获得社区民生综合体服务优惠，而积分数量也作为党组织评奖评优的依据之一，同样以星值大小进行评级。通过星级评分和积分奖励增强党群工作使命感和组织荣誉感，使"民呼我为"的工作深入人心。"即呼即为"党群智治平台考核激励机制如表4-3所示。

表4-3 "即呼即为"党群智治平台绩效评价一览表

考核维度	二级维度	具体内容	赋分标准
动员力评价	党群力量参与度	注册人数/常住人口数	>3% 赋5星
	党群力量活跃度	社区参与人次/注册总人数	>80% 赋5星
	问题解决率	解决问题数/上报问题数	>90%赋5星；>80%赋4星；>60%赋3星；>30%赋2星
	群众满意度	居民对过程、结果的满意情况	过程满意度、结果满意度取平均值

（续表）

考核维度	二级维度	具体内容	赋分标准
活跃度评价	平台使用	钉钉端首次登录并下载	首次登录下载＋5分；连续签到＋0.5/天
	参与治理	注册成为社区党群力量并参与治理	注册成为社区党群力量＋5分；通过App参与处理任一环节＋1分，问题得到解决＋2分
	治理银行	积分奖励	积分前30%为5星治理员

资料来源：X区内部资料。

四、走向无呼无为：项目化嵌入的结果与困境

从技术的角度来说，"即呼即为"党群智治平台无疑是非常先进的，平台设置了"我来呼""我去办""我协商""我发布"四大模块，它们既各有特色又殊途同归，彼此之间环环相扣、串联互通，各流程环节均体现了一件事"一键式"操作模式。界面清晰直观，系统操作简便易行，技术应用功能强大，使居民群众无论身处何地都能快速"呼"出需求，基层干部精准担当作"为"，给予人民百姓满意回"应"。随着"码上办"的持续深入推进，X区原本计划通过"即呼即为"平台完善个人和企业的"网上办""掌上办""上门办"等事项，打造"15分钟办事圈"，发挥村社系统内所有党群力量的综合整治作用，高效处置群众诉求，以数字赋能提高治理效能。然而，事实上，在短短一年多的时间里，从一开始充满热情、充满期待的技术赋能基层治理的美好蓝图很快产生了意想不到的负面效果，在压力型体制与数字治理难以耦合的情况下，"即呼即为"平台过密的电子化信息应用实则存在诸多困境，"即呼即为"最终沦为"无呼无为"，反而成为影响基层正常运行的"电子桎梏"，具体表现在：

1. 无事可"呼"

"我来呼"与"我发布"模块面向所有注册用户，通过扫码上报问题，但具体哪些事件能流转到该平台未作明确划分。由于缺乏问题筛选与监管机制，导致质量不一、重复交叠、无关紧要的事件堆积，而且大部分问题是由基层工作者自己发布自己办结的，没有问题也要绞尽脑汁找问题，为了

彰显政绩而不得不"自发自办"充量，严重浪费公共资源，消耗行政成本。进入"即呼即为"平台可以发现，在"即呼即为"平台系统"上报"栏目中共有4195条记录，其中反映"乱丢垃圾"的事项有1285条，"车辆乱停"的事项524条，还包括诸如损坏绿化带、小区基础设施故障、杂物堆放等问题，但大部分上报事项都存在重复申报、一人多次申报、同一地点反复出现的现象。追溯平台早期的上报数据，还能查找到反映人与填报人的个人信息及完整的流程操作，但后期的上报事项却转变为"召开协商会""推进工作会""头脑风暴会"等无法界定为"问题"的事项，且相关人员的填报信息和操作过程均为空白。平台"我来呼"与"我发布"功能有名无实，应用僵尸化，形式上的"合规性"、任务上的"高频次"、管理上的"隐秘化"致使基层工作者机械式地完成工作任务，智慧治理变为"数字枷锁"。

2. 无心去"应"

对于"即呼即为"平台"应"的速度，X区要求必须体现"即时响应"，根据事件的轻重缓急程度作出了不同的要求，而不论是紧急类事件、常规类事件还是矛盾类事件，都要求1分钟响应，使"应"的速度从"不够快"到"更快速"。这就迫使基层干部从村社日常事务治理中抽离出来，花费大量时间学习与熟悉系统操作，将精力全部集中于第一时间作出"回应"。在基层日常事务烦琐、人员有限的情况下，基层干部显得力不从心，在访谈中，一些社区干部表示非常无奈，出现疲态甚至是厌烦情绪。对应"我协商"模块，现有的文件要求基层干部对内要做好群众问题收集与回应工作，对外接手物业无法处理需要转办的事项，加之系统设定的云组织体系庞杂、组织架构分支过多，线上协商会在现实场景中很难召集各方顺利开展。当自下而上的民生问题遭遇自上而下的任务指标，便产生了"数目字管理"的执行偏离，因为难以应对，很多时候不得不将线上会议作为电子留痕与电子备案的依据，"点名签到""拍照打卡"以便完成绩效考核加以应付差事，协商基本流于形式。

3. 无力作"为"

"我去办"模块将物业作为事件第一接收人，但并没有考虑其自身的准公共或市场属性。倾向于自身利益最大化的物业往往不乐于包揽社区日常琐碎事件,加上事件流转过程中对每个环节是否都能"求助"的界定并不明确,现实中物业往往将各类问题都"踢"给社区。社区缺乏强制性权力、工作力量配备有限,面对群众投诉和考核压力,很可能因问题逾期未处理而被问责。在晋升危机和问责风险的挤压下,权小责大的基层工作者一人身兼数职,自己造数据、自己办理,一个问题同时应付几个电子平台,镇街之间由此展开横向间恶性竞争,为保护各自"地盘"和凸显政绩致力于把数字"做大做好看"。反观"我去办"流程,在具体操作中参与整个事件闭环的人员全为社区工作者,甚至自始至终均由一人操办,数据"掺水",上下合力应付考核。而上级有时只看结果、不问过程,科层官僚等级链条越长监管成本越高,在高交易成本之下只能"睁一只眼闭一只眼",以指标数字的客观性取代人为的不确定性,使得基层治理变形乃至失效。

目前,X区不少街道、乡镇的"即呼即为"运行基本上趋于有名无实的停滞状态,从2022年9月开始,"即呼即为"的运行就开始显示出了疲态,基本上陷入"技术空转"状态,实际上通过这一平台实现基层事务治理的情况并不多,尽管操作界面的相关模块依然存在,但浏览各功能模块发现,各种数据基本停止了更新,实际上已经没有运行。项目考核无人过问,各镇街的"数据大战"也就此宣告终止。从最初平台搭建美好蓝图的提出,到动员大会、舆论造势、激励表彰等活动的开展,再至平台运维异化为以数据造假、职能错位、消极避责行为,基层数字治理发生机制与效果偏离,数字赋能转变为数字"负能",这对基层新技术平台的嵌入模式和过程无疑提供了很好的反思价值。

第四节
新技术项目化嵌入的基层增负及其反思

将基层新技术嵌入转变为区级层面的重要"项目",通过自上而下的权威方式,强力推动这一"项目"在各地落地并有效地嵌入到基层治理的运行过程。权威对技术的这种塑造对于基层信息治理来说意味着一种悖论:

一方面,从技术执行的角度来说,项目化作为政府执行的一种特殊的执行方式,最大的优势在于执行的高效率,由于打破了原有按部就班的程序,项目成为组织协调的中心,大大增加了运作的灵活性,上级的权力意志通过特殊的渠道,超越科层体系,更直接、更高效地动员着基层政府。① 现代政府内部根深蒂固的权力分割和利益壁垒表明,政府数字化转型需要有足够有效的权威推动。项目化执行方式以任务为中心,以强有力的集中权威为依托,在短时间内聚集资源,能够有效地打破部门和层级之间的权力、利益分割而导致的离散化趋势,从而最大程度地实现信息共享、权责整合和流程再造,在最短的时间内实现基层政府的数字化改造。

但另一方面,项目制的集权化管理可能会拉大政策制定部门与广大基层之间的距离,使得保持上层权威与地方有效治理之间的矛盾加重②,从而增加基层政府的负担,这是值得关注的问题。审视 X 区"即呼即为"党群智治平台从提出—搭建—推广—应用的全过程,我们发现尽管当地政府花费了大量的时间和精力做足了前期的准备与宣传工作,但在平台落地实施一段时间后却遭遇瓶颈。基层干部心有余而力不足,在条线纵横交错的基层事务治理中踟蹰不前,新的技术非但没能减负反而不断加压,这显然与"民呼我为"的初衷逐渐背道而驰。

一、应对考核:不堪重负的数据制造

项目化技术嵌入的模式对于技术应用落地的考核依据在很大程度上基于事先的任务清单,对于 X 区"即呼即为"平台的应用来说,是否完成这些指标就是一个重要的标志。必须在规定的时间内完成这些指标,并在系统中加以呈现,从而满足考核要求。在强大的时间倒逼下,为了完成相关任务,基层不得不形成"向上任务式完成"的技术治理形式化应对。为了在规定时间内保证平台任务完成量达到要求,一些街道制定了自己辖区内的任务清单,量化事项指标等业务范畴,内容涵盖系统"我来呼""我去办""我

---

① 陈家建:《项目制与基层政府动员——对社会管理项目化运作的社会学考察》,载《中国社会科学》2013 年第 2 期。
② Fredrik Karlsson (*et al.*), Inter-Organisational Information Sharing in the Public Sector: A Longitudinal Case Study on the Reshaping of Success Factors, *Government Information Quarterly*, Vol. 34, No. 4, 2017, pp. 567-577.

协商""我发布"等流程中的各个环节考核指标,以及一套系统的村社班子成员的人事备案管理制度和激励惩罚制度。上级政府有绝对的权威和资源向基层规定任务、安排工作,并在必要的时候强制执行,这些任务清单的出台实则是压力型体制在技术平台的一种体现,基层政府被制度化了的信息系统严格地强制性程序化,导致对下闭环解决民众问题的目标被方便上级统计数据的目标所替代。如规定各社区党组织书记每周至少发起一次协商,各社区党组织书记或小区党组织书记每周至少发动一次党群力量解决一个问题等。在科层组织逻辑中,基层被压力传导下的任务指标支配,不仅要忙于完成本街道"工期"的进度要求,还不得不加入各街道的"项目"比拼赛道,花费大量的时间填报数据以满足系统要求。

当"数据"不够时,如何制造足够的数据成为基层干部不得不面对的新的压力和负担。仔细剖析"即呼即为"平台数据可以看出,自 2021 年 9 月起,平台问题提交数量瞬间上涨,由 8 月时的 20 余条直接涨至 540 余条。2021 年 9 月至 12 月,平台问题上报记录数连续上涨,12 月共发布了 877 条待办事项(如图 4-4 所示),那是因为这段时间是上级政府对各街道、乡镇"考核"通报的"高峰期",为了应对考核,不得不集中"生产"数据,民生问题记录越来越多,"待处理事项"蜂拥而至,这背后的原因值得进一步探讨。通过对比所上报问题的详细信息我们发现,一开始,2021 年 9 月所上报的问题从反映、上报、办理再到办结、核查、评价,整体过程有着符合现实逻辑的时间跨度,体现了基层工作人员"民呼我应"的高办事效率,也符合云平台的"多部门、多组织、多人员联动"为民众解决问题的建立初衷。深入分析可以发现,居民反映的问题主要包括机动车乱停乱放阻碍交通、社区环境卫生欠佳、消防通道占用、杂物堆积影响日常生活、电瓶车随处充电存在消防隐患等多种类型,皆是社区治理中真实存在的、与群众生活高度相关的、亟待解决的问题。但是不可忽略的是,一些社区确实存在着在某一时间段连续提交多条类似问题、雷同问题的现象,以及问题表述不清、不知所云的情况。此类现象在 2021 年 10 月后呈现爆发性增长,2021 年 9 月至 2022 年 2 月,平台上报问题记录和办成评价问题记录均高达数百条,然而通过研究人员仔细对比识别此期间网站申报记录可以发现,存在信息重复申报、虚假填写等多种数据"制造"问题,信息的真实性和有效性值得怀疑。

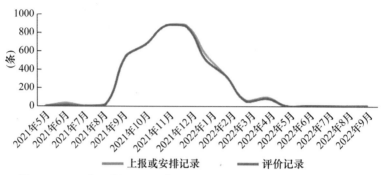

图 4-4　2021 年 5 月至 2022 年 9 月"即呼即为"平台上报和评价记录

例如,在 2021 年 12 月的 877 条上报记录中,以"垃圾"为关键词进行检索,得到结果 272 条,占比高达 31.01%。再如,2022 年 4 月共上报问题记录 95 条,而仅在 4 月 28 日 10 点 34 分至 11 点 07 分这一时间段内,同一社区同一上报人便连续提交了关于"垃圾"的待处理事项达 34 条;同日 13 点 48 分至 15 点 54 分,34 条"垃圾"问题已全部办结并核查、评价完毕。34 条问题记录,皆为"该社区某幢某单元某处有垃圾"的格式,无一例外。同一问题在同一天集中爆发,又是发生时间地点如此接近、高度重复,唯一的解释就是该问题是基层社区干部为了满足数据考核要求而"制造"出来的。此外,"即呼即为"网站的"云亮绩"页面会对各社区"动员指数"的排名情况进行公开,通过横向竞争的方式,激励各社区行动起来,良好应用"即呼即为"平台解决民生实事。同时,通过工作周报与月报汇总的方式,设定"应完成工作量",对各社区目标完成情况进行考核。考核压力过重加上排名攀比心理,基层公务人员在此情况下要么被动迎检,要么主动"造假"以求过关。

二、身兼数职:避责逻辑下的痕迹生产

"即呼即为"平台的设立初衷是打造多元参与主体的协同治理体系,也就是"一键呼""一统应""一桌议""一哨集""一体为",为了实现这一目标,项目化嵌入模式要求各基层必须在规定的时间内实现不同主体在系统的

实名注册。更重要的是,不同的主体需要在系统的运作过程中在技术上呈现出来,也就是充分体现居民"呼"、集体"应"的过程,上报—受理—办理—办结—核查—评价每个环节都由不同的主体"扮演",并在平台加以呈现,为上级考核提供依据,否则可能面临通报批评的结果。由 X 区"即呼即为"任务考核清单可以看出,当地政府为使平台落地实施,在人数、问题数量、平台模块等方面制定了详细的考核细则,彰显着提高平台应用率、解决群众问题的决心。但参与平台的人数能否达到百分之八九十的高要求、群众每月是否必须有问题进行发布、待解决问题是否必须有党群力量的支持等一系列僵化的硬性要求,很多时候并不符合基层的治理实际,一些问题明明可以一个人解决或当场解决,但为了满足平台运行要求,不得不在系统里操作一遍,并由"不同"的人留下操作痕迹。

按照智治平台系统设置,"即呼即为"平台身份职务对应的要求中,为了体现"一统应",平台至少需要 20 个不同身份的人参与,包括社区工作者(村干部)、小区党组织委员、业委会成员、物业服务人员、在册党员、非在册党员、村(居)民代表、生产队小组长、楼栋长、人大代表、党代表、政协委员、热心群众、乡贤、志愿者、社会组织成员、执法人员、结对机关支部党员、专业技术人才、党建联盟(共建单位)负责人。其中,社区工作者的身份需要区分为 27 个职务,且社区要求每个身份都要有对应的人员。依照系统设计要求,需要不同的身份都参与到系统的互动和协同过程,不同身份的人需要在系统中留下操作痕迹。然而,基层本就处于权力最末梢,人员少、任务重是常态,社区工作人员完全无法支撑繁复细分的身份要求,不得不"身兼数职"。部分镇街干部反映,"即呼即为"党群智治平台中的身份是随便乱加的,最终处理事务的都是基层的社区副书记和网格员。

> 基本情况是,物业不理我们,社区也没有强制权,最后全部都是社工包干,也就是一个社工身兼数职,要求的注册用户也都是从原本社区的数据后台强行导入的。现在基层的数字化,基本都是社区自己造数据。一个网格员 N 个平台一个个发问题,再自己在一个个平台解决问题。(访谈对象:J 街道"即呼即为"运行人员)

显而易见,对于平台运作的设想很好,一方面对于上级政府希望借此调动物业、社区管委会、党员、社工等一起参与到社区治理过程中。但在具体的运作过程中,背后的数据填入和身份录入基本上都是同一个人"制造"的,角色严重重叠。对于居民而言,一些区里的小问题,包括停车、垃圾、晾晒等,居民多认为无闲暇、没必要登录平台进行事前填报和事后评价,进而导致对应的数据都是一个社区工作人员进行伪造、兼任数职。基于"即呼即为"党群智治平台运作的基层的数字化在自上而下的强压下也就发生了畸变,背离了数字化改革的初衷。

针对包括上报和解决的问题数量,我们在平台中整理了C街道上报、处理、核查、评价的问题数据。如图4-5、4-6所示,以2022年4月28日为例,当日C街道共计录入了46个问题的全部环节。但发布、办结人员重叠严重,录入人皆为社区工作人员;发布、办结问题重复极高,一天之内"垃圾乱放"被作为问题录入了33次。简单的一个问题,一个网格员在不同的平台、不同的时间重复发布,再在一个个平台自己解决问题。这种现象在C街道系统中共4195条记录中频繁可见:同一条数据应付不同的平台,自己填报线索、自己处理解决。基层工作人员在这种变通执行中叫苦不迭,做着毫无意义、重复、虚假的工作。究其原因,归咎于背后"内卷式"的监管考核机制。一些镇街干部在访谈中提及,平台考核是内卷,上级组织通过行政检查,要求各区在数据上时常更新,主要就是不断地扮演各种角色,填

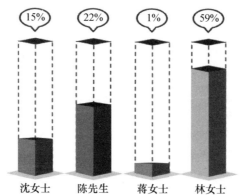

图4-5　2022年4月28日C街道"即呼即为"平台问题填报人(计数)

报、附加和更新各种问题的治理,任务越卷越多。C 街道一天发 30 条数据,D 街道一天就要发 35 条数据。不同的镇街就开始了一轮又一轮的比拼。社区工作人员身兼数职,频繁切换身份,每天忙于刷数据,基层形成了一片"繁忙"的工作景象。

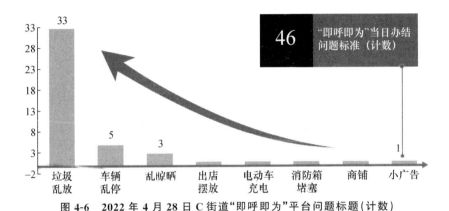

图 4-6 2022 年 4 月 28 日 C 街道"即呼即为"平台问题标题(计数)

之前因为一个镇街群众发的投诉问题,没有 24 小时处理,直接被调岗了,后面就开启了镇街内卷的故事,W 街道一天发 30 条,J 街道就要发 35 条,然后 11 个镇街开启比拼。那个时候为了分数天天刷数据,然后教社区刷数据,后面群众投诉一直让他们扫码,才取消了这个考核机制。(访谈对象:C 街道基层工作人员)

上级通过任务清单的传达,再通过之后对下级的检查验收和考核评比,包括各项工作和任务的完成情况和完成时间,实现将责任下沉至基层,表现在街道、乡镇层面"即呼即为"党群智治平台上必然就是数据考核,身份数据不够就多重角色扮演,问题数据不足难以满足考核就不得不想办法生产数据、制造痕迹,继而构成了项目化新技术嵌入行为逻辑的完整链条。对于基层干部来说,必须花大量的时间和精力"绞尽脑汁"满足技术运行的要求。

三、压力型体制对技术的塑造:项目化技术嵌入增负的反思

从技术与制度之间的关系来看,新技术的运用可能产生两种截然不同

的效果,新技术既可能推动制度创新,也可能强化原有的制度逻辑。前者我们可以称之为现代化,也就是权威体系在信息技术的影响和作用下日益趋向合理,日益与经济社会结构和宏观的外部环境相适应。但是,这种形式上的现代化包含着内卷化的"隐匿文本",也就是新技术的嵌入使得原有的体系内部更加复杂、更加精细化以维持原有的运行机制,缺乏创新和发展,从而失去活力。① 在项目化的执行过程中,我们可以看到,原有的简单的行政命令、任务依然塑造着信息技术在基层的治理过程,从而增加基层人员的负担。项目化嵌入不管从过程还是结果来说都可能强化着这种后果。

(一) 压力传递下技术项目的基层过载执行

在强大组织化权威下,为了完成新技术嵌入任务,基层不得不形成形式化应对以"向上完成任务"。任务清单本身就是一种压力向下贯彻的体现,这一过程忽视了技术与治理结构和治理主体等方面的适配性,在不考虑街道的素质能力的情况下,"技术治理任务"在"发包"过程中不断加码,直至村社,最后任务最大化,形成与当地实际不符、脱离正常轨道的数字高指标,在横向政府之间围绕新技术执行的"竞赛"中,导致基层对新技术项目的过载执行。在科层组织逻辑中,基层被压力传导下的任务指标支配,不仅忙于完成本街道"工期"的进度要求,还要被迫加入各街道的"项目"比拼赛道。在这个新技术嵌入基层治理的大工程中,单向的压力式推进往往不太关注基层街道的治理实际。技术治理服务于国家基层建设,需要和社会双向互动才能达至好的效果。如图4-7所示,现实情况是基层为了完成新项目任务清单的要求,往往变成上级指令的"接收器",日常被动接受各类指标,将任务指标强硬式地、机械化地"搬运"进技术平台,再将数据结果编造式地、人为化地"产出"至技术平台,如此达成完成"项目"的行动。

上级政府一般通过"指标的数量化""任务清单"等正式制度为推动技术项目的落地施加强大的组织化权威,而基层政府则运用动员和构建起非

---

① 易臻真:《城市社区治理的内卷化危机及其化解——以上海市J街道基层治理实践为例》,载《人口与社会》2016年第1期。

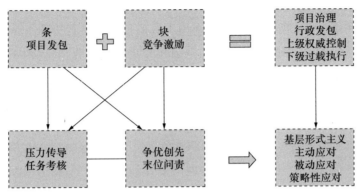

图 4-7　压力型体制下基层新技术项目的执行逻辑

正式网络,通过非正式运作来制造信息。面对"即呼即为"平台任务清单中人数和问题数量的任务要求,出于"完成任务"的逻辑,基层只能将问题信息进行编造、篡改、修饰、美化,再将这些输入平台的上报—受理—办理—办结—核查—评价这一套"标准流程"中,这些信息往往失真,导致技术平台上看似充盈着丰富的信息,但是可能离基层治理的真实情况有着较为明显的偏差。

(二)绵密化督查考核约束下的基层负担强化

项目化执行从根本上说依然属于运动式治理的范畴,对于处于权力链条末端的基层干部来说,"项目"的推行过程中自上而下的各种任务、督查和考核与项目推进的时间规划紧密捆绑在一起,面临着时间和目标倒逼下的强大压力。为了保障新技术项目的如期完成并有效运转,层层推进、严格的督查机制成为有力的工具,以敦促各镇街认真落实平台建设任务。X区要求各街道、乡镇定期上报工作完成数据并以此为依据对各镇街实施排名。自2021年4月开始,依照建设进度和阶段进行定期(每周通报一次)通报,然后每月对照预定指标,定期通报各街道社区的完成情况,进行排名考核。平台从落地实施到运营维护再到凸显政绩、高效运转的三个不同阶段,基层面临的内外部压力逐期递增。为完成周期性的考核,不得不在制度框架与技术运行的缝隙中应势而动,不断地改变和建构自己的行动策略,采用数据上的人为操作,通过编造任务、数据造假、临期充量等来"交作业"。当组织制度、资源结构、权力关系均未与技术同步更迭时,兼具及时化效应和高强度态势督查模式实则为下级的形式主义行为埋下了隐患。① 随着项目的推进,相关的监督考核被强化并更加精细化,自上而下的绩效监督机制不断强化,技术就如同放大镜,放大上级的注意范围,过度聚焦于基层的责任与义务,致使基层新技术落实的负担越来越大,在数据填报上弄虚作假,一些街道还设立应对上级督查的专项督查小组,对社区进一步延长层级监督链条传递转移压力,将竞争逻辑和排名逻辑强加在消极被动的日常性应付之上,从而激化横向间的攀比和恶性竞争,制造数据成为一种自然而然的行为。

(三)新技术项目被动式执行下的基层增负

项目化的技术嵌入方式依靠强有力的权威打破了不同部门和不同层级之间的壁垒,很大程度上实现了政府内部不同主体之间的一体化运作,但项目化执行仅仅局限于政府组织内部的技术嵌入模式,强调的是短、平、快地落实任务,是一种"强制性"的技术执行模式,秉承的依然是一种"技治主义"(Technocratism)的改革取向,把更深层次的、复杂的新技术引用化约为简单的项目,以"事本主义"的逻辑绕开治理结构的深层次的改革,强调"工具主义"的社会机制之"形"而较少关注社会主体之"实"。② 简单的技术执行无法实现条块间的信任、协同,也无法解决已有体制机制中的深层次矛盾。③ 在我国基层治理实践中,长期以来基层政府面临着权小责大、资源有限的结构,基层政府自主性的行动空间有限,作为自上而下任务的执行者角色定位使得基层政府面临着大量来自上面的各种任务,当行政化的技术项目不是自身内在的需求驱动,而是完全出于上级政府的绩效冲动或是满足上级政府的创新需求时,基层政府在整个新技术项目推动过程中完全是一个被动的执行者,缺乏有效的参与和表达。新技术项目基本上

---

① 陈新:《注意力竞争与技术执行:数字化形式主义的反思及其超越》,载《社会科学战线》2021年第8期。
② 黄晓春、嵇欣:《技术治理的极限及其超越》,载《社会科学》2016年第11期。
③ 颜海娜:《技术嵌入协同治理的执行边界——以S市"互联网+治水"为例》,载《探索》2019年第4期。

是上级政府的意志和目标期待,基层政府作为层层施压的体制中"权小责大"的弱行动者,面对这样的"项目",感受更多的可能是项目执行过程中的负担。综上所述,"千线一针"的基层治理负担在新技术嵌入下再次加重,一些数字化名义嵌入的平台不但不能实现数字赋能的目标,反而最终变成"数字负能",看似智慧化、数字化的建设规划最终却成效甚微。处在从基层政府治理向基层社会治理的转型阶段,面临多重压力、多方考核的基层工作者首当其冲,最终选择数据造假、形式主义加以应对。

四、结论与讨论

本章通过项目化执行这一分析框架对 H 市 X 区"即呼即为"党群智治平台的嵌入实践进行了分析,呈现了技术执行的一种独特方式。人们对于当前基层信息化治理中的困惑实际上是基层信息化过程中权威对技术形塑的结果。由上级权威首先发起,充分运用科层制结构和下辖政府的法理权威层层推进,并通过细致入微的指标体系和纵向到底的责任机制,使得技术平台在规定的时间里落地并运行。在这种强有力的权威推动下,新的信息系统以"项目"的形式被快速、全面地嵌入到基层治理之中。然而,值得注意的是,这种项目化的执行使得技术被权威紧紧地裹挟,产生新的问题和困境。这种仰赖于强大的权威的技术执行方式难以从根本上消除基层治理面临的困境,甚至可能产生新的问题。对于未来基层治理的现代化来说,需要把信息技术的嵌入作为推动基层治理全面深化改革的战略性反应,通过信息技术的嵌入促进新的认知和规范的形成,以此撬动基层治理的共享、共治体系的建设,以技术为撬动工具,推动基层治理理念、模式和制度等层面的不断完善,这无疑具有更深刻的意义。归根结底,基层数字化负担的根源不在于智慧平台这一新的技术本身,而在于背后自上而下的权力结构及其运行方式。诚然,信息化在基层治理中的应用与革新不断被强调和推崇,但是,项目化嵌入不但无法有效提升基层治理效能,反而可能带来新的负担,接下来的问题是,在我国特殊的体制逻辑中,新的技术到底应该以怎样的方式嵌入到基层,又应以何种运作模式释放"数字红利",从而真正实现基层治理体系和治理能力的现代化转型?这是一个需要长期探索、不断挖掘、深入研究的问题。

第五章

被困的行动者：数字技术运行中的基层增负

本章将从技术在基层的运行过程的视角来剖析新技术对基层政府的增负效应。基层政府是基层治理的核心行动者,其角色、功能是否能够有效地发挥出来在很大程度上决定着基层治理效能。然而,这一核心行动者长期以来面临着权力不足、资源不够等困境,从而使得其行动能力受到了很大的影响。

作为天生的沟通技术,新的信息工具在缓解基层政府治理压力方面被不少人寄予厚望,治理的信息化被认为必然会大大提升效率,从而有效地促进政府与社会的良好沟通。① 通过新的技术来提升基层政府的行动能力成为一个值得关注的方向。政务热线被认为是最早嵌入到基层的信息技术之一。近年来,在大数据、互联网的支撑下,各种新的信息技术应用(如政务 App、微信、微博等)、智能化终端和信息化平台与政务热线日益融合在一起。② 毫无疑问,新技术与政务热线日益融合在一起并在基层的广泛应用,对基层治理产生了积极影响,在畅通政府与公众之间的联系、提升政府对公众诉求的回应性等方面效果明显。③ 然而,从行动者的角度来说,新的信息技术应用对于基层治理的这种积极影响更多的是从基层民众和上级政府这两个行为主体的角度来说的,而对于基层政府这一核心行动者缺乏应有的关注,在特殊的体制逻辑作用下,新技术在基层的运行对基层政府治理可能带来新的压力和负担并没有引起足够的重视。

本章试图从基层政府这一行动者的视角,对当前新的数字技术与政务

---

① 仟晓春:《信访信息化:技术升级与管理创新》,载《电子政务》2014 年第 3 期。
② 郑跃平、梁春鼎、黄思颖:《我国地方政府政务热线发展的现状与问题》,载《电子政务》2018 年第 12 期。
③ 孟天广、黄种滨、张小劲:《政务热线驱动的超大城市社会治理创新——以北京市"接诉即办"改革为例》,载《公共管理学报》2021 年第 2 期。

热线日益融合在一起并在基层治理过程中扮演着越来越重要的角色的背景下,基层政府面临的新的压力和负担进行分析。以 H 市 W 镇在面对基于新技术的政务热线这一新的技术环境下自设"民情热线"以应对新的治理压力的行为为分析对象,试图对新技术嵌入背景下基层政府面临的压力与信访治理现代化转型等问题进行深入探讨。与前一章强调技术嵌入过程中的基层增负不同,本章关注的是技术运行过程中对基层政府的增负效应。

第一节
新技术环境下基层政府的行动能力与转型

所谓行动者就是在治理过程或行为空间具有较强行动能力并产生较大影响的主体。政府作为行动者很多时候指的是"在政府组织和结构中掌握公共资源,拥有公共事务信息优势,其行为策略和行动结果直接决定治理绩效和走向的政府官员和部门"①。基层政府在很大程度上可以被视为行动者,原因在于:一是基层政府作为理性的主体而存在,行动者同时也是理性的、具有自我利益取向的行动主体。也就是说,地方政府及其官员日益成为一个利益相对独立的行为和权力主体,效用最大化的理性人成为地方政府行为的基本逻辑。② 二是基层政府具有一定的自我行动空间。政府作为行动者在制度环境中具有自身的理性和主动性③,现有的制度体系赋予行动者自主运作的空间,即制度的模糊性给行动者提供了可自由裁量的空间④,基层政府尽管处于正式权力的末端,但是同样具有一定的自主行动空间,从而使得其能够基于自身的利益和偏好作出理性行为选择。

---

① 沈承诚:《地方政府核心行动者的生成逻辑:制度空间与制度规引》,载《社会科学战线》2012 年第 6 期。

② J. L. Caulfield, Local Government Reform in China: A Rational Actor Perspective, *International Review of Administrative Sciences*, Vol. 72, No. 2, 2006, pp. 253-267.

③ 林雪霏:《扶贫场域内科层组织的制度弹性——基于广西 L 县扶贫实践的研究》,载《公共管理学报》2014 年第 1 期。

④ 彭茜、姚锐敏:《行政压力和制度空间双重作用下基层官员的"层级博弈式"避责行为》,载《甘肃行政学院学报》2021 年第 4 期。

一、基层政府的行动者角色

基于自身利益最大化的行为倾向是包括组织和个人在内的一种自然而然的反应，行动者的行动能力和策略很大程度上取决于其所具有的行动空间的大小。在我国计划经济时期，地方政府和基层政府从一开始就被视为被动的任务执行者角色，其所有的职能就是承接自中央和上级政府的各种任务和命令，或者是有效获得有关计划经济所需信息的中介，基层政府成为纵向权力传送体系的一个"节点"。在过去这种高度集权的管理体制下，基层政府实际上只是中央政府和上级政府的派出机构，是垂直整合体系中最末端的政府层级，而这是与计划经济时代组织化的生产和生活管理模式相一致的。为了适应高度集中的计划经济体制，推动展开大规模的有计划的社会主义建设，我国建立了自上而下的系统化执行体系，丹尼尔·N. 纳尔逊(Daniel N. Nelson)把建立这种执行体系的过程称为"垂直整合"(Vertical Integration)，就是建立执行高效的地方政治权力体系，并建立了以附属的相关组织为重点的互锁(Interlocking)网络。[①] 这种垂直整合的过程使得地方政府和基层政府的角色在计划经济时期的定位非常清楚，那就是"执行"，而基层政府作为治理主体的权力、利益和制度空间在较长时间里基本上处于被忽略的状况。

在计划经济时代，基层政府有时也存在着类似行动者的理性行为取向，但是，毕竟在当时有限的行动空间和有限的机会下，这种行动者的理性行为受到很大的限制，更为重要的是由于这种行为不被认可而通常隐含着较大的风险。改革开放以来，这种自上而下的、高度集中的执行体系逐渐被打破，尽管在很大程度上基层政府的角色依然被定义为"执行者"，其权小责大和资源匮乏的结构性问题依然存在，但是在新的绩效考核、晋升体系和横向政府竞争的逻辑下以及现实的利益诱导下，基层政府其实获得了较大的行动空间，从而能够在治理实践中获得实际意义上的行动权力，同

[①] Daniel N. Nelson, Dilemmas of Local Politics in Communist States, *The Journal of Politics*, Vol. 41, No. 1, 1979, pp. 23-54.

样具有较大的行动能力,基层政府的核心行动者角色在事实上已被确立。[1] 20世纪70年代末期以来的基层政府与过去最大的区别首先表现在其主动性的影响力和能力方面。白素珊(Susan H. Whiting)描述了中国乡镇官员在1978年以后是如何出于财政和政治的动机而努力推动乡村工业化进程的,其中实际的成效已经成为评价地方干部的重点内容,在实践中的行动能力值得关注。[2] 基层官员与过去的一个重要区别是,20世纪70年代末期以来越来越以一种"理性"的准则来行事,也就是更多地从个人成本收益的对比来衡量自身的行为。

20世纪80年代以来,随着财政体制上的"分灶吃饭",基层政府出于财政收益的最大化,其理性行动者的角色特征表现得越来越突出。在一些人看来,"分灶吃饭"的财政体制改革使得基层政府的角色和行为发生了明显的变化,由过去计划经济时代完全被动的"代理人"转变为更加自主和理性的"市场取向的代理人",基层政府会积极介入到本地经济发展的过程中,甚至介入到企业的内部运作[3],会调动各种资金、技术并利用行政力量帮助企业寻找市场机会[4]。在张静看来,在人民公社时期,基层政府在强有力的行政监督下并没有多少行动空间,而改革开放以来,上级的授权使得基层政府获得了行动的地位——包括资源地位、代表地位、组织和决策地位,基层政府由此变得越来越具有优先收益权的"理性行动者"的特征。[5] 一些人认为,实际上,从20世纪80年代的财政体制改革开始,新的财政体制强调"财政包干"的结果导向,实践中把具体的行动空间授予了地方政府和基层政府,乡镇政权就具有一定的自主行动权。出于财政收益的

---

[1] 周雪光、练宏:《中国政府的治理模式:一个"控制权"理论》,载《社会学研究》2012年第5期。

[2] Susan H. Whiting, *Power and Wealth in Rural China*: *The Political Economy of Institution Change*, Cambridge University Press, 2001, pp. 74-108.

[3] Andrew G. Walder, Local Governments as Industrial Firms: An Organizational Analysis of China's Transitional Economy, *American Journal of Sociology*, No. 101, No. 2, 1995, pp. 263-301.

[4] Jean C. Oi, The Role of the Local State in China's Transitional Economy, *The China Quarterly*, No. 144, 1995, pp. 1132-1149.

[5] 张静:《基层政权:乡村制度诸问题》,浙江人民出版社2000年版,第52页。

最大化目标,基层政府有时会以务实的态度对待国家和上级政府的政令,从而积极扩充自己的行动空间。而农业税改革后,基层政府的权力空间受到了挤压。① 但在一些人看来,基层政府依然有较大的行动空间,由于自上而下的有限监督和来自基层社会自下而上的约束不足,从而使得其能够根据具体情况主动地进行选择性的治理。②

二、压力下的基层政府的行动能力与策略

长期以来,尽管面临多重负担,但是由于具有相对弹性化的行动空间,基层政府在实践中依然具有较大的行动能力,往往能够根据具体的情形有针对性地采取理性的行动策略,从而化解压力。尤其是20世纪90年代以来,随着基层治理中的各种矛盾凸显,基层政府面临着越来越大的社会治理压力,为了应对上级考核,有效达成基层治理的某些硬指标,基层政府可以采取多种行动策略,利用各种手段调动资源加以应对。基层政府的这些行动策略总体上可以分为以下几个方面:

(一) 关系性运作

基层政府的行动能力根植于丰富的基层社会,能够把正式权力网络与非正式的关系网络有机结合。在一些人看来,与其他层级的政府相比较,基层政府的重要优势之一就是背后基层社会中丰富的非正式资源,而基层政府能够通过各种手段把背后的非正式机制充分激活,通过关系性非正式运作方式化解各种外部压力已经成为一种"共有常识"。这种运作可以分为纵向和横向两种关系性运作。所谓纵向关系性运作,就是通过非正式的情感、血缘纽带向上获得资源的方式。如在应对上级各种考核的过程中,基层政府会充分挖掘与上级政府部门中存在的各种非正式资源,如老乡、

---

① 杨善华、宋倩:《税费改革后中西部地区乡镇政权自主空间的营造——以河北Y县为例》,载《社会》2008年第4期。
② 〔美〕欧博文、李连江:《中国乡村中的选择性政策执行》,唐海华译,载〔德〕托马斯·海贝勒、〔德〕舒耕德、杨雪冬主编:《"主动的"地方政治:作为战略群体的县乡干部》,刘承礼等译,中央编译出版社2013年版,第341—369页。

朋友、同事等,巧妙地构建各种非正式情境,有效地化解困境。① 如一些基层政府为了解决财政困境,想方设法利用基层领导个人的政缘关系网络和"庄里公家人"的非正式关系,向上面"争资源""跑项目"。② 而所谓横向关系性运作,就是与其他基层政府通过非正式关系纽带,形成某种相互支持、相互庇护的行动网络。横向不同的基层政府之间具有共同的压力环境和目标诉求,相互之间更容易结成"行动者联盟"。乡镇政府之间为了动员资源、完成任务,在资源匮乏或分割占据的情形下,相互之间有时会发生资金挪用和不同渠道之间通融拆借资源现象。③ 另外,基层政府会通过关系性的资源与社会建立起各种资源网络,如以"同乡联谊会"为纽带,进行各种"活动"。④ 在解决普遍存在的财政压力方面,基层政府也会通过各种关系向社会争取资源,向社区和企业"化缘",寻求资金支持。⑤

（二）权威性整合

当然,更多的时候,基层政府会运用手里的权力和权威能力,动员、整合各种资源。尽管我们经常说基层政府存在着权小责大的问题,但那是相对于上级政府而言的,在基层社会,基层政府实际拥有较大的公共权威,这是基层政府具有较强行动力的重要原因。⑥ 当基层政府在面临外部巨大压力的情况下,更加自然的选择是习惯性地应用权威的手段对现有的资源进行强有力的整合,针对目标的优先次序,有选择地集中投入到特定的事项之中,聚集资源、集中发力,从而产生最大的效应。其中最令人印象深刻的就是基层政府面对重要工作采取的运动式的治理方式,这种模式本质上

---

① 艾云:《上下级政府间"考核检查"与"应对"过程的组织学分析——以A县"计划生育"年终考核为例》,载《社会》2011年第3期。
② 欧阳静:《资源匮乏、目标多维条件下的乡镇政府运作》,载《改革》2011年第4期。
③ 周雪光:《基层政府间的"共谋现象"——一个地方政府行为的制度逻辑》,载《社会学研究》2008年第6期。
④ 樊红敏:《双轨政治:关系与县域政治运作——河南省H市观察》,载《甘肃理论学刊》2008年第4期。
⑤ 田先红:《弹性财政:基层化缘行为及其解释》,载《西北大学学报(社会科学版)》2021年第2期。
⑥ 钟伟军、陶青青:《压力下的权威拓展:基层政府如何塑造非正式治理资源?——基于浙江省W镇"仲规侬"的案例分析》,载《公共管理学报》2021年第2期。

就是充分运用行政权力,采取强有力的自上而下的动员模式,在短期内把核心资源集中聚集在需要解决的关键任务上,通过自上而下的权威动员和组织推动,对传统的"运动"资源加以简化利用,聚焦于"中心工作"的解决。① 也就是说,基层政府对现有有限的权威资源进行集中化投入,围绕"中心工作",通过行政化的运作,建立起强有力的组织推动机制,在资金、人事等方面进行临时性的布局与分配,仰赖自上而下的高效动员机制,从而推动核心治理目标达成。② 这种高效的动员机制背后的核心手段就是目标责任制,把目标分解成指标和具体的责任,与考核严密对接,建立起强激励的行动手段,从而对基层官员和村社产生最有效的压力和动力。③

当然,不同的基层政府可能在具体的方式方法方面会有差异,但是总体来说,把有效的权威最大化,是最通用的做法,如围绕"中心工作"成立指挥部,实行责任分片,对体制内的正式治理资源全面整合,实现正式治理资源的最大化效应。④ 与此类似的是,基层政府依托上层权威获得体制内资源,通过"责任包保"机制,实现从"行政依附"到"责任外延",从而推动完成各项任务⑤,主动把自身整合到上级权威之中,借此解决基层治理的沉疴。⑥ 因此,即使在正式资源相对匮乏的情况下,通过改变资源的组合和投放方式,可以使得基层政府在面临特定外部压力的时候具有较强的行动能力。

(三)策略性吸纳

策略性吸纳是基层政府行动能力的另一种体现,所谓策略性吸纳就是

---

① 狄金华:《通过运动进行治理:乡镇基层政权的治理策略——对中国中部地区麦乡"植树造林"中心工作的个案研究》,载《社会》2010年第3期。
② 陈家健:《项目制与基层政府动员——对社会管理项目化运作的社会学考察》,载《中国社会科学》2013年第2期。
③ 王汉生、王一鸽:《目标管理责任制:农村基层政权的实践逻辑》,载《社会学研究》2009年第2期。
④ 徐明强、许汉泽:《运动其外与常规其内:"指挥部"和基层政府的攻坚治理模式》,载《公共管理学报》2019年第2期。
⑤ 张国磊:《科层权威、资源吸纳与基层社会治理——基于"联镇包村"第一书记的行动逻辑考察》,载《中国行政管理》2019年第11期。
⑥ 李元珍:《领导联系点的组织运作机制——基于运动式治理与科层制的协同视角》,载《甘肃行政学院学报》2016年第5期。

基层政府通过灵活的技术性变通,通过利益诱导的方式把社会性资源引入到基层治理过程,以缓解某些迫在眉睫的治理压力。吸纳是基层政府培育、再造以及整合治理资源的重要策略。① 当基层政府面临外部压力的时候,特别是遇到各种反对和阻力的时候,会通过各种针对性的、临时性的手段,拉近与社会资源之间的关系,有针对性地把相关力量吸纳进来,"为我所用"。典型的是在推行各项事务中可能面对地方宗族力量和某些社会精英的反对时,基层政府可能通过各种方式"做工作",从而将这些力量纳入到可以控制的轨道上来,达到消解社会威胁和以低成本有效动员社会的双重目的。② 杨涛的研究描述了湖北恩施州在精准扶贫中面对基层干部能力不足、社会精英流失的困境,如何把"村医村教"吸纳进来,从基层内部挖掘治理资源。③ 面对基层治理主体缺失、部分基层党组织涣散等问题,基层政府把"体制型返乡乡贤"吸纳进来,担任书记,形成内生融入式治理的新体制。④ 近年来,基层政府越来越重视乡贤在基层治理中的作用,以推动共同富裕和乡村振兴等。⑤ 一些学者的研究表明,当基层政府资源有限,又必须有效完成上面的硬性任务时,这种吸纳的策略表现得更加明显。

三、新技术对基层政府行动能力的影响

在具体的治理情境中,基层政府确实具有较为灵活的手段,能够发挥"地方性知识"的优势来应对各种压力,面对着强大的外部压力,基层政府能够充分地运用弹性化的行动空间,基于具体的情景有效地调动各种资源

---

① 李祖佩:《从吸纳到求援:资源变迁背景下的村庄政治》,载《华南农业大学学报(社会科学版)》2012年第1期。
② 吕萍、胡元瑞:《人情式政策动员:宗族型村庄中的国家基层治理逻辑》,载《公共管理学报》2020年第3期。
③ 杨涛:《吸纳与嵌入:基层党建助推精准扶贫的实现机制》,载《中国农村研究》2019年第1期。
④ 吴家虎:《内生权威融入式治理:体制型乡贤治村的时代价值与完善路径》,载《社会科学家》2018年第4期。
⑤ 韩庆龄:《嵌入理论下资源型乡贤返乡参与乡村产业振兴的实践机理》,载《西北农林科技大学学报(社会科学版)》2023年第2期。

加以应对,包括专断性的权力资源、物质资源和非正式的乡土资源,基层政府处于"权力—利益的结构之网"的主导地位,可以以权力为轴心编织地方社会的经济、利益与人际互动的网络。① 实际上,基层政府之所以在实践中具有这些行动能力,是建立在相对封闭的物理空间和监督乏力的层级链条末端的基础之上的。当自上而下的新的技术进入到基层,尤其是近年来政务热线与各种新信息技术工具融合在一起,对于基层政府的这些行动能力来说到底意味着什么是一个有争议的问题。

在一些人看来,新技术的集成性、即时性和便利性特征实现了对政府的有效赋能,有助于地方政府和基层政府以更高效、更有效、更透明和更协作的方式工作②,大大提升了政府的治理能力和效率。政务热线的信息技术在基层的运行使得基层政府的效能得到了明显提升,首先也是最重要的是,新的技术能够有效地提升基层政府的协同能力。在学者看来,服务热线不断集成的过程其实就是一个政府功能、权力和机制不断集成的过程,能够有效地提升政府在回应公民需求方面的协作和联动能力,从而快速响应公众诉求。③ 这对于处于条块分割结构和责权倒置政府体系中的基层政府来说非常重要,新技术打通了不同部门之间的行政壁垒,大大降低了协同成本,从而实现了基层问题"即诉即办"。④ 新的技术手段有效弥补了科层体制的僵化与低效,弥合了制度距离,实现"乡镇吹哨、部门报到",大大提升了基层政府的效能。⑤ 其次,政务热线与新信息技术融合在一起,具有覆盖广、即时性强、互动便捷的特征,能够及时精准了解公众需求,将

---

① 吴毅:《"权力—利益的结构之网"与农民群体性利益的表达困境——对一起石场纠纷案例的分析》,载《社会学研究》2007年第5期。

② A. T. Chatfield & C. G. Reddick, Customer Agility and Responsiveness Through Big Data Analytics for Public Value Creation: A Case Study of Houston 311 On-Demand Services, *Government Information Quarterly*, Vol. 35, No. 2, 2018, pp. 336-347.

③ 容志:《"集成式"热线与市民服务整体性响应机制构建》,载《中国行政管理》2019年第8期。

④ 孟天广、黄种滨、张小劲:《政务热线驱动的超大城市社会治理创新——以北京市"接诉即办"改革为例》,载《公共管理学报》2021年第2期。

⑤ 马卫红:《以政社同构弥合制度距离:基层治理吹哨改革的效能转化机制分析》,载《广西师范大学学报(哲学社会科学版)》2021年第1期。

街道(乡镇)权属清晰的诉求第一时间传送给所在基层政府①,从而有效提升基层政府的需求感知能力。另外,在一些学者看来,政务热线作为现代的技术手段,能够推动基层政府强化自身的制度和体系变革。新技术平台所产生的大数据可以为基层政府优化服务流程提供有价值的依据,利用政务热线所呈现的差异化问题,能够为基层政府政策和行为科学化提供支撑。② 最后,新技术的运用使得基层政府更加开放、透明和民主,将大数据分析系统应用到关键流程中,使政府能够通过政务热线实现按需服务,与公民共同创造公共价值。③

然而,新的技术,尤其是以上级政府为核心行动者的技术运行模式,对于基层政府来说,并不一定意味着行动者能力的提升,而是相反。当基层政府被置于日益透明和公开的技术运行过程中时,基层政府的这种行动能力可能就值得怀疑。新技术不断地融入到基层的业务流、管理流之中,在精准化、标准化、透明化、智能化不断被强调的今天,原有的相对封闭的基层治理过程被逐渐打破,基层政府能够主导的资源和调动资源的方式受到了越来越多的约束。随着新技术的不断嵌入,基层政府可能面临新的挑战,其面临的资源要素和行为模式也可能发生变化,在新的技术环境下,这些策略越来越行不通。新技术的运行特征使得基层政府的行动过程被刚性化,基层政府原有的弹性化的空间被刚性化,对其来说,原有的压力并没有减轻,但是应对压力的弹性化行动空间被挤压,政务热线与日益智能的新技术融合在一起并日益主导基层治理的过程,在一些时候反而产生了基层增负的意外后果,使得不仅基层治理空间被大幅度挤占,一些不尽合理的诉求占用了有限的服务资源,而且在政务热线的压力下,基层政

---

① 孟天广、黄种滨、张小劲:《政务热线驱动的超大城市社会治理创新——以北京市"接诉即办"改革为例》,载《公共管理学报》2021年第2期。
② T. Nam & T. A. Pardo, The Changing Face of a City Government: A Case Study of Philly311, *Government Information Quarterly*, Vol. 31, Suppl. 1, 2014, pp. S1-S9.
③ A. T. Chatfield & C. G. Reddick, Customer Agility and Responsiveness Through Big Data Analytics for Public Value Creation: A Case Study of Houston 311 On-Demand Services, *Government Information Quarterly*, Vol. 35, No. 2, 2018, pp. 336-347.

府的角色产生了过度的倾斜,行政化倾向严重①,反而让基层政府压力重重。

第二节
新技术环境中的制度空间转型与增负效应

长期以来,人们关注更多的是新技术对行动者能力的提升以及由此带来的赋能效应,而忽略了新技术作为自上而下的监督工具对基层行动者行动空间挤压带来的增负效应。现有的一些研究忽视了新技术运用过程中弱行动者的角色,在不均衡的行动者结构中,那些处于被动或相对弱势的行动者往往难以对技术施加必要的影响力,而成为被技术支配的对象。

一、制度空间与行动者负担

在制度主义学派看来,制度与行动者之间有着复杂的关系,制度塑造着行动者的策略,影响着行动者的目标和偏好的形成,而行动者在制度环境中也具有自身的理性和主动性②,行动者必然在一定的制度空间中行为。所谓制度空间就是现有的制度体系赋予行动者自主运作的空间,指的是各项制度、政策下的自主权、调适权或者剩余控制权大小,即制度的模糊性给行动者可自由裁量的空间。③ 当这种制度空间越模糊和弹性化,行动者的策略性运作就越强烈,行动者的策略选择是外部压力大小和制度空间弹性化双重因素综合影响效应下的结果。也就是说,对于行动者来说,重要的不是制度文本意义上的空间大小,而是在实践过程中制度所默许的自主行动的空间弹性大小,反过来也就是制度的刚性程度。当制度空间弹性扩大,行动者可采取的应对外部压力的策略动机就会不断增大,对于行动

---

① 陈锋、宋佳琳:《技术引入基层与社区治理逻辑的重塑——基于 A 市 12345 政府服务热线的案例分析》,载《学习与实践》2021 年第 4 期。
② 林雪霏:《扶贫场域内科层组织的制度弹性——基于广西 L 县扶贫实践的研究》,载《公共管理学报》2014 年第 1 期。
③ 彭茜、姚锐敏:《行政压力和制度空间双重作用下基层官员的"层级博弈式"避责行为》,载《甘肃行政学院学报》2021 年第 4 期。

者来说，意味着可以较为自如地运用各种策略化解压力。① 在外部压力不变的情况下，行动者拥有的制度空间越大，其策略选择就越灵活和多变；反之，其策略选择就越单一。②

以博弈论相互依存性的策略问题选择为理论基础，我们可以建构行动者在制度空间内的策略选择逻辑模型（如图 5-1 所示）。以横轴表示行动者采取策略行为的概率，纵轴表示制度空间的大小。从制度空间的大小来看，当行动者采取策略行为的概率为 0 时，制动空间趋于紧缩，即制度空间越小采取策略行为的概率就越小，此时制度空间记为 $-S$；当行动者采取策略行为的概率为 1 时，制度空间的大小随之增加，记为 F，此时得到两点 a、b，线段 ab 之间的所有点为行动者采取策略行为概率在 0—1 时制度空间的大小。而当行动者不采取策略行为时，制度空间都为 0，即为图中的横轴。线段 ab 与横轴的交点 P_s 为行动者采取策略行为的最佳概率。因为，一方面，行动者的策略动机不会太大，若其采取策略行为的概率大于 P_s，制度空间变大从而有正的期望收益，难以对行动者进行有效的制约与监督；另一方面，若行动者的策略动机小于 P_s，则制度空间趋于紧缩，但对于行动者来说其自主性和能动性降低，不利于核心行动者在社会治理过程中发挥其正向能动作用。

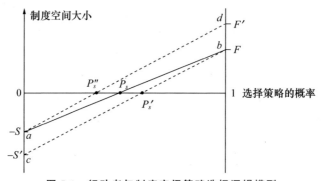

图 5-1　行动者与制度空间策略选择逻辑模型

---

① 孙红编著：《博弈论》，经济科学出版社 2013 年版，第 133 页。
② 郭忠兴、张亚玲：《模糊的客体、弹性的空间与策略性的政策执行》，载《学习与实践》2022 年第 1 期。

基于此,我们可以进一步讨论行动者在制度空间的博弈中参数发生变化时均衡解 P_s 的变化趋势。如果削弱核心行动者行使权力的手段和资源,将手段纳入合法化、制度化的渠道,并压缩政策制度空间,在纵轴得到 $-S'$ 点,连接 bc 在横轴的交点为 P'_s,表明在制度空间紧缩的情况下,行动者采取非正式策略行为的概率会变大。换句话说,制度空间与核心行动者两者的作用关系遵循"胡克定律"(Hooke's Law)的理念(如图 5-2 所示),它们之间连接着一根弹簧,通过压缩制度空间,弹簧积累弹性势能发生形变并施压于行动者,行动者承受的压力和负担需要通过其他途径加以释放,因而更有可能采取策略行为对弹簧进行反弹。而制度空间一端的压力越大,行动者反弹的动能就越强,从而对既有政策和制度体系造成冲击,不利于个人—组织关系的稳定;同理,若扩大制度空间在纵轴得到 F',连接 ad 与横轴的交点向左移动得到 P''_s,行动者谋取策略的概率反而缩小了,说明宽松的制度空间赋予了行动者更多的选择机会,在规定的制度框架内理性决策,而较少可能采取不合法、不合理的策略行为。即制度空间为核心行动者留有了一定程度的自由裁量权,行动者可以根据既有的政策措施进行决策,且适度的放权能够转变行动者的行为偏好,与顶层制度结构之间的关系由此得到缓解。因此,如何从制度上赋予并规范行动者合理的行动空间就显得非常重要,尤其是在行动者面临较大的外部压力的时候。

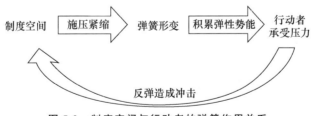

图 5-2　制度空间与行动者的弹簧作用关系

以上分析了行动者策略动机与制度空间两个变量之间的作用关系,可知制度空间的变迁对于行动者正式或非正式的策略偏好行为具有显著的影响,施加制度压力、缩小权力行使边界、削弱核心行动者的自由裁量权并不能达到良好的监管与治理效果,反而会适得其反,结果可能出现两种情况:一是行动者搜寻更为隐秘的制度外空间缝隙,采取突破现有制度框架的方式以获得生存;行动者迫于压力,在制度空间的边缘游走,不得不采取各种临时性的策略行为加以应对。作为"理性经济人"的局中人从自身利益出发,在条件依存的策略行动中互相试探,在威胁中暗含着承诺,就此展开非结构化的动态重复博弈。二是行动者在既定制度空间中被逐渐"压垮"。行动者在日益逼仄的空间中失去了采取自主行为的能力,但是如果面临的压力并没有减轻,甚至承担着越来越难以负荷的重力,当没有合理的途径释放的时候,就可能意味着新的风险。

二、新技术对制度空间的挤压

长期以来,人们对于信息化技术的推崇是建立在这样一种预设基础上的:技术可以有效地克服组织之间的部门壁垒以及时间和地理上的离散化困境,从而能够实现跨越时间、空间和组织之间的有效协同和高效互动、共享,对于政府的信息化应用来说尤其如此,技术能够突破官僚制僵化、烦琐、离散的组织结构和程序等因素的制约。但是,新的技术在打破原有的科层化部门边界与时空边界的同时,可能意味着对原有制度空间的技术进入,新技术消除了传统的工作日,使得官僚制的严格权责分工和组织边界变得更加模糊,使得个人清晰的时间边界和物理空间在很多时候变得无关紧要。[①] 从技术与制度空间之间的关系来看,新技术的运用可能会推动组织制度的规范运行,使得行动过程更加标准化、流程化,从而使得行动者的制度空间更加规范、更加刚性,也就是制度空间在新技术的影响和作用下日益趋向合理。但是,其中也包含着原有的制度空间在新技术的运行下被挤压的"隐匿文本",这种挤压主要体现在以下几个方面:

一方面,新技术的嵌入使得权力和权威通过新的形式以更加隐蔽的方式接入到原本独立的行动空间。从理论上来说,所有的行动者都试图在制度空间之外扩展自己的行动空间,通过各种方式突破现有的锁定机制,去

---

① T. S. Ragu-Nathan, M. Tarafdar, B. S. Ragu-Nathan, & Q. Tu, The Consequences of Technostress for End Users in Organizations: Conceptual Development and Empirical Validation, *Information Systems Research*, Vol. 19, No. 4, 2008, pp. 417-433.

获得"可采取的行动和替代办法"①。但是,采用"硬扩权"的方式可能面临较大的风险,而信息技术的出现在很大程度上可以避免这种风险,因为技术本身具有隐蔽性和便利性。隐蔽性主要是因为制度结构与信息结构在一定程度上是分离的,在不改变原有制度结构的前提下通过改变信息结构是可能的;②便利性是指新的技术能够轻松地跳过所有的科层壁垒和时空约束,这些对于行动者的自主空间来说非常必要的边界变得"不设防"。基层信息化平台建设无疑从形式上来说与不断强化的数字化趋势相契合,也与未来基层治理能力的现代化要求相一致。但是,技术可能也意味着行动空间的"不设防",技术在规范不同行政主体的制度空间的同时也为权威的进入提供了更加轻松和隐蔽的纽带。通过新技术的手段,行政触角可以跳过所有的科层直达基层。实际上,新的技术在一些时候反而有利于强化原有的逻辑,在实现治理精准性的同时引发权力扩张等负面后果。③

另一方面,新技术的嵌入使得行动者原本的行动空间"黑箱"变得透明化。新的技术使得工作的每一个步骤和环节都被固化,当然这意味着过程的规范化,但这也意味着自主性的行动空间被技术"建构",原本相对自主的过程被技术简化为可视化的痕迹与量化工作信息,从而使得上级政府对基层工作中的事前、事中和事后的全过程监督形成可复原、可追踪的全过程问责④,甚至是即时性的动态监督。新技术去除了行动者自主行动的"外壳",使得所有的行为过程暴露在上级行动者无死角的视线之下。

三、新技术运行中的行动者结构与技术增负

行动者的基本结构即行动者由于不同的权力、资源和能力等在实践中

---

① D. Mukhtar-Landgren & G. Smith, Perceived Action Spaces for Public Actors in the Development of Mobility as a Service, *European Transport Research Review*, Vol. 11, No. 1, 2019, pp. 1-12.

② 容志:《结构分离与组织创新:"城市大脑"中技术赋能的微观机制分析》,载《行政论坛》2020年第4期。

③ 韩志明:《在模糊与清晰之间——国家治理的信息逻辑》,载《中国行政管理》2017年第3期。

④ 陈慧荣、张煜:《基层社会协同治理的技术与制度:以上海市A区城市综合治理"大联动"为例》,载《公共行政评论》2015年第1期。

所形成的相互关系和相互影响的效应，建构着行动者对技术的态度和运用策略。通常来说，所有的行动者都是在特定的背景中展开活动的，这些情境能够为行动者提供稳定的行为预期，而行动者会基于具体的情境，为了实现自身的特殊目标和利益采取灵活的策略和刻意的行为。某一行动者正是在特殊的行动结构中基于自我的行为空间，在具体的行动策略和方式方面进行理性选择，这最终决定着新技术的运用过程和效果。行动者所采取的策略往往不是孤立作出的，而是在与其他行动者的相对关系中建构起来的。在政府领域的信息技术运用过程中，不同的部门和相关组织都可以被视为行动者，由于权、责、利的关系会形成特殊的行动者结构，不同的行动者基于自身利益和权力，在面对新的信息技术时会作出不同的策略选择①，这种行动者结构如图5-3所示。

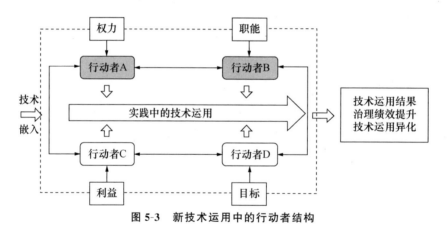

图 5-3　新技术运用中的行动者结构

通常来说，为了确保技术运用过程不被扭曲以及技术运用效果的稳定，相对均衡和协同的行动者结构网络是很重要的。所有的行动者基于自身的利益共同参与到技术运用的基本框架制定过程，形成基于技术运行的共同体。只有每一个行动者都发挥各自的作用，他们的行动意义和作用才能被转译过来，并将各行动者的利益统合起来，形成基于技术运用的共同

---

① 谭海波、孟庆国、张楠：《信息技术应用中的政府运作机制研究——以 J 市政府网上行政服务系统建设为例》，载《社会学研究》2015 年第 6 期。

体联盟,达成集体共识,保障技术在多方共同参与下得到真正的建构。[1] 然而,在很多情况下,这种均衡的行动者结构往往很难形成,原因在于不同的行动者在权力和能力方面存在着差异,导致具有强大行动能力的行动者往往会利用自身的地位和权力强化自身的目标,而忽略甚至有意识地漠视其他行动者的利益,而一些行动者无法在这种行动者结构中保持应有的影响力,产生行动者结构失衡或产生所谓的行动者"漏斗效应"。[2] 当不均衡结构被进一步强化,一些行动者原有的行动空间就会被进一步压缩。在这种行动者结构中,弱行动能力的行动者往往只能通过有限的策略加以应对。在我国基层,由于特殊的压力型体制,在新技术的应用过程中,信息技术被不同的行动者赋予了不同的意义和期望,相关行动者借助于技术的引入——更确切地说,通过设定技术发挥作用的形式,强化着之前组织中的权力关系和相互影响。[3] 对于"权小责大"的弱行动者基层政府来说,这种新的技术就可能是一种负担,是种新的压力。

第三节
案例分析:新技术的空间挤压效益与基层政府应对

近年来,为了提升政府对基层民众诉求的回应能力,建立更加直接和便利的政民互动,各种新的技术日益进入基层,其中与基层民众联系最密切的要数 12345 政务热线了。近年来,各种 App、微信小程序与政务热线日益融合并在基层日益渗透,使得基层民众在反映诉求和与上级沟通方面越来越便利。这些信息化应用作为新的沟通技术从一开始就与基层诉求表达有着密切的关系。随着新的技术与政务热线全面整合,便利性、集成性和联动性特征得到了前所未有的彰显,随时随地通过手机而不需要跑到

---

[1] 吴旭红、何瑞:《智慧社区建设中的行动者、利益互动与统合策略:基于扎根理论的探索性研究》,载《甘肃行政学院学报》2019 年第 6 期。
[2] 宋雄伟:《行动者"漏斗效应":党内法规执行问题的解释框架》,载《甘肃行政学院学报》2021 年第 1 期。
[3] 黄晓春:《技术治理的运行机制研究》,上海大学出版社 2018 年版,第 72 页。

政府部门表达诉求成为越来越常见的沟通形态,新的技术把基层民众与上级政府机构直接地连接起来,在很大程度上改变了传统技术环境下的政民沟通模式,也在很大程度上对上级政府、基层政府与基层民众三个行动者之间的行动空间产生了影响。

一、案例简介与选择依据

本节的研究对象为 H 市 W 镇。W 镇位于 H 市西部,地处省际接壤地区,早在公元 200 多年就成为郡县的肇始地,算是当地一个历史悠久的古镇。20 世纪 50 年代末,由于兴建水库的原因,古镇和周边大部分村庄被湖水淹没。W 镇是一个临水而居、风景秀丽的乡镇。经过多次行政区划调整、合并,W 镇现在成为一个面积 300 多平方千米、下辖 44 个行政村和 1 个社区、人口 10 万多的中心镇。

近年来,由于工程建设、生产方式转型和经济社会发展等各种因素的影响,W 镇基层信访也呈现复杂化的趋势。在过去的十多年中,随着基层治理信息化的快速发展,H 市 12345 政务热线开始全面嵌入到乡镇一级,与此同时,各种微信小程序、政务 App 与之日益深度对接,基于新的技术平台的信访成为 W 镇居民越来越重要的信访形式,这给 W 镇政府的信访治理带来了新的压力。为了应对 12345 政务热线带来的信访压力,W 镇从 2016 年 5 月起开设了自己的"民情热线"。

笔者对这一案例进行了跟踪调查,2021 年 11 月起笔者对 W 镇进行了专门的调研,对 W 镇综治办、司法所、部分村社干部以及市 12345 政务热线受理中心(信访中心)相关人员进行了半结构式访谈,访谈前后经历了两个月左右的时间。2022 年 8—9 月,笔者通过在线的方式对 W 镇相关人员进行了补充访谈,包括一对一的访谈、焦点座谈,同时获得了大量的相关资料,包括一些内部数据、文件,实现了资料上的"三角互证"。之所以选择 W 镇为研究对象,是出于两个方面的原因:一是案例的典型性。W 镇代表典型的农村地区技术嵌入下的信访治理形态转变。W 镇所辖区域面积较大,且交通不便,政务热线和各种新技术的嵌入对于基层信访产生了较为明显的影响,这对于广大农村地区来说具有强烈的典型性。二是研究的可行性。W 镇民情热线从开始设立到现在经历了较为完整的运作过程,相关的数据和资料也比较完整,为我们研究这一案例提供了较为完整的视野。

二、日益便利的新技术与 W 镇面临的治理压力

1. 新技术在基层的嵌入

近年来,在 W 镇,政务热线在为基层民众提供前所未有的信访便利的同时,也给基层政府带来了越来越大的压力。与不少地方一样,在 W 镇所在的 H 市,12345 热线从一开始就具有强烈的信访治理色彩。早在 20 世纪 90 年代末,针对当时信访工作中群众反映问题的渠道不够畅通、回应群众诉求不够及时等问题,H 市在原来政务热线的基础上进行了扩容,在市信访局设立了专门的市长公开电话受理中心,并将电话号码设立为更加容易记住的 12345,为全国第一批 12345 政务热线,24 小时全天候开通。在 H 市委、市政府印发的《关于建立 12345 市长公开电话受理中心的通知》中就明确了热线的任务是"受理基层单位和人民群众通过电话反映的对政府工作的批评、意见和建议,向有关责任单位交办和转办群众来电反映的问题,并督促检查办理情况"。自 20 世纪 80 年代末以来,W 镇所在的 H 市各委、办、局针对本领域的问题就开始设立各种热线,如社保(12333)、城管(包括 12319、96310)、交通运输(12328)、市场监管(包括 12315、12331、96311 和 96317)等,最多的时候数量达到 50 多条热线。1988 年 H 市正式设立市长专线电话,是全国最早设立市长电话的城市之一。此后,为了照顾聋哑居民的需求,同时还开通了 12345 市长信箱和短信服务平台。但是,在很长的一段时间里,12345 热线与其他各部门热线并存。

2. 新技术与政务热线的融合

从 2015 年开始,为了让居民更加便利地与政府沟通、反映诉求和快速响应,H 市开始对原有分散的政务热线进行全面整合,除了 110、119 和 120 等紧急类热线外,其他非紧急热线被分批整合到 12345 政务热线,同时微信、政务 App、邮件、短信等政务咨询、投诉举报渠道也被整合到统一的 12345 政务平台,真正实现"一号通达",实现了政务热线综合管理平台

的"全媒体、全覆盖、全天候"(如图5-4所示)。通过统一的钉钉手机App平台,打开投诉窗口,可以随时随地地输入诉求,上传照片。同时,H市上线了专门的微信公众号,具有与12345后台联通的投诉通道,并能够实时查看诉求办理进展。随着基层信息化平台的建设不断推进,尤其是"最多跑一次"改革在基层的全面推进,基于钉钉技术的政务App功能越来越先进和智能,基层民众只要下载全省统一推行的政务钉钉App,或者进入H市微信公众号,就能够即时性地、零成本地反映诉求,极大地便利了基层民众。而后台人工座席规模也全面扩容,达到260多席,工作人员达400余名,7×24全天候服务。为了提高工作效率,近年来,大数据和人工智能也越来越充分地被运用起来。用户拨打电话后,不用选择业务名称,由机器人接待,基于AI语义理解和意图捕捉的智能技术能够判断用户意图,并自动匹配知识库内容,适时转切人工座席,完全破除了以往电话投诉中存在的知识鸿沟、信息技术鸿沟,任何人在任何时间可以毫无障碍地与12345政务热线受理中心建立联系。

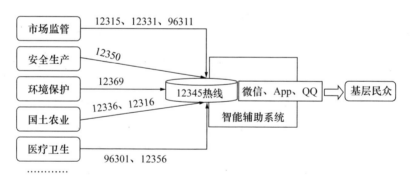

图5-4 热线整合与新技术在基层的嵌入

3. 新技术下基层政府面临的新压力

新技术不断在基层嵌入的同时,相应严格的自上而下的考核机制也建立起来了,12345政务热线受理中心每年年终将对各单位办理交办事项的情况进行考核评比,要求及时办结,结果将同机关岗位目标责任制考核挂钩。与此同时,依托于先进的技术平台,H市12345政务热线受理中心对基层政府的考核更加精细化、精准化。按照H市《12345政务热线服务规范》,承办单位必须依照紧急程度在 1 到 7 个工作日内限时办结,并在办理时限内将办理结果同时反馈给当事人和 12345 政务热线受理中心,反馈内容包括反映是否属实、调查核实的过程和结果、明确处理意见及具体的处理时限(有法定依据的,标注名称和法定时限)、无权管辖的,需写明转交单位建议以及反馈人、时间及反映人满意程度等。从理论上来说,政务热线交办下来的每一件事情,W 镇都需要去核实、处理和提交材料上报到系统,这对于人手本来就捉襟见肘的综治办来说压力可想而知。同时,当年要求交办事项的办结率要达到 98% 以上,群众满意率要达到 80% 以上。所有这些内容都会纳入到考核体系之中,12345 政务热线受理中心每年都会对各县市进行满意度和办结率等方面的考核。因此,对于 W 镇来说,真正的压力还不在于政务热线考核本身,而是这一考核与 W 镇的综合考核嵌套在一起。也就是说,政务热线这一条线的考核结果直接影响到 W 镇其他方面的考核评价,用综治办主任的话就是:

> 12345 那边来电反映的问题,要转接到各自的管辖政府,不管是来自哪条业务线,我们都要处理,能解决的就要解决掉,解决完了之后形成材料,反馈到 12345。包括处理、总结、反馈,整个流程非常复杂,所以压力很大。同时,上面的考核非常细致,比如考核指标必须达到多少,排名才能相对靠前一些。如果这个排名不靠前,我们各条业务线就不靠前,整个 W 镇甚至县的考核就靠不了前,相关的奖励、荣誉、评奖评优都会受到影响。(访谈对象:W 镇综治办主任,访谈编号:WS11040107)。

从基层民众的角度来说,政务热线无疑给其诉求表达带来了前所未有的便利,这对 W 镇的上访格局产生了重要的影响。W 镇由于所辖面积比较大,地处偏远,交通不便,在过去,居民上访往往需要付出较高的时间和人力成本,只有为数不多的人才会"跋山涉水"到镇里来反映问题。根据 W 镇综治办记录的 2015 年上半年"到访"情况,半年里一共只有 13 人次来访,除去 1 人次来自近距离的集镇社区外,其他的都是来自下面较为偏远的行政村。也就是说,W 镇综治办平均每个月接待的来自行政村的来访量只有两次。进一步分析这些来访记录可以看出，这些上访要么是涉及比较激烈的肢体冲突，要么是涉及金额比较大的赔偿纠纷，要么是涉及一些"老大难"的历史问题。而随着新的信息化技术在基层的日益渗透和居民信息化水平的不断提升，哪怕是最边远山区的村民随时随地都可以拨打电话反映诉求，因此W镇政府面临着越来越大的压力。

三、新技术压力下基层政府的行动策略

进入2015年，W镇面临的治理压力明显增大，那一年W镇的投诉量排在全县所有乡镇中的第一位，达到新峰值，其中大部分来自新技术平台。由于第二年H市将举办一个重大的国际会议，来自上面的考核更加严格，包括来自政法、信访、公安、检察等各种条线。就投诉这方面，不但考核拨打12345的电话量，还要考核满意度和办结及时性等，W镇政府面临巨大压力。W镇综治办主任就曾因为应对新技术带来的压力，拨打12345热线投诉，质问对方为什么一股脑儿地把所有事情都转到基层，使得基层疲于应付。为了应对这种压力，2016年年初，在综治办的推动下，W镇政府决定模仿12345政务热线，在社会矛盾纠纷调处中心设立了一个专门针对本镇居民的民情专项电话——镇级的"政务热线"，专门受理本镇居民的电话上访。为了便于居民记住和拨打，特意把电话的后四位设定为"1890"（当地方言"一拨就灵"的谐音）。设立镇级民情热线的初衷就是最大限度地减少W镇居民拨打市级12345政务热线的数量。按照12345的运行逻辑，基于"属地管理、分级负责"的基本原则，所有来自W镇的12345投诉电话，责任最终还是落到W镇政府，而且还会增加对W镇考核的压力，设立镇级民情热线就是试图从一开始把问题留在当地。

> 上面要求村民通过新热线投诉的次数要越来越少，同时还要求村民满意度要高，还有回访调查，最后所有的事情还是都会落到我们这边。于是我们决定模仿12345，开设镇上的投诉电话，这样其实也算是筛选掉了一部分，也是因为2015年这个情况（信访高峰），所以我们不得不多管齐下、多途径去想办法。（访谈对象：W镇综治办主任，访谈编号：WS11040107）

W镇民情热线设定的受理范围主要包括三类：纠纷调处、政策咨询和监督监察，其受理范围几乎涵盖了市级12345政务热线受理的所有事项范围。实际上，这三种类型是一种非常笼统的表述，从最广泛的意义上来说，基层几乎所有的事务都纳入进来了，市级政务热线明确列出了不予受理的6种事项类型，W镇民情热线则对此只字不提。这种模糊性的范围设定实际上就是试图营造出镇级民情热线无所不包的形象，提升民众对其的期待。镇级民情热线由W镇社会矛盾纠纷调处中心专人负责接听，并登记在案，电话接听时间设定为早上8:30到下午4:30。为了促进本地居民尽量减少拨打市级12345政务热线而积极拨打本地民情热线，W镇政府有意识地采用了一系列策略：

1. "自家人"的情感建构

在中国人的情感世界中，"自己人"或"自家人"的概念一般有"信得过""靠得住""放心""过心"等信任或被信任的含义，而"外人"的含义则刚好相反。[①] 为了构建这种信任关系，从一开始，W镇民情热线就被贴上了"自家人"的热线的标签。W镇政府有意识地把这种"自家人"的热线与"别人家"的市级政务热线区别开来。民情热线设立后，W镇政府就印制了大量的宣传资料，制作了5000多张"民情热线卡"，要求各村社发放到每家每户，并在各村社党群服务中心公开栏和显眼的位置张贴。同时，还制作了专门的红色条幅，悬挂在各村社主要场所，上面最醒目的宣传语就是"W镇人自己的热线"。与此同时，W镇政府领导在各种会议上抓住各种机会不断强调"自家人"的热线更加可靠，通过镇村干部口耳相传，多管齐下引导群众拨打本地热线。

> 我们将××××1890这个号码贴在这个板子上面，到处张贴，告诉大家，这是我们自己的热线。领导在开会的时候，大会小会都在引导大家——"打自己的热线啊"。这样所有的矛盾就留在了乡镇这一块，在乡镇内部解决。（访谈对象：W镇"矛调中心"成员，访谈编码：WS11051103）

---

① 杨宜音：《"自己人"：信任建构过程的个案研究》，载《社会学研究》1999年第2期。

2. "家门口"的效率塑造

为了鼓励本地居民选择镇级民情热线而不是市级政务热线,W镇政府不遗余力地塑造本地民情热线比市级政务热线更加高效、便捷的形象。尽管镇级民情热线只在上班时间才能受理,但是W镇政府不断强调"家门口"的便利性和效率优势,强调只要居民拨打了镇级民情热线,镇政府承诺第一时间按照事项的类型交办相关人员处理:政策咨询类的事项第一时间交业务条线干部处理;监督检举类事项第一时间交镇纪委成员处理;咨询类即刻回复,疑难纠纷两个工作日到达现场调处。尤其值得强调的是,为了凸显这种"家门口"的效率优势,针对纠纷类的事项,W镇政府还在每村社选拔1名具有较高权威的民间"仲规侬"(当地方言"中间人"的意思)组成专门的和事佬调解队伍,镇级民情热线接到纠纷类的事项将第一时间指派本村的"仲规侬"和事佬现场进行先期处置和调解,防止出现小事变大、激化矛盾,使老百姓在自己的家门口就能切切实实地享受到"上门服务",不用担心发生事情无人管,更不用一路奔波到镇政府寻求帮助。另外,W镇政府强调市级12345政务热线需要层层交办,最终还是需要落到本级镇政府头上,由其处理、指派,费时费力。

3. 选择性的行为激励

W镇政府还制定了相关的激励机制以推动本地居民拨打自己的热线。W镇政府针对各村社制定了较为详细的考核标准,本村社居民拨打市级政务热线的数量被列入本村综合考核的依据,并依照拨打的数量设定了相应的物质惩罚标准。根据《2019年度W镇综治平安创建工作考核办法》,W镇政府年终会进行"平安村"的评比活动,无拨打政务热线、无上访记录的村社,将获得"无访村"荣誉,并奖励1.2万元,连续获得"无访村"的每年递增3000元,和前一年相比拨打量下降10%的村奖励1000元,同比下降20%的村奖励2000元,同比下降30%的村奖励3000元,同比下降40%的村奖励4000元,同比下降50%以上的村奖励6000元,考核奖金直接发放给村社主任(书记)。对于"仲规侬"和网格员及时发现矛盾,成功化解纠纷,使居民没有选择拨打政务热线上访的,依据矛盾复杂程度分别给予每件30—100元的奖励。而各村社居民拨打镇级民情热线的行为得到鼓励,拨打镇级民情热线的电话投诉不计入本村社的投诉考核量,不作为处罚的依据。这种选择性的物质激励手段对各村社的行为无疑具有强烈的引导作用。

四、被绕过的行动者:并不成功的行动策略

W 镇政府设立镇级民情热线以最大限度地减少本地居民拨打市级政务热线的策略,实际上是新技术背景下面对新的信访压力的一种技术性的应对策略。从实际效果来看,自 2016 年 W 镇设立镇级民情热线以来,这一热线确实在一定程度上成为当地居民与政府沟通、反映诉求和寻求帮助的重要渠道之一。尤其是在 2016 年当年,W 镇居民拨打镇级民情热线的热情总体比较高,全年拨打量为 289 人次,其中涉及纠纷调处、政策咨询和监督监察的数量分别为 171、103 和 14 人次,与此同时,村民通过新的技术平台求助于市级 12345 政务热线的数量大幅下降,W 镇政府接受来自12345 政务热线受理中心和上级信访机构交办的案件量较 2015 年减少了一半,下降幅度在全县所有乡镇中名列第一,较好地实现了当初设立镇级民情热线的目标,大大缓解了 W 镇政府的压力。然而,到了 2017 年,镇级民情热线的拨打量就出现了明显的下降,与此同时基层民众拨打 12345 政务热线的投诉量出现了明显的反弹。如图 5-5 所示,2017 年镇级民情热线的拨打数下降到了 121 次,虽然 2018 年有所反弹,但是 2019 年、2020 年快速下降到了 101、67 人次。与此形成鲜明对比的是,W 镇居民拨打 12345政务热线的数量在 2017 年以后开始反弹,尤其是到了 2019 年和 2020 年,数据基本与镇民情热线设立之前的水平接近。

也就是说,到了 2020 年左右,作为"自家人"的热线并没有得到大部分民众的认可,大多数人选择绕开"自家人"的热线而依然选择 12345 政务热线反映诉求。实际上,进入 2020 年以来,原来被寄予厚望的镇级民情热线基本上处于半闲置状态,在很大程度上已经成为一个摆设,不管大事小事,民众依然习惯性地拨打 12345 政务热线,到 2022 年镇级民情热线几乎被遗忘了。2018 年以后,曾经作为"自家人"的热线的重要支撑的"仲规依"队伍也逐渐被弱化,最终被整合进入网格员队伍,与民情热线的关系渐行

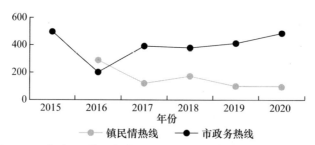

图 5-5　近年来 W 镇民众拨打政务热线和镇民情热线的情况对比

渐远。之所以产生这样的结果,主要有两方面的原因:

一是资源的困境。与 12345 政务热线得到市政府强有力的资源投入、具有强大的技术平台支撑、24 小时全天候在线服务不同,W 镇民情热线虽然名义上设在镇"矛调中心",但是电话的接听和处理主要落在镇综治办身上,由于人手有限(综治办包括主任在内一共只有 6 个人),"接线员"都是承担着繁重事务的人员"兼任",并且只能在上班时间接听电话,很难做到及时接听,及时回复。尤其是对于一些咨询类的电话,由于缺乏专业的人员,对一些较为专业的问题往往难以作出有效的解释。

二是权威的困境。在压力型体制中,民众需求一般要传达到更高权威的上级才会被重视,只有引起上级重视才能得到下级更加积极和有效的回应。① 在 W 镇综治办主任看来,之所以产生上述结果,更重要的原因是基层民众对基层政府的不信任,在基层民众的眼中,缺乏上级权威的关注和压力,难以引起基层政府的重视。因此,绕开"自家人"的热线,直接与上级权威建立联系,似乎更能够迫使基层政府重视并有效解决问题。W 镇综治办主任无奈地表示:

> 大家都知道这是镇上的电话,觉得没用,比如我们镇上的接线员,接到好几个电话,来电第一句就问:"你是镇里的还是市里的?"一听我们是镇上的,立刻就挂断了电话。大家都觉得打电话到市里,事情能够得到重视,会解决得更加顺利。村民总觉得上面压下

---

① 文宏、黄之玦:《网络反腐事件中的政府回应及其影响因素——基于 170 个网络反腐案例的实证分析》,载《公共管理学报》2016 年第 1 期。

来我们就会处理得比较认真。(访谈对象:W镇综治办主任,访谈编码:WS11051313)。

第四节
技术增负:新技术下基层行动者空间困境反思

基层政府设立自身的民情热线,从根本上来说,是在新的技术环境下,作为行动者的基层政府突破新技术带来的压力和负担的一种尝试。尽管从最终的结果来看并不理想,但是背后却深刻地反映了基层政府在新的技术环境下所面临的行动空间困境。纵观整个案例,可以发现,在新技术运行过程中,基层政府作为行动者的自主行动空间被大大压缩,不均衡的行动者结构使得基层政府面临着新技术带来的多重围困而越来越陷入被动的情境之中,技术的行动者结构为我们探讨背后的原因提供了有价值的逻辑。这对于基层治理体系和治理能力现代化到底意味着什么值得深入思考。

一、新技术运用中的基层政府行动空间困境

从行动者结构逻辑出发,基于不同的权力和利益,我们可以把基层治理中的核心行动者大致区分为上级政府、基层政府与基层民众。在原有的技术条件下,受到属地化管理和逐级上访原则的约束,三者之间总体上形成了一种相对均衡的行动者结构。上级政府具有正式权威和剩余控制权优势,拥有财权、人事权及择机介入权等主动权,同时还拥有对下级的考核评估、追责等权力。[1] 基层民众有充分的权利,基于自身的诉求,具有启动投诉的主动权和对基层政府的监督权优势。在这种传统的治理格局下,尽管面临着自上而下和自下而上的双重压力,但是在属地管理、分级负责的原则下,基层政府往往成为基层民众和上级政府之间难以逾越的"节点"。

---
[1] 郑永君:《属地责任制下的谋利型上访:生成机制与治理逻辑》,载《公共管理学报》2019年第2期。

正是这种"节点"性地位,使基层政府往往可以有效地介入到二者之间的行动过程。依照逐级投诉原则,投诉人反映问题应该从本级或上一级机关开始,而不能越级。这种原则对投诉人的行为产生一定的约束,从而规范了信访秩序。[①] 属地责任更多的是一种目标和结果导向,尽管很多时候,上级政府对基层政府的目标责任非常严厉,但是这种目标责任导向强调的是结果的强约束力,相对来说缺乏对过程和手段的约束,所以,实际上赋予了基层政府在行为方式上非常大的自主性行动空间。[②] 尽管各级政府通过层层签订责任制的方式督促基层政府"将问题解决在基层",但对于到底采取怎样的方式达成这一目标,并没有作出明确的规定。正因为如此,基层政府通常可以根据具体情境采取各种措施、调动各种资源加以应对[③],能够从"策略工具箱"中灵活调动各种手段和策略来解决基层治理中的问题。[④] 因此,基层政府在这种相对均衡的结构中保持着较大的行动空间和能力。

然而,随着越来越智能化的新技术嵌入,基层政府的这种相对弹性化的行动空间被明显挤压,相对均衡的行动者结构被逐渐打破,产生越来越明显的失衡状况,在新技术的运用过程中,基层政府在原有结构的"节点"地位逐渐被消解:

首先,技术实现了上级政府主导下的自我扩权。由于技术是上级政府主导下嵌入的,满足了上级政府对技术目标的期待。新技术的嵌入在很大程度上实现了对上级政府的"赋权"和"扩权",政务热线大大强化了上级政府对基层政府行动能力的约束,使得原有的压力型体制的运行逻辑更加强化,原有的体系以更加精细化的方式来维持[⑤],在实现治理精准性的同时

---

① 田先红:《人民政治——基层信访治理的演绎与阐释》,中国社会科学出版社 2017 年版,第 129—130 页。
② 王汉生、王一鸽:《目标管理责任制:农村基层政权的实践逻辑》,载《社会学研究》2009 年第 2 期。
③ 陈柏峰:《农民上访的分类治理研究》,载《政治学研究》2012 年第 1 期。
④ 王军洋:《防患未然:改革开放以来预控型综治策略的兴起——基于对 315 份中央文件的分析》,载《社会科学》2019 年第 4 期。
⑤ 易臻真:《城市社区治理的内卷化危机及其化解——以上海市 J 街道基层治理实践为例》,载《人口与社会》2016 年第 1 期。

引发权力扩张等负面后果①。技术使得操作者可以更加轻松地基于自身的意志进行运作,或放大或缩小、或拉近或拉远,按照一种权力愿望将他自己的构成规范施加于他的对象。新的技术为上级政府随时随地切入基层治理过程提供了各种可能,打破了行政组织纵向层级壁垒,推动组织结构向扁平化方向发展。

其次,以"权利"为中心的技术运用导向实现了对基层民众的"赋能"。从一开始新的技术就被市级政府设定为为民"赋能"的目标和导向,新的技术大大强化了基层民众的行动能力。新的技术移除了过去约束基层民众向上投诉过程中的地理、时间和物质障碍,基层民众可以随时随地投诉,也可以基于自身意愿和目的,灵活主动地采取各种策略。新技术的高度透明性和实时性打破了上下级信息资源的不对称,使得上级政府与基层民众的互动沟通和全息传播得以实现。

最后,对此产生强烈对比的是,基层政府在技术运用中很大程度上被设定为技术的执行者和上级的监督对象,在技术的运作中,基层政府的行动能力进一步被削弱,变得越来越被动。原本能够根据具体的治理情境进行自主裁量的基层官僚成为技术流水线上被动的、机械的执行者。②新的技术在强化上级政府和基层民众行动能力的同时,也在很大程度上挤压了基层政府的自主行动空间,制约了基层政府的自我行动能力。更加重要的是,新的技术能够使上级政府和基层民众切入到基层政府行为的内部过程,强化了对其科层内部考核逻辑,作为核心行动者的基层政府在这种结构中陷入越来越被动的角色。图5-6对新技术嵌入前后的基层治理中的行动者结构关系进行了简单的对比。

---

① 韩志明:《在模糊与清晰之间——国家治理的信息逻辑》,载《中国行政管理》2017年第3期。
② M. Bovens & S. Zouridis, From Street-Level to System-Level Bureaucracies: How Information and Communication Technology Is Transforming Administrative Discretion and Constitutional Control, *Public Administration Review*, Vol. 62, No. 2, 2002, pp. 174-184.

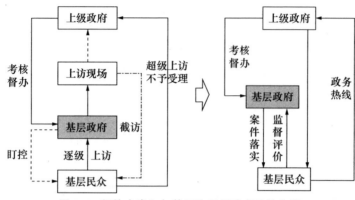

图 5-6　新技术嵌入与基层治理行动者结构失衡

二、新技术运行对基层政府的增负机制

在这种失衡的行动者结构中,基层政府在新的技术环境下面临着越来越明显的自上而下和自下而上的双重负担与压力,这种新的技术并没有真正实现对基层政府的赋权和赋能,反而在很大程度上对其产生了新的增负效应,主要体现在三个方面:

一是自上而下的责任跟随机制。新的技术对基层政府的治理过程产生了明显的围困,使其面临越来越大的来自上级政府的压力。与此同时,上级政府逐渐从过去的结果导向向过程导向转变,对基层政府的直接管理被强化①,新的技术能够使上级政府的这种过程管理和直接管理更加高效和简单。新的技术平台由市级政府直接领导,与各个业务部门全面对接,在日益智能化的大数据平台支撑下,基层政府整个治理的过程都被纳入监督体系,从"工单"被转到基层政府的那一刻开始,也就意味着相应的监督相伴相随,信息系统把工作的每一个步骤和环节都简化为可视化的痕迹和可量化的工作信息,从而把责任嵌入基层治理工作的具体环节和程序,使得痕迹管理变得更加轻松和直接,实现对基层政府治理工作的事前、事中

---

① 桂华:《乡村治理中的体制性空转——基层形式主义的成因与破解》,载《吉首大学学报(社会科学版)》2022 年第 2 期。

和事后的全过程监督,形成可复原、可追踪的全过程问责。

二是横向压力无缝隙的聚集机制。通达所有部门条线、覆盖全业务领域的智能化技术平台在很大程度上使得过去部门分割的"深井"被打破,"全科受理、全网服务、受办一体"的技术运行模式使得来自不同部门的要求第一时间传递到基层政府,来自"上面千条线"的压力能够更加迅速有效地聚集到基层政府这"一根针"上。与此同时,在大数据的支持下,不同的主体被更加有效地纳入监督体系,实现针对基层政府的工作多主体、多角度、全景式的监督。

> 责任部门要回访,我们中心也要回访。县市区也是一样,我们要求县市区的中心去回访,我们去抽查。省统一的平台,数据上是同步的,所以各部门实时对接。我们中心主要是对信访人做一个回访,如果他不满意,我们还要做进一步的理性分析、考察。(访谈对象:12345政务热线受理中心主任,访谈编号:H20201129)

三是自下而上的跨层级的诉求传递机制。信息技术模糊了物理和组织的界限,从而导致一种新形式的沟通①,其高度透明性和实时性打破了上下级信息资源的不对称,使得上级政府与基层民众的互动沟通和全息传播得以实现,新技术使得基层民众可以轻松地跳过基层政府,把"矛盾"直接交给市级政府。这在很大程度上打破了过去逐级投诉的原则,使得基层政府失去了有效介入基层民众上访过程、避免"矛盾上交"的机会。与此同时,政务热线本身内含着民众权利的全面彰显,民众的权利被置于中心地位,强调民众诉求"事事有回音、件件有落实",民众诉求必须在规定的期限内得到回应和解决,形成了针对民众诉求按期受理率、按期办结率、回访核实率和群众满意率四位一体的业绩考核机制。便利的政务热线使得基层民众诉求被无限激活,个人权利极大扩张②,在信息技术跨层级传导机制的作用下,对基层政府无疑意味着更大的治理压力。

---

① O. Brafman & R. A. Beckstom, *The Starfish and the Spider*: *The Unstoppable Power of Leaderless Organizations*, Portfolio, 2006, pp. 317-318.
② 雷望红:《被围困的社会:国家基层治理中主体互动与服务异化——来自江苏省N市L区12345政府热线的乡村实践经验》,载《公共管理学报》2018年第2期。

三种围困机制相辅相成,精准化的责任跟随机制和跨部门的压力聚集机制源于基层民众跨层级的诉求传递机制,W镇设立民情热线是试图通过技术的手段切断基层民众的诉求跨层级传导,从而化解可能的问责和压力聚集。

三、被围困的行动者与基层信访治理现代化的困境

W镇在新技术产生的围困效应下设立自身的民情热线以化解日益先进的技术带来的治理压力并最终失败,背后透视着新技术运行环境下基层治理转型的某种困境。毫无疑问,新的技术使得基层政府通过原有的"硬控制"和"软控制"手段来达到"不出事"的结果已经越来越行不通,倒逼基层政府必须主动适应新的技术环境,把精力放在更好地为民众解决问题、从源头上消除矛盾上来,更加关切民众诉求,并有效地解决,防止"矛盾出村""小事变大事"。W镇设立民情热线与过去基层政府采取的策略性的刚性或权宜性的应对行为相比较,无疑是一种进步,从这一角度来说,政务热线的嵌入对于基层政府治理行为的转型具有积极的意义。但是,对于我国未来基层治理的创新和信访治理能力的现代化来说,政务热线导致的这种围困效应可能意味着新的困境:

首先,可能进一步导致基层治理的"上层化"。基层治理的未来目标应该是让基层矛盾通过内部社会自我治理机制消解,让基层社会的自主力量在化解矛盾冲突中充分发挥基础性作用,让乡村社会的问题尽量在社会内部解决,而不是一有问题就首先成为上级政府直接面对的问题。① 但是,由于现有的技术运行过程强化了上级政府和基层民众的行动能力,直接联通了两个重要的行动主体,使得基层矛盾直达上层变得更加轻松,无疑进一步弱化了基层社会的自我治理能力。

其次,可能进一步强化基层治理模式的"反应性"。所谓反应性治理指的是基层政府在矛盾发生后,在外部干预和刺激下被动地从事治理活动的

---

① 赵树凯:《乡镇治理与政府制度化》,商务印书馆2010年版,第315—316页。

一种行为模式①,也就是一种事后治理模式。从我国未来治理能力现代化的目标来说,不断强化基层政府在治理中的能动性、主动性,强化基层政府的核心行动者角色,通过权力下沉、资源下沉强化基层政府化解基层矛盾的能动性,主动地查找民众的心理需求和利益诉求,在社会矛盾还处于萌芽状态就通过对话、沟通疏导、民主协商及时予以化解。② 但是,现有政务热线的运行模式使得基层政府在很大程度上失去了在矛盾处于萌芽状态下提前介入的空间和机会,基层民众往往第一时间选择把矛盾"上交",基层政府更多的时候是被动地应对来自上级政府交办的"工单"。在12345技术手段的压力下基层政府产生了角色的过度倾斜,必然导致治理困境的深化与创新性的丧失。③

最后,可能进一步强化基层治理结构的单一中心化,从而使得基层政府治理行为的转型困难重重。基层治理能力的现代化必然建立在共建共治共享的现代治理体系建设的基础之上,要求建立一种多元参与、包容性的矛盾化解机制和社会民主过程,建构国家与社会、政府与公民的理性和谐互动关系。其中,基层政府作为重要的行动者与治理主体能够有效地参与到网络化的多中心合作与协商的治理体系之中。但是,现有政务热线的运作过程弱化了基层政府创建这种治理结构的动机与能力,强化了压力型体制的运行逻辑,强化了基层治理中的单轨政治结构。W镇设立民情热线之所以会失败,是因为从一开始这种创新的努力就被技术所强化的压力型体制所包裹,基层政府在很大程度上只能是以被动的行动者的面貌出现。

四、结论与讨论

强调技术的运用,并不一定意味着走向"技术型治理",技术超过一定

---

① 周义程:《反应性政治的概念与逻辑》,载《苏州大学学报(哲学社会科学版)》2014年第5期。
② 余敏江:《从反应性政治到能动性政治——地方政府维稳模式的逻辑演进》,载《苏州大学学报(哲学社会科学版)》2014年第4期。
③ 陈锋、宋佳琳:《技术引入基层与社区治理逻辑的重塑——基于A市12345政府服务热线的案例分析》,载《学习与实践》2021年第4期。

的强度可能产生负面作用。① 政务热线在基层的运行模式在有效提升政府的回应能力和服务能力的同时,也在很大程度上改变了基层治理的过程和形式,对基层政府产生了新的压力和困境,这个需要引起应有的关注。本章以 H 市 W 镇政府设立镇级民情热线的案例为分析对象,呈现了新技术运行模式下上级政府和基层民众对基层政府产生的围困效应,基层政府如何试图通过设立自身的民情热线来突破这种困境,以及最后失败的过程。案例背后反映的是新技术运行模式对于基层治理转型的悖论:一方面,新的技术环境倒逼着基层政府改变过去刚性化和带有侥幸心理的"策略主义"行为,让基层政府更加关切基层民众的现实诉求,从源头化解矛盾,使得基层治理行为模式向现代治理转型,以便更加主动地融入基层社会的诉求和社会网络;但另一方面,技术的这种渗透又反过来使得基层政府这一基层治理中的核心行动者被围困,面对治理压力基层政府可以采取的应对策略越来越有限,自主行动空间被进一步挤压,从而使得面向治理体系和治理能力现代化的基层治理转型困难重重。W 镇的案例对于当前我国基层治理信息化中深层次的问题提供了有价值的启示。当前,信息化在基层治理中的应用不断被强调,但是在我国特殊的体制逻辑中,新的技术到底应该以怎样的方式在基层有效运行从而真正实现基层治理体系和治理能力现代化,是一个需要深入研究的问题。

突破这种悖论,关键在于改变仅仅基于上层政府目标的自上而下的行政化的技术运行方式,从多元行动者的治理需求出发构建技术应用中的合作性网络。现有的技术嵌入方式更多从上级部门自身的目标和视角出发,让技术充当行政部门"耳目"②,而忽略了基层行动者的利益和需求。从行动者结构的框架来说,需要正视基层政府在基层治理信息化技术运用中作为一个具有自身利益诉求和主体权能的核心行动者角色,而不是治理压力的被动承载者角色,并把这种行动者的诉求纳入到技术运用的框架之中。基于此,需要从基层治理的内生性需求出发,通过技术激发基层治理多元

---

① 肖唐镖:《技术型治理转向的中国实践》,载《公共管理与政策评论》2021 年第 5 期。
② 吴晓林:《治权统合、服务下沉与选择性参与:改革开放四十年城市社区治理的"复合结构"》,载《中国行政管理》2019 年第 7 期。

主体之间尤其是基层政府与民众之间的协商与合作,建立与现代治理理念相融合的基层治理体系。与此同时,必须打破简单的"技治主义"逻辑,建立技术—制度相互作用的动态反应链,将信息技术的应用与治理结构和制度演进相融合,将技术作为提供更高效、更有效的政府服务的手段,扩展到促进转变政府职能和完善治理机制的手段。[①] 对于未来基层治理来说,政务热线在实现对上级政府和基层民众赋权的同时,如何实现对基层政府的赋权,尤其是如何实现基层政府与基层民众基于新技术的合作和共建共治共享体系的形成是一个需要解决的核心问题。

---

① G. Grant & D. Chau, Developing a Generic Framework for E-Government, *Journal of Global Information Management*, Vol. 13, No. 1, 2005, pp. 1-30.

第六章

为形式所累：基层常规任务中的新技术负能

在所有的新技术负担中,基层政府的电子形式主义无疑最引人注目,也是当前基层政府新技术负担中最直观的表现,全面整治形式主义是为基层政府减负的重要切入口。① 各种信息化平台、政务 App 和智能化终端在基层得到了越来越广泛的运用,有效地提升了基层政府为民服务的效能。然而,同样不可忽略的是,基层治理数字化应用中衍生出大量的"指尖上的形式主义"②,新的技术沦为填表、晒图片的留痕工具。③ 习近平总书记曾明确指出移动互联网应用程序发展中出现的形式主义问题和症结,要求切实为基层减负。④ 2019 年,中共中央办公厅印发了《关于解决形式主义突出问题为基层减负的通知》,其中特别提到了基层中利用微信工作群、政务 App 等新信息工具上传工作场景截图或录制视频来代替对实际工作评价的电子形式主义问题。2021 年,中央层面整治形式主义为基层减负专项工作机制办公室印发了《关于进一步规范移动互联网应用程序整治指尖上的形式主义的通知》,把整治基层数字形式主义作为专项治理工作。然而,基层数字形式主义依然存在。2023 年 12 月,中央网络安全和信息化委员会印发了《关于防治"指尖上的形式主义"的若干意见》,持续推进电子形式主义的整治。在基层的日常工作中,形式主义一定程度上成了基层干部工作中的一种常态⑤,信息化工具在不少地方成为基层干部压力的新来源,

---

① 余功斌:《全面整治形式主义为基层减负》,载《学习时报》2021 年 9 月 20 日第 2 版。
② 赵玉林、任莹、周悦:《指尖上的形式主义:压力型体制下的基层数字治理——基于 30 个案例的经验分析》,载《电子政务》2020 年第 3 期。
③ 周少来:《电子官僚主义产生的组织逻辑》,载《国家治理》2022 年第 1 期。
④ 孙少龙、王琦、高蕾:《除"指尖"之苦 减基层之负——各地区各部门扎实开展整治"指尖上的形式主义"工作综述》,载《人民日报》2021 年 6 月 21 日第 1 版。
⑤ 刘政洪:《指尖上的形式主义当休矣》,载《人民论坛》2019 年第 30 期。

产生了值得关注的技术增负效应。被认为是现代治理效能"化身"的信息技术在基层的运用,为什么会催生与实际绩效背道而驰的形式主义?背后的逻辑到底是什么?

第一节
基层日常工作中的电子形式主义及其表现

从马克思主义辩证法的角度来说,形式和内容是辩证的统一,是任何事物两个不可分割的方面,内容决定形式,形式服从内容,不存在无形式的内容,任何内容都必然通过具体的形式表现出来,也不存在无内容的形式。形式必须与内容相适应,真实、客观地呈现内容,当过度强调外在的形式而脱离内容或者歪曲真实内容,只注重结果的工具价值,而忽略结果的实质价值,将过程、工具、形式的运用等同于管理本身,也就是为了工具而工具、为了形式而形式之时,就会导致所谓的形式主义,或者管理上的形式主义。① 电子形式主义则是一种随着信息技术的发展而出现的新的形式主义。

一、电子形式主义

"形式主义"一词一开始出现于艺术领域,意为对形式而非内容的注重,即片面强调艺术的表现形式,而不深究其真正的"内容本质"。② 但"形式主义"在政治领域却具有另一深层次的内涵。《辞海》中将"形式主义"的概念解释为一种重形式而轻内容的形而上学的观点、方法与作风。虽然"形式主义"与"形式"之间两字仅有一步之遥,但如果将追求形式作为行动的目标,而不去关注内容本质的初衷与真实性,就会诱发一系列不讲究实际效果的庸俗作风。③ 形式主义在政府治理过程中的出现,增加了行政成

---

① 于健慧:《"形式主义管理":本质、危害与治理路径》,载《江淮论坛》2021年第6期。
② 曹意强:《图像与语言的转向——后形式主义、图像学与符号学》,载《新美术》2005年第3期。
③ 陈朋:《形式主义的多重诱因及其治理之道》,载《理论探讨》2020年第1期。

本,也损害了群众利益。然而值得注意的是,在实际运作中,并不是一切的文件、检查等活动都是形式主义,我们真正需要消除的是一种多余的、低级的、过分强调形式而忽视实际效果的工作方法、思想和作风。[1] 例如,政府工作人员背离工作初衷,将更多的时间精力,以及将仅有的不多的行政资源,浪费在无意义的形式上,以实现自己的目标与私利。[2] 形式主义随着政治和经济社会的发展不断衍生出新的类型和表现,电子形式主义就是在信息技术的新背景下衍生的一种新型形式主义。

所谓电子形式主义,顾名思义,就是以新的电子信息技术的名义所表现出来的形式主义。即披着电子信息技术的形式"外衣",各种无助于提升治理效能和质量的技术创新和运用,典型的特征就是只在乎外在的技术表现形式,而忽视内在的实际绩效。近年来,基层电子形式主义为越来越多的学者所关注,诸如"电子官僚主义""电子留痕主义""指尖形式主义"等词汇,其实都可以视为电子形式主义的代名词,只不过不同的学者所强调的侧重点有所不同。从形式与内容的关系来说,信息技术的"内容"蕴含参与、协同、互动、共享和效率等现代治理所倡导的理念和逻辑,从根本上来说,衡量新技术价值的标准是治理的效能和质量。而"形式"则是新技术的外化方式,就是所表现出来的手段、方法和直观的、被人所感知的样态。当信息化的形式背离了这种实质的目标,而沦为一种形式化的工具,就可以被认为是电子形式主义。

电子形式主义脱胎但又有别于传统形式主义,电子形式主义是传统形式主义的"新变种",但本质上是一样的,电子形式主义只不过是披着"智能马甲"的形式主义,实质其实与形式主义、官僚主义是高度耦合的,是政务电子化在政府治理实践过程中的异化衍生[3],亦是电子政务实践中"技术

---

[1] 周振超、张金城:《职责同构下的层层加码——形式主义长期存在的一个解释框架》,载《理论探讨》2018年第4期。
[2] 马跃:《形式主义:内涵、类型与危害》,载《理论建设》2019年第6期。
[3] 刘东:《新时代"电子形式主义"的行为逻辑、消极影响及其防治之策》,载《大连干部学刊》2021年第9期。

负能"的直接体现①。当前,这种电子形式主义存在于一些政府部门中,尤其是存在于我国基层政府治理过程中。

二、基层日常工作中的电子形式主义表现

传统形式主义与新技术背景下的电子形式主义具有很多相似的特征,电子形式主义因为披上了"智能"外套,所以其表现类型相较于传统形式主义来说往往更加具有"迷惑"性,容易被认为是新技术的应用或新技术的创新,表现形式更加多样。总体来说,在基层的日常工作中,电子形式主义的表现大致可以归纳为以下几个方面:

(一) 以痕迹替代实绩

所谓的"痕迹主义"是指基层官员为了应付上级检查,在工作过程中刻意留下"痕迹",而不在乎工作的实际效果。②"痕迹管理"本应该是一种通过文字资料、图片、视频等材料对治理中相关工作的进展、落实情况进行有效监督管理的方式,但在实践中逐渐演变成重"痕"不重"绩"、留"迹"不留"心"的"痕迹主义"。③ 如一些上级部门在检查工作和绩效考评时会把"留痕"看得格外重要,基层政府通常不得不以制作台账、编写材料等方式应付上级检查,从而形成了"从微信群里来,到微信群里去"的痕迹主义作风。④ 一些上级部门还利用电子技术,如微信定位功能和政务 App 签到等功能来作为基层干部随时在场的"证据"。⑤ 也有一些地方政府将公众号文章的阅读量和转发量、政务 App 的下载量等作为政绩考核的内容⑥,导致基层花费大量时间、精力,去宣传政务 App、公众号。基层干部事务繁杂,政

---

① 胡卫卫、陈建平、赵晓峰:《技术赋能何以变成技术负能?——"智能官僚主义"的生成及消解》,载《电子政务》2021 年第 4 期。
② 张明:《"痕迹主义"的表现、实质、危害与批判路径》,载《新疆师范大学学报(哲学社会科学版)》2019 年第 4 期。
③ 邓晶晶、刘海军:《形式主义的新变种 基层干部"痕迹主义"倾向剖析》,载《人民论坛》2019 年第 20 期。
④ 孙璐、庞昌伟:《痕迹主义的产生原因及治理策略》,载《人民论坛》2020 年第 14 期。
⑤ 耿羽:《乡村治理中形式主义的新表现及治理路径》,载《中共宁波市委党校学报》2020 年第 6 期。
⑥ 蔡娟、郁宁远:《力戒基层社会治理中的形式主义官僚主义》,载《廉政文化研究》2021 年第 4 期。

务 App 过多,学习起来比较麻烦,特别是对那些文化水平偏低的老干部来说操作难度极其大,工作精力被过度分散。① 还有一些地方政府的政务 App 平台与年终考核、评优评先以及干部提拔硬性挂钩,且没完成既定任务的也会被扣分②,甚至还会被"扣钱"。除此之外,一些工作微信群和政务办公群变成"秀场",工作人员去一个地方走访要换成特定的衣服,拍照上传至微信群,从而导致"干得好不如晒得好",工作做得好不如材料整得好。③ 因此,一些无效留痕和重复留痕的要求使得新技术所带来的工作压力要超越任务本身所赋予的目的。④ 在"痕迹管理"的理念影响下,处处要求留痕、事事比留痕,痕迹重于实务,使得很多时候基层干部将工作重心放在"如何制造更好的痕迹表象"上,不仅耗散了大量精力,大大增加了基层工作负担,还挫败了基层官员的积极性,并使他们与群众产生了距离。

(二)以在线替代在场

以线上替代线下,以形式化的在线过程替代实际工作场景中的沟通、互动,这是电子形式主义的典型表现。如一些地方会举行各种线上会议,且有时为了开会而开会,并开展各种线上学习活动,线上刷分。基层干部不得不忙于各种会议,查看各种文件,填写各种表格,接待上级各种检查等。由于信息技术的嵌入,"文山会海"现象已从线下转战线上,微信群似乎成为一些地方政府办公的主要"场所",以微信群发短信、下发文件等,使得线上文件变得非常多。⑤ 钉钉视频会议、腾讯会议等各种软件功能的开发,使得人们不用面对面就能进行会议,这使得召开线上会议的次数越来越多,有时会议并没有实质内容,甚至"以会议落实会议",通过多次线上会

---

① 《有基层干部抱怨:政务 App 太多,哪还有时间走村串户》,http://App.peopleApp.com/Api/600/DetailApi/shareArticle?type=0&article_id=2221762,2023 年 5 月 12 日访问。
② 《政务 App 在"精"不在"多"》,http://www.xndjw.gov.cn/website/contents/53/64328.html,2023 年 5 月 12 日访问。
③ 王李彬:《把基层从运营公号上解放出来,破除干得好不如晒得好》,https://www.thepaper.cn/newsDetail_forward_3428033,2023 年 5 月 12 日访问。
④ 张国磊、张新文:《行政考核、任务压力与农村基层治理减负——基于"压力—回应"的分析视角》,载《华中农业大学学报(社会科学版)》2020 年第 2 期。
⑤ 蔡娟、郁宁远:《力戒基层社会治理中的形式主义官僚主义》,载《廉政文化研究》2021 年第 4 期。

议重复叠加,来下达工作目标。① 不仅如此,会议还要求参会者电子签到进行留痕等。② 有时这类会议的召开只是关心制定了多少文件、传达了多少通知等所谓的"可见材料"③,原本工作场景中不可缺少的面对面沟通和互动过程被抽离成虚拟化的在线表格、文件传递,新技术平台成为电子表格和文件的接收工具。④ 有些行政单位在众多的微信群里转发各种文件,频繁进行"信息和任务轰炸",但对于文件有没有真正落实却并不在意。⑤

（三）以"面子"替代"里子"

为了创新而创新,为了技术而技术,追求技术创新的"面子",而忽视技术适用的"里子"同样是电子形式主义的典型表现。有些地方政府从表面上看把大部分时间和精力用在电子新应用等所谓的电子创新工程上,但其实是在搞"面子工程"。⑥ 政务与电子技术的结合本应是提高政府工作效率、为民服务和办实事的便捷手段,但在有些地方,新技术的应用却主要是为了满足上级部门的"创新"需求。例如,有一段时间,为了彰显数字化创新,响应"互联网＋政务"口号,各种政务App、微信公众号等新技术应用一哄而上,导致新技术应用的低水平重复建设问题,之后一些可用性不强的政务App长期没有内容或版本更新,与民众便利性需求和政府效率背道而驰。⑦ 一些新技术应用在功能设计、数据支撑和功能稳定性方面存在明显问题的情况下匆匆被推出,但新技术应用在推出后的实际使用效能却不被关注,使得这些应用刚推出不久就成为摆设,实用性不是很高。⑧ 由于

---

① 邓斌、龚照绮:《基层减负的治理困境及梳理——以C市Q区市场监督管理局"形式主义"整治为例》,载《重庆社会科学》2021年第9期。
② 周少来:《"电子官僚主义":一种披着"新马甲"的官僚主义》,载《党员文摘》2020年第12期。
③ 张明:《"痕迹主义"的表现、实质、危害与批判路径》,载《新疆师范大学学报(哲学社会科学版)》2019年第4期。
④ 陈新:《注意力竞争与技术执行:数字化形式主义的反思及其超越》,载《社会科学战线》2021年第8期。
⑤ 范逢春:《信息化背景下新型形式主义与官僚主义的治理之道》,载《国家治理》2020年第25期。
⑥ 杜宝贵、廉玉金:《智能官僚主义的识别与治理》,载《国家治理》2020年第25期。
⑦ 钟伟军:《"以用户为中心"视域下的政务App集约化建设分析》,载《江苏行政学院学报》2019年第4期。
⑧ 阳军:《新技术条件下形式主义、官僚主义的新表现及治理分析》,载《治理现代化研究》2021年第2期。

长期缺乏维护,导致系统经常会出现崩溃、升级、维修等情况,无法正常使用。① 在基层,一些新技术应用主要是为了满足上级对于"数字化率"的要求而存在的,如在一些地方,为了体现所谓的在线办事率,要求基层政务服务办事人员在实际完成办事事项以后,再在专门建立的系统中把办事流程重新走一遍,从而增加了基层的负担。

除上述几种形式之外,基层电子形式主义还存在其他形形色色的表现形式。2020 年,人民日报社下属的"人民智库"平台就基层的电子形式主义进行了问卷调查,对基层中存在的电子形式主义和官僚主义进行了更加细致的呈现,如电子打卡、线上摆拍、形式回应、重复性电子报表②等。

三、电子形式主义:基层政府的新负能

毫无疑问,现代形式化和技术化背后所依托的信息化技术对于提升基层治理效率有着重要的价值,现代治理体系运作和高效率治理的达成离不开必要的形式化工作,也就是说形式化的工作与形式主义不能画等号,但是,当形式化工作超越了治理需求,形式就会变成困扰治理运作的负担。③治理实践如果得不到有效的管理支撑与保障,在方向的设定、目标的实现以及行为策略选择、动力机制等诸多方面就会出现明显的偏离,从而大大降低治理的效率④,导致新技术的赋能效应异化成了技术"负能"结果。

对于基层政府来说,电子形式主义带来的负能主要体现在两个方面:

一是精力负担。基层政府处于正式权威体系的末端,权小责大、资源匮乏,在属地化责任和责任兜底的逻辑下,来自上级政府和各个条线的各种事务最终都会落在基层政府的肩上,"上面千条线,下面一根针"成为这种压力的生动描述。然而,基层官员在忙于应付自上而下的各种任务、考

---

① 李正浩:《记者下载 40 款政务 App,近半数无法正常使用》,http://mini.eastday.com/mobile/180211094846122.html,2023 年 5 月 12 日访问。
② 李思琪:《干部群众眼中的信息形式主义和智能官僚主义:表现、危害及治理》,载《国家治理》2020 年第 25 期。
③ 桂华:《乡村治理中的体制性空转——基层形式主义的成因与破解》,载《吉首大学学报(社会科学版)》2022 年第 2 期。
④ 于健慧:《"形式主义管理":本质、危害与治理路径》,载《江淮论坛》2021 年第 6 期。

核的同时,还必须忙于各种"指尖任务",从而大大影响到了基层工作人员将更多的精力投入到为民服务和积极的担当作为以及踏踏实实的基层事务工作中,严重挫败了一些基层干部的积极性。①

二是心理负担。与精力负担相对应的是基层电子形式主义给基层干部带来的心理负担,也就是基层干部因为不得不花费不少的时间和精力应付各种形式主义而在心理上产生的无价值感和倦怠感。对于基层干部来说,不得不为之的电子形式主义使他们对自身工作的价值产生怀疑,从而在心理上产生排斥或者不舒服的感觉,当不舒服的感觉找不到有效的方式加以释放时,就会产生较大的心理负担。② 电子信息技术的嵌入,使得自上而下的监督更加"精细化",一些电子形式主义以"精准治理"的名义实行自上而下的"精细化"监督,使得基层干部压力剧增。③ 对于一些年龄较大的基层干部来说,由于难以适应新的技术,加上内心对这种形式化的"表面工作"的排斥,相应的心理负担可能会倍增。而年轻的基层干部满怀期待投入到基层治理实践中,但是发现大量的时间和精力不得不用来承担形形色色的形式主义时,同样会产生心理上的认知偏差,带来心理的负担。

第二节
基层常规任务的运作与电子形式主义

基层电子形式主义为什么会盛行?背后存在着怎样的逻辑?从根本上来说,这一现象是在压力型体制中的基层政府理性选择的结果,是压力型体制与数字治理之间制度张力的体现。④ 一些学者从上下级政府之间的博弈视角来剖析这种形式主义产生的逻辑,认为这是在特殊的上下级权

---

① 郑广永:《论形式主义的根源及防治》,载《北京联合大学学报(人文社会科学版)》2019年第1期。
② 周媛媛:《"指标考核"与"基层压力":政府专项任务指标考核机制研究》,吉林大学2020年博士学位论文,第37—39页。
③ 张国磊、张新文:《行政考核、任务压力与农村基层治理减负——基于"压力—回应"的分析视角》,载《华中农业大学学报(社会科学版)》2020年第2期。
④ 赵玉林、任莹、周悦:《指尖上的形式主义:压力型体制下的基层数字治理——基于30个案例的经验分析》,载《电子政务》2020年第3期。

责结构下基层政府出于邀功或避责主动或被动采取的策略之一。① 既有的研究对这一问题的分析大多是在中心任务的执行情境中展开的,把数字形式主义视为中心任务压力下,权责资源有限的基层政府所采取的一种策略性的应对行为。由于中心任务或"一把手工程"往往伴随着"一票否决"的强大负向激励压力,因此当处于"顶格处理"和难以执行之间形成的挤压情境中时,基层政府倾向于采取形式主义的应对方式②,不得不通过填报、留痕的方式规避风险和压力③。上级政府把中心任务分解为目标责任书,通过层层发包的"行政目标责任书"下派任务,在不断加码的高指标压力下,基层政府不得不采取数字形式化的"拼凑应对"④。尤其是在一些高指标、高强度、具有强烈时间约束的应急性"中心工作"任务情境中,基层政府只能通过制造材料的方式从而在形式上达到检查标准。⑤ 也有学者认为,在中心任务的压力下,基层政府采取数字形式主义的应对方式,其实是在上下信息不对称的环境下充分发挥自身信息优势的一种策略主义反应。⑥

尽管现有的研究对中心任务执行过程中的数字形式主义作了较为充分的解释,但是实际上,基层数字形式主义并不仅仅存在于中心任务情境中,也存在于日常工作中。与中心任务相比较,常规任务由于其日常性、规范性、程序性等特性决定了更加容易产生形式主义的行为。对于普通的基层干部来说,存在于其日常工作中的各种电子形式主义带来的负能感知可能更加强烈。

---

① 陈新:《注意力竞争与技术执行:数字化形式主义的反思及其超越》,载《社会科学战线》2021年第8期。
② 韦彬、臧进喜、邓司宇:《顶格管理、基层形式主义与整体性智治——基于对N市Q区的考察》,载《海南大学学报(人文社会科学版)》2023年第1期。
③ 孙宗锋、孙悦:《组织分析视角下基层政策执行多重逻辑探析——以精准扶贫中的"表海"现象为例》,载《公共管理学报》2019年第3期。
④ 董石桃、董秀芳:《技术执行的拼凑应对偏差:数字治理形式主义的发生逻辑分析》,载《中国行政管理》2022年第6期。
⑤ 于君博、戴鹏飞:《"台账"的逻辑:科学管理还是形式主义》,载《新视野》2019年第4期。
⑥ 胡卫卫、陈建平、赵晓峰:《技术赋能何以变成技术负能?——智能官僚主义的生成及消解》,载《电子政务》2021年第4期。

一、压力型体制与基层电子形式主义

形式主义并不是中国基层特有的现象，实际上自官僚制形成开始，形式主义就会在其内生机制里萌芽①，或者说官僚制为形式主义的产生创造了天然的条件，形式主义存在一定的必然性。只不过在特殊的压力型体制中，这种电子形式主义表现得更加突出，更加引人关注，产生的负面影响也更加明显。在压力型体制背景下，基层政府面临着来自上级政府和各个部门层层下派的任务、考核和问责，也面临着自上而下的激励机制，对于面对强大压力的基层政府来说，填表、汇报、应对检查等各种任务成为一种基本的运行形态，新的技术在一定程度上迎合了这种形式主义的操作②，在一定程度上以形式和各种手段替代和模糊了原本的目标与事实，最终致使政策初衷与治理实效的脱节③。

（一）压力型体制下的技术异化

技术决定论容易将组织化的东西同化为纯技术化的产品④，基层电子形式主义的产生并不是一个纯粹的技术问题——尽管其离不开技术本身所带来的冲击，而是技术与特殊制度之间的复杂反应和互构结果。只能说，技术主义在行政领域中的出现就为电子形式主义的产生埋下了伏笔并创造了条件，但是，它并不必然带来电子形式主义。然而，当新的技术被嵌入到压力型体制的特殊运行过程，这种技术的运用就可能会产生异化，电子形式主义的产生也就具有某种必然性，这是由压力型体制的内在逻辑所决定的。

压力型体制是自上而下的绩效压力、横向政府的竞争压力和自下而上的社会需求压力三种压力的聚合体，这些压力最终都会通过一个数量化的

---

① 邓钢：《对形式主义、官僚主义的历史思辨》，载《人民论坛》2018 年第 5 期。
② 郭春甫、薛倩雯：《扶贫政策执行中的形式主义：类型特征、影响因素及治理策略》，载《理论与改革》2019 年第 5 期。
③ 彭勃、赵吉：《折叠型治理及其展开：基层形式主义的生成逻辑》，载《探索与争鸣》2019 年第 11 期。
④ 黄晓伟、张成岗：《技术决定论形成的历史进路及当代诠释》，载《南京师大学报（社会科学版）》2017 年第 3 期。

任务分解机制得到体现。具体来说,上级党委和政府会把这些任务进行量化分解,以层层签订责任书的形式下派到下级各个部门和个人,并要求其在规定的时间内完成。① 在这种自上而下的压力传递体系中,新的技术应用集中体现的是上级政府的意志和目标,使得技术往往成为达成这种目标和意志的工具。也就是说,新的技术成为上级政府对下监督、管理和考核的一种工具和手段,新的技术与公民真正的需求并没有有效融合,技术虽然在一定程度上影响了原有的体制机制,但是自身却产生了一定的异化,助长了形式主义②,从某种意义上可以说是"反向适配"(Reverse Adaption)③,这是由技术治理在不成熟的情况下所带来的结果。在这一过程中,下级政府或基层政府遵循这种工具化的数量指标要求,向上传递自身的"绩效"和结果,由此达到避责和邀功的目的。可以说,压力型体制通过技术主义这一形式正向强化了"形式主义"。④

(二)压力传导下的基层政府避责

对于基层政府来说,层层下压的任务使得其难以应付,在"属地管理"的原则下,基层政府成为各种责任的"兜底者",各种目标责任最终都落在基层政府的肩上。⑤ 基层政府必须为辖区内的经济社会发展等方方面面的事情负责,由于是最末端的层级,无法找到可以转移责任的下级主体,使得其不得不承载各种负担,再加上基层权责存在一定的模糊之处,基层官员只能以形式主义机械应付,留下工作证据,以免被上级追责。⑥ 尤其是在各种重大的、具有强时间约束的任务中,如在急、难、重的"运动式"治理中,各种形式主义往往容易在基层产生。由于时间的紧迫性与工作的临时性,其他"不重要"的工作(日常工作)不得不以形式应付。⑦ 对上级政策的

---

① 杨雪冬:《压力型体制:一个概念的简明史》,载《社会科学》2012年第11期。
② 吕德文:《治理技术为何方便了形式主义》,载《环球时报》2020年8月10日第15版。
③ 杜月:《制图术:国家治理研究的一个新视角》,载《社会学研究》2017年第5期。
④ 杜宝贵、廉玉金:《智能官僚主义的识别与治理》,载《国家治理》2020年第25期。
⑤ 杨华:《基层治理的形式主义何以发生——从乡镇职能部门关系反思治理问题》,载《文化纵横》2019年第2期。
⑥ 周振超、张金城:《职责同构下的层层加码——形式主义长期存在的一个解释框架》,载《理论探讨》2018年第4期。
⑦ 周少来:《乡镇政府缘何容易陷入"形式主义泥潭"》,载《人民论坛》2018年第1期。

执行和相应的检查部署占了基层干部大部分的时间,"边工作、边迎检",随时还可能面临着被追责问责。① 一些基层干部在各种压力和负担之下,会以制作台账、材料汇编等方式应付上级检查,从而形成"从微信群里来,到微信群里去"的痕迹主义作风。②

在治理压力与基层资源的非均衡状态下,在避责心理的催化下,基层电子形式主义也就孕育而生了。③ 由于实际效能难以衡量和评价,上级对任务完成的考核大多强调形式化的指标、数量化的结果,以"留痕"为核心而不是以"能动"为核心④,一定程度上忽视了实际的绩效⑤。因此,基层电子形式主义的消解需要重新思量考核指标的适应场域与推行条件。⑥

(三) 数字激励下的基层政府邀功

压力型体制下的纵向政府间关系在层层施压的同时,也隐含着对基层政府的向下激励。强压力意味着强激励,也就是上级政府设定的目标责任如果被基层政府有效达成就可能获得正向的肯定,这是一种激励诱惑。上级政府对考核数字化目标的强调无疑是对基层政府的一种隐含的考核激励,是对基层政府的一种变相鼓励和默许,导致下级产生数字治理形式主义,这其实是数字治理中上级对下级的一种有意识的互动策略。⑦ 在信息不对称引发的模糊不清的情境中,上级政府会有意识地给予基层政府自主变通的空间⑧,从而激励其更加积极地完成上级下派的任务。因此,形式

---

① 杨磊:《返场、控制与捆绑:乡镇干部的压力源及其解释》,载《公共管理与政策评论》2020年第1期。
② 孙璐、庞昌伟:《痕迹主义的产生原因及治理策略》,载《人民论坛》2020年第14期。
③ 韦彬、臧进喜、邓司宇:《顶格管理、基层形式主义与整体性智治——基于对N市Q区的考察》,载《海南大学学报(人文社会科学版)》2023年第1期。
④ 邓斌、龚照绮:《基层减负的治理困境及梳理——以C市Q区市场监督管理局"形式主义"整治为例》,载《重庆社会科学》2021年第9期。
⑤ 韩喜平、刘雷:《"痕迹主义"历史衍生逻辑与系统化治理》,载《新疆师范大学学报(哲学社会科学版)》2019年第5期。
⑥ 李利文:《软性公共行政任务的硬性操作——基层治理中痕迹主义兴起的一个解释框架》,载《中国行政管理》2019年第11期。
⑦ 董石桃、董秀芳:《技术执行的拼凑应对偏差:数字治理形式主义的发生逻辑分析》,载《中国行政管理》2022年第6期。
⑧ 周振超、黄洪凯:《象限治理:应对基层治理模糊性和碎片化难题的策略选择》,载《理论与改革》2022年第3期。

主义其实是上下级政府之间在信息不对称格局下的一种特殊的信号发送、传递和接收方式，下级政府以这种表面应对的方式向上级政府"发送信号"以规避风险，而上级政府则因技术治理的局限默许这种形式主义。① 为了应对自上而下的考核，在工具理性逻辑主导下的基层政府倾向于选择容易看得见、可量化的、形式化的"显绩"代替"实绩"。② 即在面对检查繁多的各项任务时，会更加关注可量化的关键部分。③ 在面对上级以量化为依据的检查时，为了邀功基层政府会自觉优先完成"显绩"，抓亮点工程，电子台账、工作记录做得好不好，做得漂不漂亮等，就成为影响基层干部考核和工作晋升的重要因素，而那些"潜绩"会以走过场的形式主义应付之，可以说是一种投机性政绩竞争的行为策略。④ 电子形式主义可以通过形式化的手段凸显"政绩"，成为工作"亮点"，容易得到上级的肯定。于是，花心思做电子台账，做表面工作，重"痕"忽"绩"，留"迹"不留"心"，成为部分基层干部工作过程中有意为之的方式。⑤

二、常规任务的技术运作与电子形式主义

基层中的电子形式主义引起了学界广泛的关注，相关研究也非常丰富，既有研究尽管抓住了压力型体制与信息技术这一核心逻辑，但是对于在实践中信息技术到底以怎样具体的方式与压力型体制发生关系，以怎样具体的过程和形态推动电子形式主义的产生缺乏足够的关注。同样值得注意的是，现有的研究关注更多的是引起政府关注的"中心任务"中的电子形式主义，把电子形式主义视为上级政府"顶格处理"和"一票否决"等重大事项情境中基层政府"拼凑应对"的结果，认为是在中心任务的压力下基层

---

① 季乃礼、王岩泽：《基层政府中的"留痕形式主义"行为：一个解释框架》，载《吉首大学学报（社会科学版）》2020 年第 4 期。
② 郑一明：《形式主义源于错位的政绩观》，载《人民论坛》2018 年第 1 期。
③ 颜昌武、杨华杰：《以"迹"为"绩"：痕迹管理如何演化为痕迹主义》，载《探索与争鸣》2019 年第 11 期。
④ 叶敏：《竞争、维持与整合：形式主义的多源流产生机制》，载《行政论坛》2021 年第 2 期。
⑤ 宋林霖、李子鑫：《"电子官僚主义"的特征、危害及整治之策》，载《秘书》2021 年第 4 期。

政府采取的应对方式①,而忽略了基层日常运行中的电子形式主义,对于基层政府在日常工作中的各种电子形式主义关注度不够。下面试图以基层常规任务的信息化运行过程为切入点,深入反思当前基层政府日常工作中存在的电子形式主义负担背后的逻辑。

（一）常规任务及其特征

常规任务是相对于中心任务而言的,通常指的是大量存在的常规化、常态化、琐碎性、日常性的"细事"。② 与中心任务相比,常规任务有几个典型的特征:

一是针对问题的一般性。中心任务一般是短期内对于地方经济社会发展有着重要影响,关系到基层政府财政收入、干部升迁和社会稳定,政府高度重视,必须迅速落实的工作③或者是领导高度重视、在注意力分配上集中关心的复杂程度高的"老大难"问题④。而常规任务通常是政府在日常治理中面对的一般性、重复性的"小"问题。这种问题一般不会引发特别的关注,往往涉及日常性的党务、政务和居务。党务是指由上级党委及其部门推动的有关教育、宣传等方面的常规事务;政务是指常规性的行政性工作,是由各级政府及其部门派发的各种协助管理的行政管理事务;而居务是指涉及居民的基本诉求、与居民切身利益有关的具体服务事项。⑤

二是运行过程的程序性。中心任务通常是通过自上而下层层签订目标责任状、集中资源和强有力的组织化动员来运作⑥,通过行政权的集中

---

① 胡卫卫、陈建平、赵晓峰:《技术赋能何以变成技术负能?——智能官僚主义的生成及消解》,载《电子政务》2021年第4期。
② 陈玉生:《细事细治——基层网格化中的科层化精细治理与社会修复》,载《公共行政评论》2021年第1期。
③ 田先红:《韧性:县乡政府如何运行》,中国人民大学出版社2024年版,第150页。
④ 庞明礼:《领导高度重视:一种科层运作的注意力分配方式》,载《中国行政管理》2019年第4期。
⑤ 杨爱平、余雁鸿:《选择性应付:社区居委会行动逻辑的组织分析》,载《社会学研究》2012年第4期。
⑥ 狄金华:《通过运动进行治理:乡镇基层政权的治理策略——对中国中部地区麦乡"植树造林"中心工作的个案研究》,载《社会》2010年第3期。

化配置与政治动员机制强化目标导向①,以强有力的督查层层推进工作落实,将强有力的权威嵌入基层政府的运作过程。与此不同的是,常规任务只需要按照既定的、日常的、一般性的过程照章办事就可以了,大多时候并没有强有力的时间约束,也没有强烈的目标约束,常常只需要依照一般的程序和流程,基于正常的行政运作惯例来实现治理。

三是结果的非竞争性。中心任务是上级政府要求必须达成的任务,否则将面临来自上级的严厉问责。围绕着中心任务,不同基层政府之间实际上形成了一种"政治锦标赛",中心任务的完成情况对基层官员的晋升会产生直接的影响。常规任务通常属于非量化任务,往往难以测量、统计、出政绩②,这种日常性任务的考核与基层官员晋升之间的关系更为间接,不存在"没有最好,只有更好"的"政治锦标赛"考核压力,也不存在中心任务常常伴随的"一票否决"的问责压力。只有常规任务未达到基本的"及格线"时,才会对基层官员晋升产生较为明显的负面作用。③

(二) 常规任务的技术化运行

正是因为中心任务的重要性,需要责任到人、细化落实,所以在运作方式上更多的是采用人盯人、面对面的组织化权力嵌入,通过高度实时在场的方式来实施与落实,通常来说,并不太适合完全托付于流程式的在线运作。与此相反的是,常规任务更加适合通过信息化技术的手段加以运行,这是因为信息技术的特征与常规任务有着天然的契合性。信息技术的运行有两个明显的特征:一是功能的简单化;二是运行的闭合性。所谓功能的简单化,是指信息技术能将任务或问题转化为一系列技术运行过程,这些过程被作为严格的因果耦合来处理,其中特定的原因预期会导致特定的效果,它试图将简单而直接的先后次序从复杂和混乱的世界中分离出来并

---

① 仇叶:《行政权集中化配置与基层治理转型困境——以县域"多中心工作"模式为分析基础》,载《政治学研究》2021年第1期。
② 李利文:《软性公共行政任务的硬性操作——基层治理中痕迹主义兴起的一个解释框架》,载《中国行政管理》2019年第11期。
③ 陈科霖、谷志军:《多元政绩竞赛:中国地方官员晋升的新解释》,载《政治学研究》2022年第1期。

消除歧义。① 也就是把纷繁复杂的问题转化成可以轻松操作的、具体而明确的流程和先后次序,以一种标准化、数字化和计量化的方式呈现出来。② 而所谓运行的闭合性,"意味着在选定的因果序列或过程周围构建一种保护性的'茧'(cocoon),以保护不受期望的干扰,并确保其可重复和可靠的运行"③。也就是说,信息技术能够让组织任务在自主的技术系统中自动地运行,直到产生最后的结果,而不会受到外部环境和人的干扰。信息技术所包含的一系列属性使它能够在任务运行过程中构建组织实践、事件和过程之间的因果关系,不仅提供了一种中性的支持来更好地执行现有的组织任务,而且还提供了一种新的方法来构建运行序列,这些运行序列映射了组织任务执行的过程和实践,构建了一组新的结构化序列和相互依赖关系,以规范任务过程和执行方式。④ 正如博文斯(M. Bovens)所言,信息技术构建了一套结构化序列,规范了组织过程和流程的执行方式,提供了稳定和标准化的社会互动手段,形成了系统的技术功能,因此,特别适合街头官僚日常任务的运行。⑤ 表 6-1 对常规任务与中心任务的特征进行了简单的比较。

表 6-1 常规任务与中心任务的特征比较

	常规任务	中心任务
针对问题	一般性日常工作	重难工作、棘手工作
运行过程	程序性、按部就班	项目推进、目标责任推进
任务价值	竞争性、影响考核晋升	非竞争性、对考核晋升不产生重要影响
运作方式	技术化运作	组织化运作

---

① J. Kallinikos, *The Consequences of Information: Institutional Implications of Technological Change*, Edward Elgar, 2006, pp. 179-183.

② 颜昌武、杨华杰:《以"迹"为"绩":痕迹管理如何演化为痕迹主义》,载《探索与争鸣》2019 年第 11 期。

③ J. Kallinikos, *The Consequences of Information: Institutional Implications of Technological Change*, Edward Elgar, 2006, pp. 190-191.

④ J. Kallinikos, The Order of Technology: Complexity and Control in a Connected World, *Information and Organization*, Vol. 15, No. 3, 2005, pp. 185-202.

⑤ M. Bovens & S. Zouridis, From Street-Level to System-Level Bureaucracies: How Information and Communication Technology Is Transforming Administrative Discretion and Constitutional Control, *Public Administration Review*, Vol. 62, No. 2, 2002, pp. 174-184.

(三) 常规任务技术运作的异化与电子形式主义

尽管常规任务与新技术具有天生的契合性,但是这并不意味着常规任务能够在技术化的运行中自然而然地达成,把常规任务托付于信息技术具有某种技术决定主义的色彩,从一开始就意味着某种风险。原因在于,技术是"人机活动的组合",信息技术功能的简单化和运行的闭合性是建立在行动者对技术的运作基础之上的,技术从来就不是自在自为的独立的运行系统,而是在特殊的制度体系中被特殊的制度机制所塑造。更重要的是,所有的技术过程都是背后行动者运作的过程,在技术—制度—行动者的反应链中产生复杂的效应,使得技术运行的闭合性难以实现,而技术功能的简单化特征也可能产生异化,最终可能使得常规任务的运作被扭曲,电子形式主义就是这种扭曲的表现之一。

首先,从一开始,行动者就对技术的功能和目标进行了有意识的建构。信息技术是被"执行的技术",行动者借助于技术的引入——更确切地说,通过设定技术发挥作用的方式来实现自身对技术的目的。[1] 在技术的前端,常规任务的运行从一开始就进入了系统性的、结构性的组织化功能运作过程。信息技术被运用的目的有时是为了强化原有的任务逻辑而不是相反,官僚体系会运用新的技术实现官僚体制的多级控制和标准化流程[2],最终技术可能成为某些行动者达成自身目的的某种工具[3]。

其次,从任务运行过程的角度来说,信息技术运行要实现完全的闭合性是不可能的,这是因为被执行的操作序列和工作流程不可能完全是刚性的[4],技术很难实现完全意义上的自主,组织任务的运行不可能在技术封

---

[1] 黄晓春:《技术治理的运行机制研究》,上海大学出版社 2018 年版,第 72 页。

[2] A. Cordella & N. Tempini, E-Government and Organizational Change: Reappraising the Role of ICT and Bureaucracy in Public Service Delivery, *Government Information Quarterly*, Vol. 32, No. 3, 2015, pp. 279-286.

[3] 陈天祥、徐雅倩:《技术自主性与国家形塑:国家与技术治理关系研究的政治脉络及其想象》,载《社会》2020 年第 5 期。

[4] D. J. Hickson, D. S. Pugh, & D. C. Pheysey, Operations Technology and Organization Structure: An Empirical Reappraisal, *Administrative Science Quarterly*, Vol. 14, No. 3, 1969, pp. 378-397.

闭的体系中完全基于操作顺序进行隔离和暗箱操作。任务运行过程中的各个层级都会对技术过程进行意志植入[①],会以各种形式进入到技术运行的"窗口"和"界面"中,看似自动化、自主性的组织任务运行过程会被扭曲。

最后,常规任务非常容易被符号化、形式化。出于便利主义和理性主义的原则,行动者往往倾向于将复杂的、系统的、困难的社会问题转化为简单的、微观的、可行的技术性问题[②],对技术进行最便利、简单化的定义。这使得原本复杂的、根植于社会情境化的各种问题演变成形式化的符号,最终,通过技术赋权产生的所谓"数字"和"信息"往往悬浮于社会之上,在技术的化约功能下,真实而复杂的情境可能简化成空洞的符号,社会和人的可能性一步步被化简,信息量一步步被压缩,甚至成为一个数字,从而导致组织任务在技术运作的"末端"产生结果的异化,致使电子形式主义的产生。图6-1对技术的运作与组织任务的异化逻辑进行了简单的呈现。

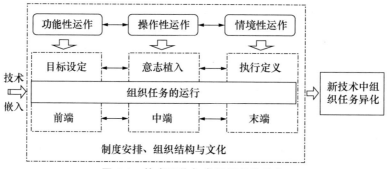

图 6-1 技术运作与常规任务的异化

---

① 彭亚平:《技术治理的悖论:一项民意调查的政治过程及其结果》,载《社会》2018年第3期。
② 张福磊、曹现强:《城市基层社会"技术治理"的运作逻辑及其限度》,载《当代世界社会主义问题》2019年第3期。

第三节
案例分析：常规任务的技术化与基层电子形式主义

　　Z市M镇位于我国东部沿海省份，下辖13个行政村、2个社区，总人口约1.55万。2017年，按照Z市的统一要求和部署，M镇开始把各个条线在基层的常规任务集中于"掌上基层"这一综合性的App。2018年开始，为了更好地把这些"琐事"在基层更好地落实下去，M镇推行"全科网格化、一员多功能"，通过招聘和固定薪酬的方式，使M镇网格员逐渐走向全科化、专职化。与此同时，专职网格员微信工作群也建立起来，成员包括20名专职网格员以及20名来自乡镇和上级各条线的政府人员。2023年1—3月，笔者对M镇的政府人员和专职网格员进行了深入访谈，在得到许可和授权的前提下，获得了"掌上基层"App的运行数据以及2022年1—12月一整年期间Z市M镇网格员微信工作群的聊天记录，成为本研究的重要依据。

　　之所以选择基层网格员和基层App、微信工作群作为分析对象，主要出于两方面的考虑：一是政务App和微信群是基层日常治理中被应用最为广泛的新技术工具，是基层新技术负担的重要来源；政务App是一种相对正式和规范化的技术应用，微信群则是一种相对非正式的技术应用，但是由于微信的便利性、易用性等特征，在基层似乎更受"欢迎"，形形色色的微信工作群已经成为基层治理中无孔不入的存在。[①] 在基层政府的信息化实践过程中，很多时候在基层是政务App和微信群相互结合、相互强化，共同构建着基层日常任务的运作。二是在基层常规任务的运行中，基层政府人员与"网格"实际上已经连成一体，作为基层治理的"毛细血管"，网格员无疑是基层治理的最终端触角，是基层各种"细事"最直接且最终的

[①] 余哲西、郭妙兰：《直击指尖上的形式主义、官僚主义五大病症》，载《中国纪检观察》2019年第15期。

承担者。① 上级政府把各种常规任务通过技术性的平台下派到基层,基层官员将这些任务再下派到专职网格员是一种常态化的运作。基层政府人员既是各种任务的被动承载者,也是任务的转发者。

一、在线化的任务指派

在 M 镇,"掌上基层"App 和微信群实际上成为上级政府和各条线部门各种任务的"发送器",几乎所有的涉及基层的各种常规任务都被纳入。总体来说,这些常规任务主要有几类:一是定期任务,也就是基层政府必须定期完成的各项日常工作。各个部门,包括农林水利、应急、消防、公安、宣传、民政等部门,几乎每个月甚至每个星期都会定期通过平台发布各种任务,如每天必须完成的对村社日常事务的巡查任务、每月必须完成的上报"事件"、每月必须完成的本网格重点人员和重点场所走访、每个季度必须完成的针对特殊人群的民政走访,等等。二是不定期的任务。这类任务没有固定的期限,而是视具体的情形来决定,最典型的是反诈骗宣传、森林火险和消防安全宣传等,尤其是反诈骗宣传成为 2022 年整年微信群内被频繁提及的重要任务,当 M 镇、周边镇以及所在的 Z 市出现典型的诈骗案例的时候,来自上面的反诈宣传任务就会在群内进行"信息轰炸"。这些任务具有一定的确定性,但是,通常没有固定的期限。三是临时性任务。这类任务通常是一次性的或面临紧急状况下的应急任务,前者如企业电子执照App 安装宣传、网格员相关知识的考试,后者如台风灾害期间的紧急排查、疫情期间外乡返回人员的排查、相关疫情防控政策的宣传,等等。这些任务通常是时间紧、任务急,往往是即时性地在平台上发布,需要基层工作人员和网格员在第一时间回应,这对基层政府人员和网格员来说都意味着较大的压力。表 6-2 是 2022 年 1 月 M 镇基层政府和网格员在"掌上基层"App 和网格员微信群里被派送的相关工作任务情况一览表。

---

① 陈玉生:《细事细治——基层网格化中的科层化精细治理与社会修复》,载《公共行政评论》2021 年第 1 期。

表 6-2　2022 年 1 月 M 镇被指派任务情况

指派时间	任务内容	任务类型	截止时间	催办频率
1.01	红白喜事情况汇报：桌数、桌均费用、事由、电话等	定期任务	当天晚10点	每天
1.01	外乡返回人员亮码照片上报	定期任务	不明	每天
1.05	本网格"事件"上报	定期任务	当月25日	每7天
1.06	强冷空气预警宣传	临时任务	尽快	每天
1.08	智慧民政走访	定期任务	当季末	10天
1.12	疫情防控知识点熟记	临时任务	不明	5天
1.12	重点人员、重点场所走访	一般任务	当月15日	2天
1.12	森林火险气象风险黄色预警宣传	不定期任务	1月16日	2天
1.14	野外用火巡查和劝阻	定期任务	1月16日	无
1.14	疫情中高风险地区返村人员摸排	临时任务	次日10点	无
1.19	田间烧秸秆、烧茅草巡查	定期任务	不明	2天
1.20	反诈宣传	不定期任务	25日前	1天
1.26	电信反诈10口诀宣传	临时任务	不明	无
1.27	定制型商业补充保险宣传	临时任务	不明	无
1.28	某公众号关注、点赞	临时任务	不明	无
1.28	"平安之星"候选人投票	临时任务	次日上午	第2天

资料来源：M 镇"掌上基层"App 和网格员微信群。

从表 6-2 中可以看出，仅仅在 1 月 M 镇基层政府人员和网格员就被在线派送了多达 16 项任务，上级各部门在 App 和微信群内发布任务，基层政府人员领任务，再通过新技术平台派发给网格员，由网格员领任务并完成任务成为基层常规任务运作的一般形态。任务发布后，在截止时间前各条线部门通常会有多次催办，在这种压力下，基层政府人员会把这种压力传递给网格员，一些没有完成任务的网格员会被@点名批评，或以列表的形式对该任务的完成情况进行呈现。尽管不少任务实际上已经通过专门的 App，如"掌上基层""智慧巡防"等工具进行了发布，但是同样的任务往往依然会在微信群被指派和催办。一些基层官员往往是因为需要发布任务被拉进群，而网格员与这些基层官员中的大多数并不认识，网格员只是被动地接受任务。在笔者的访谈中，网格员反映，其除了与 3 个网格管理员有每个月 1—2 次的例会见面机会外，与区内其他绝大部分任务发布人员基本上没有见过面,甚至说不出他们的具体身份,通常以"领导"代称。

二、痕迹化的任务管理

强调图片、横幅、材料等表面的形式,以痕迹替代实际绩效,以痕迹为中心、为了留痕而留痕,甚至刻意制造痕迹,最终演变成形式主义、官僚主义的新变种——"痕迹主义",这在基层治理中时常出现。晒图片、晒成绩,基层政务 App 和微信群变成滋生新的形式主义的温床。与传统的基于个人经验和体验的面对面管理模式相比较,痕迹化的管理模式具有记录功能的便捷性特征,其结合了技术性优势,通过"文字、图片、视频"等多种形式,能够更加直观、生动地呈现管理的过程,提高了政府治理的效能和效率,是一种简便的管理主义体现。但是,过度地强调痕迹本身,而忽视痕迹背后的实际治理过程和绩效,则是一种典型的形式主义表现,作为一种只强调技术性外在形式的治理方式,痕迹化管理在治理实践中明显偏离了技术化运行的"初衷",过分依赖"留痕",这种留痕多为"虚功实做",即具有较强的表演性和展示功能,将无形的且一些无法量化的工作进行可视化处理,强调"处处留痕、事事留迹",所有的过程要有会议纪要、有图片、有录像,重要的是"执行的过程"能够看得见、能够通过各种可视化材料体现出来,有"证据",至于具体的实践和真实的效果则不是关心的核心。在这种痕迹化的管理模式下,造图表、编资料成为基层工作中一项额外的工作负担,给基层治理工作带来了诸多挑战。

在 M 镇"掌上基层"App 和网格员微信群中,这种痕迹化的任务管理模式体现得非常明显。从具体形式来看,主要体现在三个方面:

一是文字留痕。从任务的接手到完成的整个过程都必须留下"文字"依据,几乎所有的任务指派都要求基层政府人员和所有网格员不仅在 App 中点击"确认",而且需要在微信群中再次回复"收到",没有回复的网格员则会被@,要求尽快在群内回复。从常规任务的运行过程来看,任务从发布到接收再到完成基本是一种程序性的过程,通过文字的形式回复"收到"是上级对下级任务程序完成判断的重要依据,意味着任务交接过程的实现,对于上级政府来说,这种"收到"也就意味着任务已经完成了派发。

二是照片留痕。这类信息在 App 和微信群中占有相当大的比例,几乎所有的任务都要求网格员在 App 和群里上传相关照片,这些照片通常是任务落实照片,如对于反诈宣传和森林防火宣传,要求网格员必须把挂好宣传条幅的照片或在村社张贴宣传材料的照片上传到群里,类似的还有疫情期间返乡人员二维码亮码照片、台风期间网格员参与本村社救灾的照片等。这类照片往往有具体的要求,如拍摄的角度、照片要素组成等,表 6-3 对其中部分照片留痕的具体要求进行了简单的呈现。一些通过 App 指派的任务,不仅需要在 App 里上传结案照片,有时候也要求在微信群里上传同样的照片。

三是截屏留痕。一些在手机上完成的任务通常要求以截屏的方式在群里呈现,如反诈宣传、防溺水宣传不仅需要在村社各显眼的墙上、主要路口悬挂标语,还要求在微信朋友圈、本人的其他微信群转发一些典型案例和反诈技巧等,网格员通常需要在完成"指尖任务"后以手机截屏的方式上传到微信群里。

表 6-3　M 镇网格员照片留痕的具体要求(部分)

拍摄时间	照片内容	具体要求
2022.01	外乡返回人员亮码照片	健康码与返乡人员同时入镜、返乡人员手持手机健康码、正面对镜头
2022.02	反邪教宣传照片	原图、手机横拍
2022.03	森林防火宣传标语照片	横幅标语、白字红底、横拍
2022.04	村社电信反诈培训照片	原图、端坐、认真听讲、电视讲座画面突出
2022.04	反诈骗宣传活动照片	呈现分发资料过程、原图、网格员入镜、每人10 张
2022.06	网格员参与防汛救灾照片	原图、穿上网格员背心、人和场景都拍进去
2022.10	反恐宣传照片	贴本村社宣传栏、网格员和民警一起入镜
2022.11	疫情防控宣传照片	戴口罩、穿网格员马甲、横向拍摄、与被宣传对象一起入镜
2022.11	污水运维巡查记录本照片	记录完整、不同时间段、领导先签好字、每人10 张
2022.12	村家宴中心关停照片	门上贴上关停通知、先上锁后拍照

资料来源:M 镇网格员微信群 2022 年 1—12 月聊天记录。

三、凑数式的任务应付

为了应对各种"指尖任务"的考核，微信打卡、签到、"凑人头"成为基层电子形式主义的重要表现之一，这在M镇的常规任务运行中也颇为常见。这种"凑人头"的任务大致可以体现为三方面：

一是线上宣传创流量。2022年的每个月，M镇所在的市委政法委都会对本市相关单位及乡镇（街道）进行"微信流量拉练"，目的是对该市委政法委微信公众号发表的宣传文章进行"三量"（关注量、阅读量、点赞量）的测试，并对流量成绩排名，计入当月月度考核，同时考核结果将作为当月平安大宣传赋分排名中的一项重要依据。所有基层政府人员均被要求对目标文章先进行转发、后点赞，再点"在看"，而基层政府人员则把这种任务指派给了网格员，并要求其在完成任务后在群内上传截屏，这样的任务通常每月大约有3次。类似的还有其他条线部门的宣传性报道，要求网格员点赞、转发。

二是线上活动"凑人头"。2016年，共青团中央基层组织建设部开发了微信程序——"青年之家"云平台，为了提升在这一平台上的活跃度和存在感，Z市团委要求各基层团组织每个月必须通过这一平台组织相关活动。为了完成这一任务，M镇不得不绞尽脑汁在线"组织"本镇各种活动，如"M镇疫情防控活动""M镇青年大学习""M镇关爱重点青少年活动"，为了符合至少满20人这一最低在线活动人数的要求，团市委相关人员每月会把活动的报名、签到二维码发到群里，要求网格员按顺序扫码。这些活动其实并没有真正组织，也没有人真正在线上参与其中，网格员只是帮助"凑人头"。

三是线上评选拉票数。在M镇，自上而下的、各个条线组织的各种评选拉票屡屡出现，如"最美反诈集体、反诈个人"投票、"平安之星"候选人投票、特色工作投票、最满意的派出所等，要求在限定的时间内为指定的候选人投票，并把完成投票后的截屏上传到微信群。

四是新平台应用造人气。为了推广一些新的平台和App，基层政府人员会要求网格员必须完成一定数量的下载或关注任务。典型的如"全民消防学习平台"的推广,要求每个网格员在限定的时间内按照本网格总人口5%的注册任务完成,并要把完成注册的姓名和联系电话上交。又如,同样以人口5%的任务要求完成关注本地法律顾问服务的微信公众号,而且要求关注该微信公众号后不能"取消关注",否则不算完成任务。

不可否认的是,在日常工作中,"掌上基层"App 和微信群在及时发现村社治理中的一些问题方面扮演了积极的角色,一些时候,特别是紧急或突发事件中,如台风和疫情防控中,微信群在有效沟通、上下协同以及第一时间汇报、第一时间回应等方面扮演着重要功能。但是,很多时候,这种原本促进多元共享、合作与互动的新技术平台却以一种满足于对于痕迹、数量、指标等外在形式生产要求的方式在运作,原本服务于治理内容的外在手段和形式反而成为目的本身。

第四节
任务的异化:基层电子形式主义的生产机制反思

政务 App 和微信是典型的 Web2.0 信息技术,这是一种包含着多元化沟通模式和内容的聚合性媒介,不管是自上而下还是自下而上的对话与交流都变得轻而易举,与现代治理天然具有高度的契合性,对现代治理意义不言而喻。[①] 然而,M 镇的例子表明,在基层常规任务运作中,新的技术不少时候并没有提升基层治理的质量,反而产生了各种新的形式主义,使得基层政府为新技术所累。为什么会这样?技术运行中的常规任务异化逻辑为我们分析这一问题提供了有价值的启示。

一、被在线化的任务与电子形式主义的产生

在多重任务压力下,权小责大、资源匮乏的基层政府必然会基于自身

---

① Michael Anthony C. Dizon, Participatory Democracy and Information and Communications Technology: A Legal Pluralist Perspective, *European Journal of Law and Technology*, Vol. 1, No. 3, 2010, pp. 1-36.

的利益加以选择性地执行。① 基层政府必须把主要精力放在上级政府关注的中心任务上,这是硬性任务,必须保质保量甚至超值超量地完成,否则就会被问责。② 相比较而言,常规任务可量化的程度不高,只要求在数量上达标,按部就班地完成任务即可,而且往往只看材料或档案③,把常规任务推向程序化的、流程化的技术运作机制从而把更多的精力集中于中心任务,成为基层政府理性的选择。大量基层日常事务被纳入各种新技术运作系统和平台,编入简单化和封闭性的计算机程序,不再需要由基层政府人员在真实治理情境中面对面地处理。

"掌上基层"App由M镇所在的市政府主导开发并在基层全面推行,几乎所有的常规任务都被纳入"掌上基层"App,这些任务涉及方方面面,被细化为20多项,包括矛盾纠纷、农林水利、卫生健康、治安隐患、信访维稳、自然灾害等,几乎涵盖了党务、政务和居务等所有的常规任务。与此形成鲜明对照的是,M镇的主要精力和资源放在了上级政府重点考核和关注的各种中心任务。表6-4是2022年M镇所在的Z市列出的要求各乡镇必须完成的主要指标和重点工作责任清单,指标包括从经济发展到环保等十个方面,与之对应的是八大专项行动。这些中心任务每一项都由具体的部门和个人牵头负责,大多最终都落在乡镇(街道)头上,必须由镇领导亲自挂帅,组织化动员,层层推进,且须尽全力努力完成。依据Z市下达的重点工作及设立的目标责任考核,M镇不得不集中注意力完成这些中心任务。在繁重的中心任务压力下,把各项常规任务推向各种平台,以在线化的形式运作无疑是一个省时省力的理性选择。常规任务的技术化运作和中心任务的组织化运行成为M镇基层治理中的一种基本模式。常规任务的在线化使得基层干部既用不着下乡调研、走访群众,也用不着深入一线、亲身考察,只需通过各式各样的"电子化台账",就可以坐在办公室里完成本

---

① Kevin J. O'Brien & Lianjiang Li, Selective Policy Implementation in Rural China, *Comparative Politics*, Vol. 31, No. 2, 1999, pp. 167-186.
② 杨华、袁松:《中心工作模式与县域党政体制的运行逻辑——基于江西省D县调查》,载《公共管理学报》2018年第1期。
③ 王汉生、王一鸽:《目标管理责任制:农村基层政权的实践逻辑》,载《社会学研究》2009年第2期。

表 6-4 Z 市下达到 M 镇的中心任务一览表

分块	主要工作	责任单位
主要指标	生产总值增长 7.5%左右	发改局、各部门、各镇乡(街道)
	研发投入强度达到 2.7%以上	科技局、各镇乡(街道)
	全员劳动生产率增长 8%	发改局、经信局、各镇乡(街道)
	固定资产投资增长 10%以上	发改局、各部门、各镇乡(街道)
	社会消费品零售总额增长 8%	商务局、各镇乡(街道)
	外贸出口保增长稳份额,自营出口额增长 7.5%以上	商务局、各镇乡(街道)
	一般公共预算收入增长 7.5%以上	税务局、财政局、各镇乡(街道)
	城乡居民收入增长与经济增长基本同步,收入比持续缩小	发改局、各部门、各镇乡(街道)
	城镇登记失业率控制在 3%以内	人力社保局、各镇乡(街道)
	完成上级下达的能源和环境计划指标	发改局、生态环境分局、各镇乡(街道)
八大专项行动	市场主体培育壮大行动	市场监管局、经信局、商务局、各镇乡(街道)
	同城提速加码行动	发改局、相关部门、各镇乡(街道)
	有效投资攻坚突破行动	招商投资促进中心、各部门、各镇乡(街道)
	改革试点竞跑争先行动	改革办、数字化改革专班、组织部、相关部门、各镇乡(街道)
	平台园区提档升级行动	经信局、开发委、各镇乡(街道)
	人居环境优化提升行动	生态环境分局、相关部门、各镇乡(街道)
	平安建设示范行动	应急管理局、相关部门、各镇乡(街道)
	民生实事落实行动[水环境美丽提升工程、公共卫生临床中心建设工程、智慧化村卫生室(站)达标提升工程、镇村消防安居工程]	各相关部门、各镇乡(街道)

资料来源:Z 市《〈政府工作报告〉2022 年主要工作责任清单》,责任单位的第一个为牵头单位。

部门的组织任务。① 在这些新技术平台的有力"加持"下,基层政府人员只需要进入 App 任务端口,随时随地在线派发任务,在电子表单中的固定模板中填写任务要求,经由智慧平台的自动化运作和微信群进行实时监督,而常规任务运行的结果只需要在形式上、指标上达到要求就可以了。在中心任务的压力下,日常性的常规任务被高度形式化、符号化,这是基层电子形式主义产生的重要源头。

> 基层工作压力很大,来自上面的各项重点任务很多,每一项上面都盯得很紧,来不得半点马虎。通过"掌上基层"App 和微信群,节省了大量的精力,以前很多事情必须自己跑到下面的村,现在只要在手机上点击,下面马上就能收到,这对于我们来说,也是一种"减负"。只要不是很重要的事情,我们都是通过手机发布任务,网格员上报材料和照片,有空的时候看看任务完成情况,减少了沟通对接的时间,整个过程效率非常高。(访谈对象:M 镇应急办主任、网格管理员,访谈编号:MJ20220115)

二、个人意志嵌入与任务的形式化运行

技术的使命是通过化简可能性的方式把事物引出来,它必然为操作者预留了指引化简方向的权力。② 在基层常规任务的在线化运作过程中,新技术看似自动化运行的背后隐藏着强烈的官僚意志植入,基层官僚出于避责和邀功的动机,会积极介入到技术运行过程,推动常规任务的形式化运作。常规任务一般情况下很难引起上级的关注,但是在两种情况下例外:一是看似普通的常规任务却做得很出彩;二是本来平常的任务却出了问题。前一种情况是基层官僚的主动邀功行为,数字化形式主义的出现源于

---

① 周少来:《"电子官僚主义":一种披着"新马甲"的官僚主义》,载《党员文摘》2020 年第 12 期。
② 彭亚平:《技术治理的悖论:一项民意调查的政治过程及其结果》,载《社会》2018 年第 3 期。

官僚制内部的基层政府部门为了获得更多的来自上级政府的注意力资源。① 为了更有效地引起上级政府的注意力，基层政府人员会充分运用新的信息技术平台收集各种"材料"，使得常规性的任务表面上看起来充满"亮点"。而后一种情况则是基层政府人员的避责行为。在信息不对称的层层代理格局下，下级政府会通过各种形式向上级政府传递信号来表明自己完成了任务，从而为上级政府认可工作成效提供佐证，以规避政治风险。② 信息化系统不仅能够在第一时间向上传递信号，更重要的是，可以有效地保存常规任务"圆满"完成的最直观的"证据"，从而成为最为有效的信号发送工具。与过去面对面的、组织任务运行过程相比，这种出于邀功和避责动机的行为在技术系统中显得更加隐蔽，使得基层常规任务的形式化运作更加堂而皇之。

从技术运作过程来说，在 M 镇，常规任务的路径通常是两种：一是上级政府或各条线派发到 M 镇的相关任务，如民政、市场监管等相关任务；二是 M 镇基层政府基于具体情况自主指派的任务。大多情况下，这些任务都是通过"掌上基层"这一自上而下直到网格员的 App 实现的。除了"掌上基层"App，各个部门还会进一步通过网格员微信群进行下达通知与额外的任务指派，M 镇网格员也会对上级通知、村里的事件以及诉求在微信群及时汇报、响应与反馈，并将完成情况及时录入到"掌上基层"App，上级政府即可在该系统实时监测和了解到基层情况以及网格员的工作状况。不管是哪种情况，M 镇的网格管理员或其他基层政府人员都具有较大的操作权力，可以充分利用操作端口嵌入自身的意志，实现邀功或避责。例如，来自市场监管部门的有关"全科网格员食品安全知识考核"的任务，设定的要求是"100%通过在线考试"，也就意味着只需得到 60 分即可，但是在 M 镇网格员的任务要求窗口中则被设定了"100%考试达到优秀(85 分)

---

① 陈新：《注意力竞争与技术执行：数字化形式主义的反思及其超越》，载《社会科学战线》2021 年第 8 期。
② 季乃礼、王岩泽：《基层政府中的"留痕形式主义"行为：一个解释框架》，载《吉首大学学报（社会科学版）》2020 年第 4 期。

以上",目的是"给 M 镇的网格员队伍争光"。而微信群以更加直接和简单的方式,在强化基层官员意志嵌入方面扮演了重要的功能,网格管理员和其他基层政府人员会在微信群里以@所有人或某些网格员的形式,督促网格员必须 100% 达到优秀以上,那些在群里晒出得到高分截屏的网格员会被点名表扬。

"掌上基层"App 一般是以规范化的运作形式出现,网格管理员在操作窗口按照规范程序转发上面的任务或自主发布相关任务,但是基层政府人员真实的意志有时会通过微信群这一"非正式"的技术形式嵌入到任务运作的实践过程。以疫情防控宣传为例,网格管理员通过"掌上基层"App 把任务发送给网格员,网格员进入"任务中心"领取任务,在规定的时间内完成任务之后上传照片并点击"任务完成"按钮。但是在微信群里,网格管理员和相关政府人员为了更好地"留痕",会要求网格员在群里上传大量的相关照片、手机截屏,并对照片的拍摄角度、人物、场景等进行具体要求。这些按要求拍摄的照片成为宣传自身工作成效的重要材料。笔者在当地的新闻客户端发现,微信群中网格员按要求拍摄并上传到群里的一张疫情防控宣传"标准照"被用在了宣传 M 镇积极进行疫情防控的新闻报道中,照片下方的内容说明为:"M 镇网格员深入网格区,开展走访摸排工作……并第一时间上报 M 镇疫情专班核查。"平台发布任务,通过微信收集图片和相关资料,再回到平台完成操作成为基本的任务运作模式,图 6-2 对个人意志嵌入与常规任务的形式化过程进行了呈现。

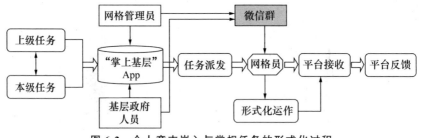

图 6-2 个人意志嵌入与常规任务的形式化过程

三、压力下的数量化考核与任务的形式化落实

从任务的运行过程来说,基层政府人员通常只是各种常规任务的"转发者",而最终的执行者则是网格员。在当前的压力型体制下,网格员在很大程度成为基层治理网络的末端,是常规任务治理中自上而下压力的最终承载者,面临着巨大的压力,简单地说就是事多、钱少、无权。"事多"体现为网格员承担了各种任务。在我国当前压力型体制下,基层政府依靠原有自上而下的控制链条,以网格化的名义嵌入社区,网格事实上已经成为政府向社区延伸的"责任田"。① 网格员最终承载了来自上级"千条线"上的各类任务,承担了无限的责任,功能趋向泛化。② 在《M 镇网格员百项工作清单》中,网格员的工作被细化为整整 100 项,这些工作涵盖了"掌上基层"App 中列出的所有事项,但是更为细致、繁杂,而没有明确列出的事项一概被列入"其他事项",其实有关本村社的任何事情,最终都会落到网格员身上。与此同时,M 镇网格员往往还要兼任护林员、食品卫生员、污水巡查员、"平安三率"宣传员等十多项身份,对于每种身份,都列出了长长的工作"职责清单"。③ "钱少"就是农村基层网格员报酬普遍较低。网格员走向全科化和专职化后待遇虽然有明显提升,但是这种待遇在无限的任务清单对比下还是显得比较少。网格员的报酬通常以本网格的人口规模为依据,按月支付,在笔者所在的省份,城市网格员每个月的收入多的能够达到五六千元,但是在农村地区,不少网格员的收入甚至不到 2000 元。M 镇网格员的普遍收入在每月 1500—2500 元,除此之外基本没有其他的报酬。"无权"主要在于网格员的身份,网格员既不是公务人员,也不是村社委员会成员,在某种程度上说只是基层政府雇佣的"临时工",在各种需要村民配合的任务中往往处于尴尬的境地。

更加重要的是,由于常规任务往往强调的是"量"的考核和过程上的规

---

① 吴晓林:《社区治理未必全都网格化》,载《学习时报》2015 年 9 月 17 日第 10 版。
② 孙柏瑛、于扬铭:《网格化管理模式再审视》,载《南京社会科学》2015 年第 4 期。
③ 以 M 镇网格员兼任的"护林员"身份为例,要求对所管护区的山林进行巡查,具体是:非防火期每周 1 次,防火期(11 月 1 日—次年 4 月 30 日)每 3 天 1 次,特殊时期(清明、冬至、过年前后、法定假日)每天 1 次。巡查内容包括林木砍伐、野外用火、灾害、病虫、垃圾等。

范性,从而使得压力下的网格员逐渐开始制造形式化的结果以满足数字化运行的要求。各个条线、部门对基层政府各种常规任务的考核基本上是每月、每个季度的数量考核,满足上级对常规任务的数量化考核是基层政府人员对常规任务的基本运作方式。基于此,基层政府人员把上级的这种数量化任务要求转变成对网格员的要求。表 6-5 显示了对网格员的考核要求,所有的指标都只强调"量",对于到底完成如何的"质"和"效"则没有提及,在这种量化的指标下,多重压力下的网格员面对来自信息平台和微信群指派下来的常规任务时,常常没有精力也没有能力不折不扣地执行。正如安东尼·吉登斯所言,现代性的降临,通过对"缺场"的各种其他要素的孕育,日益把空间从地点中分离出来,远离了任何给定的面对面的互动情势①,信息技术在基层的渗透无疑使得这种"缺场"表现得更加明显。由于智慧化平台和微信群的信息反馈机制都是建立在来自最基层的数据和资料基础上的,而这些数据和资料取决于网格员人格化的操作行为,这给网格员留下了足够的应对任务的"自主空间",能够有针对性地采取形式化的应对策略。

表 6-5　M 镇网格员考核指标

事项	具体事项	奖惩分(总分 100)
奖励	月排位前三位的网格内专职网格员	＋30、＋20、＋10
惩戒	人均有效信息数每月≤15 条(计算结果四舍五入)	－5/条
	网格内事件受理不及时、处理不到位、无效结案的	－1/件
	专职网格员在线率,每周检查一次	－1/次
	专职网格员在线时长、公里数未达标	－1/公里
	重点人员、重点场所每月走访少一次	－1/次
	被市级部门通报	－1/次
	平安宣传每月每网格少于 30 户或其他宣传工作未及时落实的	－2/次

资料来源:《M 镇网格员考核细则》。

面对这种数量化的考核要求,多重压力下的网格员的理性化应对方式

---

① 〔英〕安东尼·吉登斯:《现代性的后果》,田禾译,译林出版社 2000 年版,第 16 页。

就是制造数字、制造痕迹，以满足新技术运行的逻辑和过程。面对被派发下来的各种任务，M镇网格员主要采取三种形式主义的电子应对方式：一是几乎零成本的纯指尖任务，积极响应，主动完成。诸如点赞、打卡、投票等任务，几乎所有的网格员都会积极完成，把相关的照片、截屏接龙式地在群里上传，然后@微信群里的"领导"。二是对于相对"务虚"的任务，注重留痕并主动在微信群汇报。所谓"务虚"的任务，通常指的是各类宣传任务，这些任务结果很难衡量、量化，网格员不仅会在"掌上基层"App按照系统运行程序上传照片，同时也会上传到微信群。这样做，一方面是为了向上级表明已经完成任务，工作到位；另一方面也是一种避责行为。比如在M镇网格员微信群中，在一次当地中学生被电信诈骗的事件发生后，群内一位负责反诈宣传的派出所人员对网格员之前的反诈宣传工作表示质疑，而这很快遭到了来自网格员的回应：该做的都做了，有照片为证，自己并没有责任。三是对于难以完成的任务，制造"材料"以应付平台系统的痕迹要求。对于一些完不成的任务，为了满足数量的考核要求，有时候网格员不得不"自己动手"制造材料，并在系统中上传。典型的是每个网格员按规定每个月必须完成本网格15件"事件"的上报量，但是事实上，并不是每个月都有那么多"事情"，因此网格员不得不采取各种"办法"加以应对。

可以看出，在基层政府、基层政府人员和网格员等行动者有意识地多重运作下，新技术在基层常规任务的运行过程中很大程度上被扭曲，那些原本更有效解决现实问题、反映基层社会需求的新技术形态反而催生了新的形式主义。第一重运作是基层政府对新技术功能的组织建构。新的技术包括政务App、微信群等，从一开始就被设定为常规任务的指派和监督的工具。基层政府出于竞争压力和在中心任务的注意力分配的牵引下，把大量日常性的、程序化的常规任务纳入新的技术系统，充分发挥新技术符号化、简单化、程序化的特征，把原来的街头官僚转变成电脑屏幕官僚（Screen-level Bureaucracy）。[①] 第二重运作是基层政府人员对技术过程的

[①] M. Bovens & S. Zouridis, From Street-level to System-level Bureaucracies: How Information and Communication Technology Is Transforming Administrative Discretion and Constitutional Control, *Public Administration Review*, Vol. 62, No. 2, 2002, pp. 174-184.

个人建构。为了实现对上邀功和避责的双重目标，基层政府人员有意识地在技术运行过程中嵌入个人意志，充分运用新的技术手段强化常规任务管理过程的痕迹化、形式化。第三重运作是在具体任务情境中的网格员对技术结果的建构。因此，在复杂的任务情境中，网格员面对多重任务压力，以最低的成本和风险，选择性地把常规任务符号化、形式化以满足技术运行的需求。第三重运作贯穿基层常规任务技术运行中的整个过程，相互紧密联系并相互强化，产生日益明显的"技术—制度"之间的反应链，从而使得基层为形式所累，又不得不参与到形式主义的制造过程中。基层政府是电子形式主义负担的承载者，也是电子形式主义的制造者，自上而下的压力机制与自下而上的理性应对机制嵌套在一起，共同建构着基层电子形式主义，如图6-3所示。

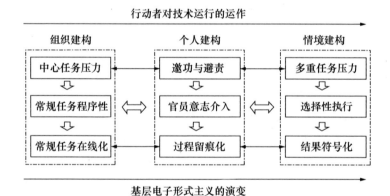

图 6-3 常规任务的运作与基层电子形式主义产生的逻辑

四、结论与讨论

新的信息技术在基层治理中的广泛运用在很多时候并没有带来治理水平和能力的提升，反而催生了新的电子形式主义。在特殊的制度环境和权力运行模式下，信息技术的简单化可能导致组织任务的符号化，而封闭性则可能使官僚意志的介入被打破，当信息技术嵌入特殊的制度体系和组织文化的时候，组织任务的运作可能会发生扭曲，导致任务来源失真、任务过程失真和任务结果失真。基于对 Z 市 M 镇的考察,我们可以得出基本结论:电子形式主义之所以会产生,是因为大量的常规任务被纳入新的技术系统后,基层政府人员和网格员对技术有意识运作的结果,在技术逻辑与特殊的压力型体制的反应链作用下,常规任务在新技术中的运行被扭曲和异化。基层常规任务与技术运行的简单化逻辑高度契合,从源头上说,处于政府注意力边缘的常规任务从纳入技术系统运行的那刻开始就被有意识地符号化、形式化了,在技术化简作用下,人与人、国家与社会的关系被"物化",化简成一个图谱式的技术运作过程[1],使得常规任务失真;从过程来说,基层政府人员出于避责和邀功的动机对技术运作过程的意志嵌入在一定程度上改变了技术运作的封闭性过程,导致任务运作的扭曲,使得任务过程失真;从结果来说,压力型体制下的网格员在多重任务下会选择理性化的形式主义任务执行策略,导致任务最终结果的失真。

  当然,从根本上来说,电子形式主义是新技术被压力型体制所塑造的结果。当信息技术受到官僚体系中特殊的制度环境和组织安排的影响时,其更像是被组织所形塑的技术。技术与制度之间的互构效果不是直接的也不是结果性的,而是复杂的和高度相互依赖的。信息技术在为政府部门带来利益的同时也在无形之中加强了原先官僚科层体制内部的监督和考核,对处于行政链条最底端的基层政府来说,信息技术在基层的嵌入使得先前的监督和考核更加隐蔽和严密、范围更广、方式更为多样,基层负担变相被技术所加码。如信息技术嵌入基层后,基层干部时时刻刻跟数字化软件打交道,要每天在钉钉、微信群签到并受监督,更为精细化的责任追究,各种政务 App 和微信公众号被纳入考核范围之内,在日常工作中耗费大量的时间和精力来汇报和处理每月、每季度的电子台账和表格,以及烦琐重复的信息系统的录入等。这也是为什么在信息技术嵌入下,基层整体治理效能无法得到有效提升,反而涌现出"电子形式主义""信息官僚主义"以及基层负担不减反增的现象。表面上看,科层制的等级结构受到了来自信息技术的冲击,但是很多研究发现,官僚制的内部特征没有被削弱,其地位

---

[1] 吴旭红、何瑞:《智慧社区建设中的行动者、利益互动与统合策略:基于扎根理论的探索性研究》,载《甘肃行政学院学报》2019 年第 6 期。

依然位于组织体制的首位。① 因此,从更深入的角度来看,信息技术嵌入我国特殊官僚体制后,受固有制度环境的影响,会加强其自上而下的权力逻辑。也就是说,基层政府部门中存在的如形式主义、官僚主义等问题,因为信息技术的嵌入,可能变得更加严重、更加隐蔽和严密。

---

① 冷涛、周雅颂:《中国官僚制何去何从?——一个政府治理能力现代化的视角》,载《黑龙江社会科学》2016年第1期;朱明仕、柏维春:《论行政发展的政治逻辑——基于合法性的分析》,载《苏州大学学报(哲学社会科学版)》2011年第6期。

第七章

应用规范化：
基层新技术负能的专项整治

近年来，政务 App、微信公众号、钉钉等政务新技术工具在基层工作中得到了越来越广泛的运用，随之来的是各种"指尖任务""指尖形式主义"不断出现，让很多基层政府疲于应付。① 这引起了中央的高度重视，破除指尖上的形式主义，发挥信息化工具在基层治理中的增效功能，成为基层减负面临的新课题。规范基层新技术的应用成为减轻基层负担的重要抓手，2020 年年底以来，规范基层新技术应用成为中央减轻基层负担的一个重要举措，在中央的推动下，这几年各地围绕着减轻基层负担，开展了推进基层新技术应用规范化的专项治理活动，取得了积极效果，但依然存在着一些有待解决的问题。

第一节
基层新技术负担的专项整治

以互联网为代表的信息化在我国的普及大概有 20 多年的历史，早在 10 多年以前，互联网＋基层治理就成为一种趋势，越来越多的基层政府开始接触并将其纳入治理过程，但是，有关新技术给基层政府带来的负担被广泛关注则是 2012 年之后的事情。2012 年开始，微信作为一种新媒体形态被广泛应用，随之而来的是各种微信群在基层治理中"遍地开花"，之后各种信息化新技术应用得到了非常快速的发展，政务 App、微信公众号以及形形色色的应用程序，充斥在基层治理过程中，基层政府的新技术负担引起了越来越广泛的关注，成为基层负担中的一个新问题。

---

① 王从虎：《警惕"指尖上的形式主义"》，载《人民论坛》2019 年 8 月下（特）。

一、专项整治：内涵与逻辑

专项治理是具有中国特色的公共政策实践工具，我们经常听到的"专项行动""专项整治""专项检查"等很多时候都是专项治理的代名词。① 所谓专项整治，就是面对某一特定的需要解决的问题和突破的困境，有关部门高度关注，通过集中资源和注意力，在规定的时间内以自上而下的权威动员和推动加以解决的治理模式。专项整治与第四章提到的项目式治理有着某些共同的特征，如在规定的时间内集中资源，进行自上而下的权威推动。但是，二者也存在着很大的区别，最重要的不同是，专项整治针对的是实践中存在的困境和难题，往往是一些积重难返，产生负面效应，引发高度担忧的问题，"整治"内含"整顿"和"治理"的双重含义，是一种事后的纠正行为；项目式治理则并不一定面对实践中亟须解决的困境和难题，而往往是政府期待达成某一新的目标和工作，是领导个人或组织觉得需要完成的重要事情。这意味着，专项整治是针对某一突出的问题进行专门的整顿和治理，以纠正错误，使得主体回归正常的状态和规范化运作过程。

专项整治有几个明显的特征：一是明显的纠偏导向，专项整治通常不是为了推行新的项目和达成创新，而是解决旧的问题，整顿不良风气，消除不良影响，"整顿"是前提、基础，然后才是"治理"。专项整治通常是在特定环境下所采取的特定的执法方式，针对社会公共问题中的某一特定问题所进行的治理活动，针对某一阶段内社会广泛关注的焦点实行有针对性的治理行为。② 二是有明确的时间边界。专项整治往往是在短期内需要完成的纠偏行为，强调强烈的时间约束，一些专项整治通常会冠以"百日行动""整治月""整治周"等突出时间节点的名称。正是这种明确的时间边界，专项整治具有临时性的特征，也就是说，一旦预定的整治目标在规定的时间内达成，专项整治也就结束了。三是专班化的工作机制。工作专班是中国

---

① 臧雷振、徐湘林：《理解"专项治理"：中国特色公共政策实践工具》，载《清华大学学报（哲学社会科学版）》2014 年第 6 期。
② 殷冬水、邢轶凡：《从专项治理到制度治理——当代中国国家治理变革的实践逻辑与战略选择》，载《社会主义研究》2019 年第 3 期。

国家治理体系落实非常规任务的一种典型组织方式,它不仅是对科层运作的有效补充,还对科层制治理起到重构作用。① 为了提升专项整治的效率,很多时候,专项整治会建立专班工作机制,建立跨部门的矩阵式管理结构,如各职能部门抽调人员成立"工作小组",围绕专项工作目标,划定职权范围。除此之外,在一些专项整治活动中,还会建立专项财政经费支持。②

从最简单和直观的理解来看,专项整治就是集中专门的人力和物力,对某一突出的问题进行专门的整顿和治理,以在短时间内扭转局面。因此,专项整治背后蕴含着强烈的效率和权威逻辑,由于具有操作简单、立竿见影、适用广泛等特点,专项整治被称作"现实速效药",即专项整治借助强有力的行政权威和自上而下的组织动员,能在相对杂乱的治理场景中以较快的速度建构起明确的权力体系,是解决政府治理权责混乱的"速效药",这种效率逻辑与我国政治体制、现实国情和政府治理逻辑深度契合。由于相关部门高度关注,并得到领导的支持,通过强有力的命令和组织权威层层推进、落实,可以绕开可能耗时耗力的各种烦琐的常规程序和过程,有效地降低了治理难度和复杂性。③ 足够的权威支持是高效率的前提和保障,而高效率则是一种可以预见的结果。

二、基层负担:新技术负担专项整治的特殊背景

专项整治形成的重要条件是上级政府和领导对特定问题的注意,也就是关注度,议题的重要性、问题的严重性在很大程度上影响着领导人的注意力分配。④ 中央对基层政府的负担问题一直高度关注,尤其是近几年来,基层政府的负担问题成为中央关切的问题之一。基层政府作为连接国家与社会的重要桥梁,在推动国家的经济发展、政治建设、文化宣传以及社

---

① 李婷、杨宏山:《工作专班如何落实非常规任务?——重构科层制治理的一个分析框架》,载《政治学研究》2023年第4期。
② 杨帆、章志涵:《"繁文缛节"如何影响专项治理绩效?——基于基层政府数据的混合研究》,载《公共管理评论》2020年第4期。
③ 孙峰、魏淑艳:《政府治理现代化视域下专项治理的悖论与消解——以深圳市"禁摩限电"为例》,载《东南学术》2018年第3期。
④ 陈思丞、孟庆国:《领导人注意力变动机制探究——基于毛泽东年谱中2614段批示的研究》,载《公共行政评论》2016年第3期。

会维稳方面都发挥着重要作用。基层治理是国家治理的重要组成部分,国家治理体系和治理能力现代化的根基在基层,习近平总书记强调:"基层强则国家强,基层安则天下安,必须抓好基层治理现代化这项基础性工作。"①然而,长期以来,基层权小责大、资源匮乏问题突出,基层干部承载着超负荷的工作,许多基层干部疲于应对,基层干部身兼数职,"5+2""白加黑"等现象屡见不鲜。特别是近年来,随着国家各种资源向基层的下沉以及体制的改革创新,基层干部与群众的联系越来越密切,代理了更多乡村公共事务,科层体系等级化运转的体制性压力都传导到乡镇②,"上面千条线,下面一根针"生动呈现了基层的工作困境。由于长期处于高强度和高压力的状态,一些基层干部难以适应,由此催生了不少形式主义现象,影响到其谋事干事的积极性,在主动担当方面明显不足,一定程度上降低了基层治理的整体效能。近年来,基层干部压力过大、负担过重等问题得到了社会的广泛关注,频频出现在各大新闻媒体的版面(见图7-1),2017—2022年社会对基层干部压力关注度不断攀升,希望为基层干部松绑、赋能。

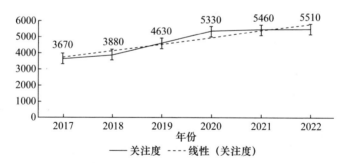

图 7-1　2017—2022 年基层干部压力关注度(单位:万次)
资料来源:数据由百度主题搜索每年"基层干部压力"结果数整理所得。

与此同时,中央纪委国家监委公布的全国查处形式主义、官僚主义数

---

① 闫萍:《努力探索超大城市基层治理现代化之路》,http://theory.people.com.cn/n1/2021/1025/c40531-32262766.html,2023 年 5 月 12 日访问。
② 杨磊:《返场、控制与捆绑:乡镇干部的压力源及其解释》,载《公共管理与政策评论》2020 年第 1 期。

据统计情况,也从另一个侧面反映出各地区、各部门推进基层减负工作的进展与必要。截至 2022 年下半年,全国纪检监察机关共查处形式主义、官僚主义问题 28.2 万个,批评教育帮助和处理 41.0 万人,其中给予党纪政务处分的有 24.3 万人。① 在查处文山会海反弹回潮、文风会风不实不正及督查检查考核过多、过频、过度留痕给基层造成沉重负担问题方面取得了显著成效,但基层负担问题依然没有得到彻底解决(见图 7-2)。因此,如何让基层干部轻装上阵,将他们从一些无谓的事务中解脱出来,切实为基层松绑减负,充分激发基层干部的担当作为、主动作为依然是我国基层治理中需要解决的重要问题。

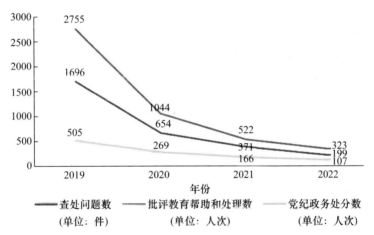

图 7-2　2019—2022 年查处违反中央基层减负精神的问题数
资料来源:根据中央纪委国家监委网站数据整理。

党中央和习近平总书记把整治形式主义为基层减负作为党的作风建设的重要内容来抓,统筹部署、持续推进。习近平总书记就促进"基层减负"作出了一系列的重要指示②,2019 年 3 月,中共中央办公厅印发《关于解决形式主义突出问题为基层减负的通知》,明确提出把 2019 年定为"基

---

① 瞿芃:《持续深化纠治"四风"重点纠治形式主义官僚主义》,https://www.ccdi.gov.cn/yaowenn/202210/t20221020_225733.html,2023 年 5 月 12 日访问。
② 邓斌、龚照绮:《基层减负的治理困境及梳理——以 C 市 Q 区市场监督管理局"形式主义"整治为例》,载《重庆社会科学》2021 年第 9 期。

层减负年",并启动了中央层面整治形式主义为基层减负专项工作机制。随后,各省市也启动了相应的整治形式主义为基层减负的专项工作机制,专项机制在各级党委集中统一领导下开展工作,省(市)委办公厅(室)牵头,纪委监委、组织部、宣传部、改革办、人大常委办、政府办公厅(室)等有关部门参加,负责协调统筹推进、落实基层减负工作,并设立了督查室,定期召开专项会议。2020年4月,中共中央办公厅印发《关于持续解决困扰基层的形式主义问题为决胜全面建成小康社会提供坚强作风保证的通知》,强调要继续深化拓展基层减负工作,全面检视、靶向治疗。近年来,中央召开的专门会议、印发的专门针对基层减负的通知等情况见表7-1所示。特别是党的二十大以来,中央强调要锲而不舍地落实中央八项规定精神,把解决形式主义突出问题和为基层减负有机地结合起来,各地区各部门需要持续纠治捆绑基层干部干事创业手脚、加重基层干部压力的突出问题,为基层卸下不必要的负担。

表7-1 近年来党中央和习近平总书记对基层干部负担关注一览表(部分)

时间	主要内容
2017年12月	习近平总书记就新华社《形式主义、官僚主义新表现值得警惕》一文作出重要批示
2019年3月	中共中央办公厅《关于解决形式主义突出问题为基层减负的通知》,并把2019年作为"基层减负年",明确树立了为基层松绑减负、激励广大干部担当作为的导向
2019年12月	中共中央政治局专题民主生活会审议通过《关于解决形式主义突出问题为基层减负工作情况的报告》
2020年1月	中共中央政治局召开会议,指出要持续整治形式主义、官僚主义,加强机关作风建设
2020年4月	中共中央办公厅印发《关于持续解决困扰基层的形式主义问题为决胜全面建成小康社会提供坚强作风保证的通知》
2020年6月	中央层面整治形式主义为基层减负专项工作机制会议召开,指出以钉钉子精神把深化拓展基层减负工作一抓到底
2021年1月	习近平总书记在十九届中央纪委五次全会上指出,要毫不松懈纠治"四风",坚决防止形式主义、官僚主义滋生蔓延
2021年3月	中共中央办公厅印发了《关于解决形式主义突出问题为基层减负的通知》

(续表)

时间	主要内容
2021年4月	《中共中央、国务院关于加强基层治理体系和治理能力现代化建设的意见》
2022年3月	中央层面整治形式主义为基层减负专项工作机制会议召开,指出基层减负三年以来,要坚持发扬自我革命精神,自觉查摆和纠正问题,确保各项减负措施落到实处
2022年9月	中共中央政治局召开会议审议《关于党的十九大以来整治形式主义为基层减负工作情况的报告》
2023年6月	中央层面整治形式主义为基层减负专项工作机制会议召开,指出要更加坚定不移加强作风建设,通过深化拓展整治形式主义为基层减负
2024年8月	中共中央办公厅、国务院办公厅印发了《整治形式主义为基层减负若干规定》

资料来源:作者根据相关资料整理。

三、中央注意力牵引下的基层技术负担专项整治

随着各种信息化应用以"互联网＋基层治理"和基层数字化转型的名义在基层大量渗透,新技术在基层应用的滥用、异化等产生的基层"指尖上的负担"问题被中央高度关注。基层的微信工作群和钉钉工作群的数量多,一个基层干部甚至拥有二三十个工作群,且很多工作群内出现了许多重复的内容,这些都在无形中增加了基层干部的压力。各个条线部门都纷纷推出了各种所谓新技术应用程序,直接延伸到基层。以某省为例,2022年各个部门、各个层级主导开发建设、管理使用了大量可延伸到基层的各类数字化应用,名目层出不穷。由于缺乏统筹,存在着明显的重复建设问题,往往一个部门同时主导、管理多个甚至十几个数字化应用。据统计,目前,仅省级层面,就有30多个党政部门、单位建设了各类贯穿到乡镇(街道)和村社的数字化应用,这些数字化应用总数超过210个(见表7-2)。其中,数量最多的是省自然资源厅(省林业局),达到21个,涉及省域空间治理、耕地保护、违建治理、地质灾害监测、森林巡防等。排在第二的是省卫健委(省疾控中心),数量为18个,省司法厅、省农业农村厅、省总工会、省市监局、省民政厅等部门建设的贯穿到基层的数字化应用数量均超过10

个。地市、县、区级同样建设了各类贯穿到基层的数字化应用,一般市级部门、单位建设的各类贯穿到基层的数字化应用总数达到了10多个,而区级则更多。据笔者统计,省、市、区级部门、单位贯穿到基层的各类数字化应用总数超过了300个。①

表7-2 某省省级部门贯穿到基层的数字化应用情况(部分)

部门	应用数量	代表性应用举例
省自然资源厅	21	空间治理数字化、耕地保护、违法建筑防控、地质灾害风险管理等
省卫健委	17	驻村社区防控、国家卫生乡镇评价、农村改厕信息管理等
省司法厅	17	司法行政内跑平台、行政规范性文件管理、戒治康复管理、社区矫正管理等
省农业农村厅	16	低收入农户帮促、未来乡村在线应用、宅基地数据归集、三资管理等
省总工会	12	劳动关系和职工队伍监测、劳模工作管理、帮扶工作管理、法人资格登记等
省市监局	12	清廉市场监管、特种设备管理、消保在线管理、企业在线管理等
省民政厅	11	康养管理、基层组织管理、社会组织管理、社会救助管理、殡葬管理等
省妇联	9	"四必访四必应"、巾帼共富工坊、家门口创就业、妇女创客园等
省住建厅	8	房屋安全管理、农村房屋信息管理、美丽城镇建设管理、未来社区管理等
省人社厅	7	数字人社工作、劳动人事争议调解仲裁管理、全民参保登记调查等
省财政厅	6	非税征管系统、资产云系统、预算管理一体化系统等
团省委	6	共青团系统工作平台、星火链、委员代表青听站、网上少先队等
省人大	6	全过程人民民主基层单元应用、网上代表联络站、乡镇人大建议报送系统等
省委组织部	5	干部之家、红色根脉强基工程、流动党员模块、公务员云讲堂等

---

① 数据来自笔者基层调研期间所获得的内部资料。

(续表)

部门	应用数量	代表性应用举例
省委宣传部	5	时代先锋网、全民阅读在线、农村文化礼堂智慧服务、理论在线建设等
省统计局	5	投资领域统计管理与监测系统、统计教育培训在线学习、精准智调系统等
省应急管理厅	4	应急管理全覆盖责任体系、应急管理综合指挥减灾救灾系统等
省委政法委	4	重大决策社会风险评估信息管理系统、除险保安晾晒综合应用、平安建设等
省水利厅	4	河长在线、山洪灾害防御数字化应用系统、生态环境问题发现·督察在线等
省民宗委	3	宗教智治应用、民间信仰场所平安巡查应用、民宗快响应用
省高院	3	司法文书公布系统、司法建议信息库、统一通信平台

资料来源：基层内部自我梳理摸排数据。

这种新技术应用的背后往往都伴随着各种相关的考核，如上面提到的所有省级部门和单位贯穿到基层的数字化应用中，有近40%设置了数量方面的考核指标要求，包括点击量、注册量、活跃度、上报数据量、在线办件率等方面，要求每天、每周或每月登录、填报数据，一些地市、区级数字化应用还设置了转发量、阅读量、点赞量等方面的要求。此外，各个条线的部门硬性要求基层干部通过新技术应用进行人为留痕，一些数字报账存在多头统计和重复劳动，使得原本简易的新技术反倒变得更加复杂。微信、钉钉等新媒体技术便捷、即时的特点反倒为上级随时随地发布任务提供了便利，线下会议时间减少了，线上视频会议却出现了不断增多的现象，上级开始使用新技术发布大量的文件通知和命令，看似简化了任务流程、缩短了时间，但实际上却增加了基层的负担。有的政府部门还要求下级干部在不同的App上进行打卡签到，每天拍摄工作照片进行留痕。

2020年9月，习近平总书记对一份就基层新技术应用异化、变味导致基层干部压力重重、负担过重的汇报材料作出重要批示，要求切实规范基层移动互联网程序应用，捵除基层干部身上的"指尖"之苦，为基层干部松绑减负，让基层干部把更多的精力和时间放到实干担当作为之中，充分激发基层干部创业干事的积极性与活力。此后，面向减轻基层负担、规范基层新技术应用的专项整治在中央的有力推动下在全国铺开，在中央层面整治形式主义为基层减负专项工作机制统筹协调推进下，各地各部门对新技术应用中的乱象，尤其是导致"指尖上的负担"的具体表现进行了梳理，并提出了整治新技术滥用的有针对性的具体目标、时间节点、责任分工和实施措施。为了更好地指导各地各部门展开推进新技术应用负担的专项整治，在前期充分的调研和总结的基础上，中央层面整治形式主义为基层减负专项工作机制办公室正式印发了《关于进一步规范移动互联网应用程序整治指尖上的形式主义的通知》，专项整治在全国迅速展开。此后，中央层面整治形式主义为基层减负专项工作机制会议召开，要求各地扎实强化政务 App 等政务应用的规范整治工作，有效促进和引导新技术应用在基层的有序健康发展，强调整治工作必须避免简单化、粗暴化，避免矫枉过正，一关了之。2021 年 2 月，中共中央办公厅印发了《关于进一步解决形式主义问题做好 2021 年为基层减负工作主要措施及分工方案》，其中将规范政务新技术应用、整治"指尖上的形式主义"作为一个专门的问题凸显出来，进一步明确整治的要求和措施。在中央的有力推动下，各省、自治区、直辖市整治形式主义官僚主义专项工作机制也纷纷出台了规范新技术应用减轻干部负担的专门文件，明确目标任务和责任分工，集中时间，扎实深入推进专项整治，并提出了具体的整治方案和有针对性的措施。为了督促各地的专项整治工作，中央层面整治形式主义为基层减负专项工作机制办公室赴多地开展督查和调研，并指导专项整治工作，经过半年左右的时间，各地围绕推进新技术应用规范化减轻基层负担的专项整治取得了积极效果。

第二节
基层新技术负担专项整治的基本内容

早在 2019 年，在中央有关基层减负的文件发布之前，有关新技术应用乱象给基层带来的负担就已经引起诸多的关注，一些地方也开始着手对这一问题进行规范。但是，大多是一种自发性的、零星的行为。中央层面整治形式主义为基层减负专项工作机制启动后,在中央的统一指导和推动下,以减负为目标的基层新技术应用规范化行动变得更加系统,从新技术工具开发、使用到清理都有了较为规范化的要求,有效地推动了基层减负工作。

一、新技术应用的梳理和清理

基层政府新技术负担重最直接的原因在于信息化工具过多、过滥,各种微信工作群、政务 App 充斥基层,大多数的部门都以信息化治理为由自主开发各类小程序,一项工作成立一个微信群,导致工作群非常多。部分地方领导"为创新而创新",将基层治理的信息化转型和"互联网＋政务服务"简单地等同于数据化平台和程序的简单开发和运用,一些新应用平台没有经过有效的需求评估和现实条件的充分论证就匆忙上线。为了提升平台使用的存在感,创造使用率,增加活跃度,各级政府和部门往往通过行政化的手段向基层强行摊派"指尖任务",不仅增加了基层干部的工作负担而且造成了资源浪费。因此,专项整治最重要也最基础性的工作就是对基层新技术应用工具的滥用进行集中清理和整顿。为此,各地成立了专项治理工作专班,负责统筹协调、督促和指导。

各地都把这种清理和整顿作为基层新技术减负的首要任务。通常来说,清理和整顿的新技术应用主要包括两类:一是各级党政部门内部设立的,主要用于推广宣传相关政策、发布部门相关信息、收集与业务相关的各类信息以及用于部署工作的具有内部业务性质的各类微信工作群、QQ 群、钉钉群和微信小程序、公众号等;二是各级党政部门建立的主要用于对下的各种政务新技术应用,如用于向下级政府、部门和相关单位指派工作、部署工作、收集信息、监督考核、通报情况等目的的信息工具,这类新技术应用是基层政府新技术负担最重要的来源。而仅仅用于内部出于工作便利和沟通高效等原因建立的工作群则一般不纳入清理和整顿的范围。具体的清理和整顿工作主要包括以下几个步骤:

首先,统计、清点现有的各类新技术应用。各地对各部门、各层级党政机关延伸到基层的各类政务新媒体,以及公务类 App、QQ 群、微信小程序、微信群、公众号等移动互联网应用程序进行全面梳理、统计，列出详细的清单，包括具体的名称、主管和主办单位、建设初衷、功能定位、现有用户数量、运用频率、使用对象和范围，全面摸清基层新技术工具的"家底"，对可能给基层带来负担的重复性的、多余的、没有实质工作效能提升的存在形式主义负担的新媒体应用进行专题研判。例如，湖南省各地级市由市委督查室牵头，网信办、政务信息中心具体负责清查工作，各县市在两个月的时间内完成这一工作，并上报清单。浙江省由纪委监委牵头，省级8家职能部门横向协作，省市县三级上下联动，开展"指尖上的形式主义"专项整治。坚持问题导向，自下而上摸清问题，对省市县三级开发建设、各层级使用的各类型应用进行"过筛子"对比分析。以"解剖麻雀"的方式下沉基层进行深入调研，省纪委监委要求全省11个设区市纪委监委选取1个乡镇（街道）、延伸1个村（社区）进行"解剖麻雀"式调研，深入一线听取基层呼声诉求，全面剖析和梳理"指尖上的形式主义"问题。

其次，对各类延伸到基层、没有实质效能的新技术应用进行全面清理。在摸清相关部门移动互联网应用程序底数的基础上，各地发布了有关清理微信工作群、政务App等新技术应用的通知。按照"削减取消一批、兼并整合一批、优化提升一批"的要求，进行全面整顿、关停"清零"。一是对长期没有实际运行、没有更新、没有用户，处于空闲状态的所谓"空壳类""僵尸类"新技术应用程序进行清理，这些应用基本上处于"荒废"状态，与基层治理实务明显脱节，无人维护，但是占用资源。二是对尽管在运行、一直在使用，但是使用范围非常小，针对对象非常有限，使用频率非常低，与其他新技术应用在功能上存在着严重重叠，功能相对单一的新技术应用进行清理、合并。三是大力清理微信工作群、QQ群和钉钉群。对于基层干部反映突出的各种工作群过多问题，各地普遍要求一个部门、一个单位原则上只建立一个工作群，尽量避免把各基层干部拉入群，避免以工作名义把群变成派送任务的工具，通过群简单地收集图片、文字等痕迹资料，严格禁止绕开正常的工作程序，跨层级建立各种群，已经有相应的政务App和公众号等新技术应用的，严格在此之外建立非正式的微信群和QQ群，避免出现"一事一群""一事多群"问题，对因某一工作任务出于沟通的便利性而建立的临时性微信群、QQ群，须在工作任务结束后的第一时间予以解散。在专项整治开始后，各地在清理新技术应用方面成果显著，如江西省截至2021年8月清理整合38个政务App，网络工作群清理率达65.8%；[1]截至2022年年底，江苏省市两级共清理政务新媒体1681个，关停政务App 126个，撤销公务工作群组11240个；[2]湖南省在3个月的集中整治时间里，由省级层面负责，牵头建立统一的标准口径，集中排查管理类、办公类和学习类政务App、工作群和新媒体账号等移动应用程序15万多个，其中精简整合各类新技术应用程序4万多个，精简整合率达到28%。[3]

最后，为了更好地确保清理和整顿的结果，防止清理之后的反弹，各地普遍建立了较为严格的新技术应用方面的管理制度，这些制度通常包括几个方面：一是动态管理制度。从严控制新增应用程序和新建微信、QQ工作群，普遍要求各部门和乡镇（街道）在清理的基础上不再新设新技术应用工具。一些地方根据用户数量、功能定位、运行成本、使用范围及频率等指标，分层分类建立"白名单""黑名单"制度对基层新技术应用进行动态化监督管理。对"白名单"内的新技术应用进行动态审查调整；整改不到位的纳入"黑名单"，不再允许维护更新。二是"多层联审"制度。不少地方对拟新增的新技术应用，党委、政府办公室归口开展前置审核，再由发改、网信、财政、大数据等职能部门进行联合审查，严格新增项目准入把关；确实因为特殊的工作需求而设立的，必须严格实行审批报备制度，对网络工作群进行备案管理。确需新增的新技术应用程序和微信、QQ工作群，本着谁主建、谁负责的基本原则，严格控制新建新应用。例如，四川宜宾市发布的《规范移动互联网应用程序整治指尖上的形式主义的六条措施》的通知就明确规定，需新建微信和QQ工作群的由主建机关、单位于开通前向所在政府的办公室报备和审核。办公室就新建、新增新技术应用是否有必要、是否可

---

[1] 朱华、袁芳甜：《江西深化整治"指尖上的形式主义"》，载《江西日报》2021年8月12日第2版。

[2] 陈明慧：《盐城实招整治"指尖上的形式主义"》，https://jsnews.jschina.com.cn/jsyw/202302/t20230216_3163838.shtml，2023年5月23日访问。

[3] 黄晗：《给"指尖"减压 给基层减负 给发展助力——湖南扎实开展整治"指尖上的形式主义"工作综述》，载《湖南日报》2021年7月1日第3版。

行、是否具有形式主义倾向、是否增加基层负担、是否与现有的新技术应用重叠、重复建设等潜在的负面影响进行较为全面的审核,经审核同意之后才能新增新应用程序或微信、QQ 工作群。对清理后因工作需要而保留的应用程序和微信、QQ 工作群发生变化的,原则上也需要报备。报备的具体内容包括主建部门、责任人、名称、建立的时间、使用范围、用户数量等。为了更好地核实和监督,办公室每年年底会对机关报备工作进行随机抽查,并将本年度新技术应用备案管理情况报纪委监委。[①] 三是统一考评制度,进一步完善新技术应用的评价考核。除上级有明确要求外,严禁将新建应用注册、点击、转发、点赞等情况纳入考核约束指标,避免增加基层"指尖上的负担"。

二、新技术应用功能的集成与整合

推动新技术应用在基层应用中的功能集成与整合是专项整治中最重要的内容之一。技术集成最早来自于企业应用集成(Enterprise Application Integration,EAI)理念,这是一种新兴的体系结构设计方法,通常需要不同技术的组合,是一个框架,用于组合各种集成技术,它将以前分离和隔离的系统连接起来,以使它们具有更大的影响力。[②] 在政府内部,长期以来不兼容甚至冲突的系统、平台和高昂的维护成本,严重影响到为民服务的效率和能力。新技术应用功能的集约化建设主要包括:端口集成、数据集成和平台集成。端口集成就是实现各种端口的高度整合。电子政务系统成功与否的核心因素在于终端用户对信息的易访问性。[③] 对用户来说,新技术应用系统的端口越简单,易用性越好。各种端口高度整合,意味着把不同部门、基于不同标准和风格的访问端口进行一站式整合,统一入

---

① 《中共宜宾市委纠正"四风"工作领导小组关于印发〈规范移动互联网应用程序整治指尖上的形式主义的六条措施〉的通知》。

② M. Themistocleous, Justifying the Decisions for EAI Implementations: A Validated Proposition of Influential Factors, *Journal of Enterprise Information Management*, Vol. 17, No. 2, 2004, pp. 85-104.

③ L. Wang, S. Bretschneider, & J. Gant, Evaluating Web-Based E-Government Services with a Citizen-Centric Approach, Proceedings of the 38th Annual Hawaii International Conference on System Sciences, 2005.

口、一站通达,真正实现用户只进"一扇门",便可以实现"一网通办"。数据集成就是打破不同部门、不同组织之间的信息壁垒,改变部门自建数据系统、自设标准、自我运行的信息孤岛现象,统一技术标准、统一数据归集,建立基于用户需求驱动的信息协同与共享体系,强化不同信息系统之间的技术互操作性。平台集成是指整合与用户密切相关的其他类型平台端口之间的对接,如与政务微博、第三方公共支付平台的端口对接等,从而让用户获得最佳的使用体验。[①]

功能的整合包含两个方面的内容:一是政府不同部门公共服务功能的整合;二是新技术应用本身不同功能的整合。从政府的角度来说,烟道式、自我组织化的部门主义根源于政府职能的分工体系。公共服务功能整合就是通过移动应用程序实现各项公共职能的高度集成,把不同部门面向用户的最终产品形态(公共服务)放到超越组织边界的统一平台,通过治理界面的整合与再造,也就是改变部门与部门、组织、成员之间在信息、物质、财务方面的衔接方式[②],使公众只要进入这一平台就可以轻松地获得想要的公共服务。从用户的便利性角度出发,与用户日常生活密切相关的公共服务应该集中到统一的平台上,只需一次下载、一次注册、一次登录就能便捷地获得各项相关的公共服务。对不同部门、层级和组织之间原有的工作机制和信息机制进行整合与重塑,打通多元行动主体之间的信息壁垒和僵化工作模式,改变组织之间传统"点对点"的接触方式,转而通过统一的标准、数字化归集和功能模块整合。[③] 正因为如此,综合性的、一站式的新技术治理平台成为必然的趋势。除特殊的或敏感性的部门服务之外,理论上来说,各个部门的新技术应用工具将会慢慢减少或被撤并,最终建成统一的移动服务平台。另外,从新技术应用本身的功能来说,不同功能的信息化应用工具往往承载不同类型的主要功能,这些不同的功能主要有信息查询、业务办理和政民互动,很多时候,新技术应用的在线办理和信息查询功

---

① 钟伟军:《"以用户为中心"视域下的政务 App 集约化建设分析》,载《江苏行政学院学报》2019 年第 4 期。
② 吴涛、海峰、李必强:《界面和管理界面分析》,载《管理科学》2003 年第 1 期。
③ 容志:《结构分离与组织创新:"城市大脑"中技术赋能的微观机制分析》,载《行政论坛》2020 年第 4 期。

能更被政府青睐,而其互动性功能往往被选择性地遮蔽,很多时候民众依然不得不通过耗时耗力的传统方式与政府沟通,这显然不符合"用户中心"导向。因此,新技术应用应该实现公共信息获得、公共服务在线办理、与政府有效互动等全功能的运用。这种功能整合不仅对于民众来说是一种减负,对于政府尤其是基层政府来说,同样是一种减负。

为了有效地推进新技术应用的规范化,改变新技术应用过多过滥、重复建设给基层干部带来的压力,各地积极推进信息化应用的功能整合和集成,也就是把原有的各个部门、不同领域的新技术应用整合在一体化的技术平台应用上,建立枢纽型的新技术应用,在功能上实现高度集成与整合。例如,2014年左右,浙江省就把基层政务新技术应用的整合作为重要的工作来落实。在省政府的推动下,各市县依照省里设立的统一编目和标准,依托浙江政务服务网,组织专门的人力物力,建立乡镇(街道)和社区政务服务事项库,建设乡镇(街道)网上服务站,公开乡镇(街道)、社区政务服务事项的办理指南,推动适宜上网运行的事项,实现网上申报、网上办理。面对基层网络离散、林立的状况,以省级政府为主导,通过行政化的手段实现对基层网络的全面整合、归并。2017年,浙江省政府开展了专门的清理政府网站的活动,发出了《关于进一步加强政府网站管理的通知》,规定县级政府部门和乡镇(街道)原则上不允许开设政府网站,已经开设网站的,2017年年底前完成内容整合迁移、关停下线。同时,全面推进基层各部门信息系统的整合、归并,提出了全省基层网络建设的"十统一"标准,即统一数据库规划建设、统一地图服务、统一用户认证、统一数据交换共享、统一接口服务管理、统一即时通信、统一指挥调度、统一App应用平台、统一业务标准规范、统一界面展示风格。基层信息化网络的整合与归并主要包括几个方面:一是整合基层已有的信息系统。要求各地将已经建设的基层网络并入统一的政务云平台,如果确实因为特殊原因需要保留的,必须重新升级和完善,全面对接省市基层业务协同平台,实现数据共享。二是全面整合各部门延伸到基层的各类信息系统。民政、公安、司法和消防等部门延伸到基层的信息系统全面与基层治理综合信息系统对接,并加强与各地智慧社区平台、农村信息化平台的融合。三是与基层社区网格的全面整合。将原先各部门在基层各自为政的网格管理整合为"一网管理"。最终实现基层事务网络统一受理、统一分流、统一督办、统一反馈、统一考核，受理一窗式以及服务一站式。与此同时，在省政府办公厅的推动下，全省统一的政务视联网络、高清视频核心平台也成功建成，自省级层面到乡镇（街道）的政务网络全面贯通，实现了纵向一体化网络的事项办理和层级协同。

2019年之后，在中央有关基层减负的政策推动下，浙江省进一步全面深化各类信息化工具的整合以减轻基层负担的工作，发布了《浙江省深化"最多跑一次"改革推进政府数字化转型2019年工作要点》《关于减轻基层负担清理整合政务服务App的意见》两个文件，在原有的基层"四个平台"建设、政务服务一张网和"最多跑一次"改革的基础上，全力打造"掌上办事之省"，全面整合各个部门自建的相关信息化工具与一体化的平台，建立统一的数字化端口和标准，打通不同部门之间的数字壁垒，原则上各个部门的新技术应用，尤其是App，除特殊业务需求必须保留的需要备案申请外，都必须迁移到新的统一的"浙里办"App，各部门不再新建独立的App，在迁移完成之后原有的政务信息工具将陆续被关停，实现掌上办事、掌上咨询、掌上投诉一体通达，从乡镇（街道）到省级政府的各项事务、各个部门的办事业务全面整合在统一的App平台，同时把过去的12345市长热线、各部门的专门热线以及相关的投诉信箱也统一整合进来，从而实现全省各个层级、各个区域、各个部门掌上办事统一于一个移动端。据统计，截至2019年6月5日，浙江省110个自建政务服务App中已有39个完成或正在完成功能整合，有50个正在整合。① 其中，杭州市、宁波市、温州市等地区进展较快，大部分政务App的主管单位已经给出了迁移、整合时间表。2021年，新技术应用专项整治开始后，浙江省在现有整合的基础上进一步对相关的基层信息化应用进行功能整合，对原有的"浙里办"App功能进行升级，界面更加简洁，全省"一网通办"的高频、热门事项及特色专题等在首页面凸显，更加高效的微信应用小程序上线，真正实现"全省统一办、线

---

① 徐埔：《我省全面启动政务App整合工作》，https://hznews.hangzhou.com.cn/xinzheng/yaolan/content/2019-06/27/content_7217529.htm，2023年5月12日访问。

上一站办、线下就近办、基层帮你办、无感智能办"的"一网通办"的浙江政务信息化应用模式(见图 7-3)。

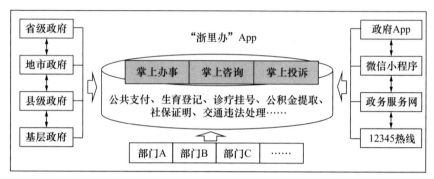

图 7-3　浙江省政务信息化应用工具的整合
资料来源:作者根据相关资料自行整理。

与浙江省一样,在中央面向基层减负的新技术应用规范化的专项整治工作推动下,各地也纷纷推动了基层信息化工具应用的整合和功能集成。依托于平台型的、数据型的"一网通办"政务App,如上海"随申办市民云"、江苏"江苏政务服务"、广东"粤省事"、安徽"皖事通"等,根据基层减负部署要求,积极推动政务App、微信应用程序等新技术应用的整合迁移工作,明确要求对各级政务相关的服务类App逐步整合至统一的政务服务移动App,关停、整合同一平台上开设的多个政务App功能,清理优化不同平台上功能相近、用户关注度和利用率低的政务App,积极关停无力维护的政务App。面向普通百姓、企业和政务人员三大用户群体,整合各类政务服务、社会治理、行政执法等应用,实现用户一次登录统一认证,从而实现只进"一个入口"就能办成"一件事",让政务人员只登录"一个入口"就能管好"一类事"、联办"一项事",从而有效减轻基层干部负担。

三、强化对新技术应用使用过程的管理

基层新技术应用在使用过程方面的扭曲与异化是导致基层干部负担加重的重要原因,新技术应用沦为打卡、留痕等形式主义的工具。《关于进一步规范移动互联网应用程序整治指尖上的形式主义的通知》要求规范基

层新技术应用的使用过程,严格相关的管理制度和过程,从而保障新技术应用的使用过程与为民服务的目标更好地统一起来。这种使用过程的规范化主要包括以下几个方面(见图 7-4):

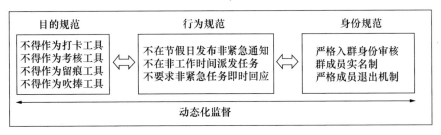

图 7-4 政务新技术应用过程规范化的主要方式

一是规范新技术应用的新建。为了避免新技术应用过多、过滥和重复建设等带来的负担,各地纷纷强化了对新建信息化工具的规范化管理,建立健全新技术应用建设的登记备案制度。对于新建政务 App 和微信工作群,不少地方要求新建的主体部门和负责人在新建之前须向本部门主管部门报备该新 App 和群的使用目标、期限、人员、群主等必要信息,经数据库进行比对后,确认有新建的必要,得到同意并存档后方能建立和使用。一些地方为了更好地规范新技术应用的建设,对新应用程序、工作群、公众号等实行清单目录管理,建立相关的台账清单。

二是规范新技术应用运行的方式和过程。针对新技术应用中给基层干部增负的几个痛点,各地通过了使用新技术应用的几个"规范"。

(1)规范使用目的,严禁新技术被作为一种形式主义的工具。进行打卡、考核等"五不""不得"等禁令,如没有特别的上级明确规定,不得把对新技术应用的关注和使用作为一种强制性的任务,不得对新应用程序、微信工作群及公众号等设置强制学时积分、签到打卡、定期登录等强制性约束指标。不得将新应用程序、微信工作群及公众号等作为工作日常考核、线上督导、检查的平台。严禁运用信息化工具晒图、留痕、上传工作场景截图或视频,以其代替对实际工作的考核评价办法。禁止将微信工作群等新技术应用作为个人爱好"秀场",禁止在群内发献花、简单点赞等表情包等。

（2）规范使用时间。为了避免新技术应用成为随时随地捆绑基层干部的"BP机"，不少地方对信息化工具的使用时间进行了规范，规定除非紧急事项，原则上要求不得在下班时间、节假日在政务App和微信、钉钉工作群发布通知，严禁在非工作时间临时安排任务，以各种形式变相要求基层干部"24小时在岗"。同时，不能硬性要求几个干部在线点到、回复进行即时响应。

（3）规范成员身份。为了规范新技术应用中的行为，一些地方对微信工作群、钉钉群成员进行较为严格的规定，对群成员的准入、群内言行和准出进行审核管理。要求群管理员对群成员的组成范围进行有效控制，负责入群审核工作，与本群工作无关的人员不得入群，尤其是对基层干部，不得以各种名义，为了任务派发随意把其拉入群内，群成员邀请其他人员入群必须得到群管理员的审核批准，群管理员须定期对群成员进行检查，对不应加入或仅仅为了派发、领取任务目的的人员及时移除群，杜绝身份不明人员入群。对于本项工作结束或调离工作岗位的群成员应该自动退群或由群管理员移除本群。为了更好地监督成员的行为，要求所有成员入群后，必须标注真实姓名，未实名人员由群管理员移除本群。

为了规范新技术应用的过程，不少地方还建立了定期和不定期的抽查监督机制。纪委监委、网信办等会同有关部门，针对基层干部负担情况组织开展纠正"指尖上的形式主义"的专项督查调研，对新技术应用规范的情况进行动态跟踪监督，对新技术负担整治的专项工作取得的实际效果及时进行有效评估，以及时发现并解决可能增加基层干部负担的新情况新问题。通过各种方式，开设相关的投诉渠道，鼓励基层干部和群众对"指尖上的形式主义"等增加基层干部负担的问题进行反映，并对问题线索及时进行核实处置。一些地方建立了相关的考核机制，对减少形式主义专项整治工作不落实或者落实不到位的单位和负责人进行及时提醒通报，确保将新技术规范化应用、减轻基层干部负担的各项要求落到实处。

第三节
基层新技术负担专项治理的反思

经过集中的专项整治，各地在信息化技术应用规范化方面得到了明显的提升，最直接的效果就是各种政务 App、微信小程序、公众号等得到了有效的整合和集成，数量明显减少，但是，这种数量的减少是否意味着新技术对基层政府带来的负担的减轻？这是一个值得思考的问题。专项治理更多的是一种短期性的、任务导向的治理方式，关注的是技术性的和指标性的量上的减少，而技术对基层政府的增负效应是压力性体制的运作机制嵌入技术的运行过程，是技术、制度和行动者之间的一种互构结果，从长远的和制度性的角度来说，这种专项整治的后续完善和制度优化是一个更加重要的问题。

一、技术性规范和制度性规范如何有机协同

新技术增负效应的原因总体上可以归结为两个层面：一是技术性的原因，就是技术本身的不完善给使用者带来的负面感知；二是制度性的原因，也就是特殊的制度对技术产生的塑造效应，使得技术发挥作用的方式发生了异化。所谓技术性的原因，指的是技术本身的使用体验，也就是技术是否能够增加使用者的便利性感知。从技术的角度来说，正如前面的章节所提到的，新技术给使用者带来的是负担还是效率取决于技术本身的性能，通常来说主要体现在技术本身的可用性和易用性上[1]，以及由这种可用性、易用性带来的心理感知。新的技术可以让使用者在任何时间、任何地点使用，新技术成功的关键因素之一是使用者本身的感受。除此之外，技术本身的兼容性同样重要，使用者不需要在不同的技术系统之间切换，也不需要在不同的技术标准之间感到困惑，这可以提高使用者对所使用技术

---

[1] F. D. Davis, Perceived Usefulness, Perceived Ease of Use, and User Acceptance of Information Technology, *Mis Quarterly*, Vol. 13, No. 3, 1989, pp. 319-340.

的心理依恋。① 界面整体系统的可靠性、交互模块和服务质量将提高系统的安全性感知等。对基层政府人员来说，新技术应用所带来的感知的可用性和易用性在很大程度上决定了其对新技术的使用意愿。如果新的技术无法带来使用上的可用性和易用性感知却又不得不使用，新技术就意味着负担。

从这一逻辑上来说，有效地增加使用者在使用新技术中的可用性和易用性感知是减轻新技术负担的重要路径。新技术应用规范化的专项整治把核心放在了技术性本身的整治上，也就是从新技术的可用性、易用性等入手，从而在技术上进行整合、清理，把复杂的、标准多元化的、内容空洞的，不具有可用性、易用性的技术系统和工具进行最大限度的便利性改造，从而提升技术可用性、易用性的感知。从基层干部和基层政府作为使用者的角度来说，新的各种技术不管是从可用性感知还是易用性感知来说，都与预期明显相悖，新技术应用规范化的专项整治聚焦于技术的有用性和易用性，这无疑会大大减轻技术带来的负担，使得基层政府和基层工作人员不需要为不能用、不可用的技术负担而增加压力。从这个角度来说，专项整治的效果无疑是值得肯定的。但是，仅仅从技术本身或技术的使用过程的规范化入手是难以真正地切入基层政府负担的核心要旨的。正如前面章节所述，基层新技术负担是技术与特殊的压力型制度之间相互塑造的结果，从根本上来说，是压力型制度对技术使用目的和方式建构的结果，是技术在特殊体制中运行异化的结果。因此，从这个角度来说，如何从压力型体制的逻辑出发，从制度规范的角度切入，把制度的规范与技术使用的过程规范更好地协同起来，才能真正地实现基层减负的目标。但是，因为专项治理更多地聚焦于技术使用层面的规范。政务 App、微信工作群或微信公众号数量的清理、整合，并不意味着新技术由此对基层政府带来的负担从真正意义上被消除，反而可能会以另外的、更加无形的方式带来新的压力，甚至可能会导致"加压式减负"的困境，各级政府在出台减负措施的同

---

① Mahmud Akhter Shareef, Norm Archer, & Yogesh K. Dwivedi, Examining Adoption Behavior of Mobile Government, *Journal of Computer Information Systems*, Vol. 53, No. 2, 2012, pp. 39-49.

时,基层政府的实质性工作职责却没有减少,当基层匮乏的人财物权等资源不足以支撑减负压力时,基层就会寻求形式主义的应对方式,从而进一步加剧基层负担。① 因此,未来的减负需要进一步深化的是更加重要的背后制度体系层面的优化改革,如基层层级权责关系和条块结构等,把技术使用的规范更好地嵌入治理体系和制度的规范化之中。

二、短期效应如何与长期效应更好地协同

专项整治具有典型的短期效应,聚焦于在短期的时间约束内把问题有效解决,这是专项治理最突出的特点之一。将基层新技术应用的乱象作为一项专项整治任务,通过自上而下的权威方式,强力推动专项整治过程在各地落地并有效地嵌入各层级、各部门的运行过程。可以说,基层新技术应用专项整治运作的整个过程都是在强有力的科层权威主导下的,并牵引和主导着基层政府的注意力和行为过程,从而在短期内强有力地推动着政务新技术应用的规范化。专项整治作为政府治理的一种特殊的方式,最大的优势在于执行的高效率,由于打破了原有按部就班的程序,专项整治能够在最短的时间内达成治理目标,意味着实践中政府部门更注重项目短期、直接的绩效,但对更为深远的制度效应则缺乏长期的考虑。② 由于没有把广泛意义上的基层治理主体纳入平台运行的系统,基层治理的共建共治共享似乎不太现实,从长远来说,这种模式可能会固化现有的条块权力结构和利益体系。③ 最大的问题是,当专项整治结束,与此相关的监督和约束机制淡化,新技术应用中的异化和非规范化运作可能面临反弹的困境或以各种方式卷土重来,从而为基层政府带来新的负担。实际上,我们可以看到,自上而下大力推进基层减负的专项治理并没有产生期待的效果,或者说并没有让人有明显减负的感受,一些地方甚至在减负的口号下出现了"增负"的结果。一些媒体注意到,减负提了很多年也进行了好多年,反

---

① 颜昌武、杨郑媛:《加压式减负:基层减负难的一个解释性框架》,载《理论与改革》2022年第1期。
② 黄晓春:《技术治理的运行机制研究》,上海大学出版社2018年版,第105页。
③ 郑春勇、张娉婷、苗壮:《基层社会治理中的整体性技术治理:创新与局限——基于浙江的实践》,载《电子政务》2019年第5期。

而出现越减负担越重的困境,基层负担陷入一种周期加重的状态。① 尽管中央为基层减负的努力由来已久,但基层的各种负担不断反弹回潮,各级政府在自上而下的减负压力下出台了相关措施,但基层政府的实质性工作职责却有增无减。② 调查表明,尽管基层减负的各种政策频出,但是基层台账和数据呈报繁复、会议和考评压力巨大,上级派发的各种任务依然繁多。③

专项治理内含的短期效应与可持续性的长期效应之间存在着内在的冲突与张力。专项治理关注的短期效应不可避免地更加注重形式化的、数量性的指标,以量上的指标增减作为治理绩效的重要依据,如政务App、微信工作群减少的数量、比例等。而这些数量减少的背后到底在多大程度上对减轻基层政府的负担起到了积极的效应,则是一个令人怀疑的问题。与此同时,不可忽视的是,由于专项治理往往伴随着强有力的考核和问责机制,尤其是在一些地方,甚至通过"一票否决"的问责方式强化专项治理的责任机制,在强大的负向激励压力下、在"顶格处理"和难以执行之间形成的挤压情境中,一些地方就可能采取形式主义的应对方式,也就是通过简单的数量上的操作加以应对。④ 为了实现这种短期效应,一些地方政府把专项治理任务分解为目标责任书,通过层层发包的"行政目标责任书"下派任务,在层层加码的高指标压力下,如设定政务App减量或清理的数量或比例目标,基层政府不得不采取形式化的"拼凑应对",⑤从长期的角度来说,打破基层负担的周期性反弹需要在新技术应用方面走出短期效应的困境,需要解决短期与长期效应之间的协同,把形式上的短、平、快的减量与

---

① 张园园、李萌欣:《基层负担周期性发生的生成逻辑及其治理——以"黄宗羲定律"为观察视角》,载《社会主义研究》2020年第6期。
② 颜昌武、杨郑媛:《加压式减负:基层减负难的一个解释性框架》,载《理论与改革》2022年第1期。
③ 麦佩清:《"基层减负年"减负了吗?——基于某直辖市A区259个社区的调研》,载《公共管理评论》2020年第3期。
④ 韦彬、臧进喜、邓司宇:《顶格管理、基层形式主义与整体性智治——基于对N市Q区的考察》,载《海南大学学报(人文社会科学版)》2023年第1期。
⑤ 董石桃、董秀芳:《技术执行的拼凑应对偏差:数字治理形式主义的发生逻辑分析》,载《中国行政管理》2022年第6期。

长远的、持续性的内在机制建设有机地整合起来。数字化技术本身不能减轻基层负担,技术赋能的前提是,技术与其所处的制度环境等相互适应。基层减负需要解决技术与制度、结构之间的适配性问题,把技术、功能、行动者和关键性的前提条件等因素整合起来。[①]

三、行政化运作如何与参与式治理有机地协同

专项整治是一种典型的超常规行政运作模式,具有强烈的行政嵌入性特征,运用自上而下的行政权威推动专项整治的过程,在特定的时间内,围绕着整治的目标,各级政府以专项整治任务为中心,其行动空间均为任务化的权责关系所约束,各方的互动围绕着核心任务展开。专项整治在很大程度上改变了各级政府按部就班的常规性运作,使得政府的注意力和资源高度集中在专项整治的任务之中。在政府新技术应用规范化的专项治理中,各级政府和部门被有效动员起来,除了省级层面成立专项工作机制领导小组外,还出台专门的文件,各市县和部门也成立了临时性的工作小组,一些地方甚至成立了攻坚小组,由纪委监委或网信办等机构统筹抓总,层层落实,具体到每一个人。传统的科层运作中,上级只是负责安排任务和检查完成情况,而任务执行的"过程管理"往往难以介入[②],而专项治理的行政化运作则打破了下级政府自组织内部的过程形式,以任务牵引的方式强有力地介入各级政府的运行过程。围绕这一中心工作,各部门、街道(乡镇)集中资源、分解任务、倒排时间表,组织展开有关新技术应用的清理、整合、集成的工作。这种行政化的运作最大的优势就是能够快速地推动专项整治的推进、落实,从而排除可能面临的政府内部效率耗损,但是问题同样明显,那就是这种自上而下的行政化推进过程由于排除了相关的行动主体的参与,尤其是与基层负担密切相关的基层干部、基层政府、基层社会自下而上的主动性参与,使得专项整治的过程在一些地方政府层层加压下可能

---

① Fernanda Odilla, Bots Against Corruption: Exploring the Benefits and Limitations of AI-Based Anti-Corruption Technology, *Crime, Law and Social Change*, Vol. 80, No. 4, 2023, pp. 353-396.

② Kevin J. O'Brien & Lianjiang Li, Selective Policy Implementation in Rural China, *Comparative Politics*, Vol. 31, No. 2, 1999, pp. 167-186.

与社会治理的内在需求和基层政府的减负需求产生脱节,从而导致减负的形式化困境。

　　数字治理需要建立与新的技术相适应的结构体系,只有当数字化技术与更有机、更有凝聚力、更去中心化、更相互联系、更活跃的行动网络相结合时,也即治理行动者形成相互适应和融合的关系状态,才能创造出现代治理的新效果。[①] 从现代治理的角度来说,基层减负不仅仅是政府的事情,更与整个治理体系和治理结构息息相关,新技术应用中异化产生的政府新负担同样也与新技术悬浮于社会治理密切相关。在基层政府数字化转型过程中,数字技术应用需要与基层治理变革相适配,即影响数字技术应用的变革动力、数字技术和基层治理体系及能力在各阶段要相互匹配。[②] 正因为如此,面向基层政府减负的新技术应用的规范化过程必须把自上而下的行政化运作与自下而上的社会多元参与有机结合。从专项整治的启动、过程到整治结果的监督等各个环节,要把社会的多元主体更好地纳入进来。从新技术应用规范化的整个过程来看,这种协同还没有很好地建立起来,专项整治总体上属于政府内部一种封闭性的行政化过程,这种责任导向形式由于脱离基层社会的治理网络和参与式的治理过程,可能因为缺乏有效的内在动力机制和约束机制而最终被消解。

[①] J. Danowski, A. van Klyton, & T. Q. W. Peng (et al.), Information and Communications Technology Development, Interorganizational Networks, and Public Sector Corruption in Africa, *Quality & Quantity*, Vol. 57, No. 4, 2023, pp. 3285-3304.

[②] 邵春霞、程风:《阶段性技术适配:基层政府数字化转型的渐进路径分析》,载《求实》2024年第3期。

第八章

走向赋能：
新技术基层减负的对策建议

如何有效地规范新技术在基层的应用以真正减轻基层政府的负担？新技术对基层政府的增负效应不只是一个技术问题，仅仅通过短期的、集中式的专项整治是难以有效达成这一目标的。正如我们在前面章节所论述的，新技术对基层的赋能而不是负能效应是技术、制度与行动者之间互构的结果，是技术在特殊的基层压力型体制中被形塑，并通过行动者这一"节点"形成的反应链所建构的表现形态。只有从技术、制度与行动者的整体互动机制切入，突破制度与技术难以调和的悖论，把技术应用的规范和制度体系的深化改革更好地融合起来，基于基层治理特殊的行动者网络，尤其是把基层政府视为具有自身利益诉求和主动性的核心行动者角色，改变基于上层政府单一意志的、自上而下的行政化技术嵌入方式，从多元行动者的需求出发，构建技术应用中的合作性网络，从而实现技术与制度的有效适配，才能从根本上解决"技术负能"的困境。

第一节
新技术在基层嵌入的模式转型

新技术系统影响治理能力变化的潜力取决于在组织背景下，代理人以何种方式实施这些技术。[①] 因此，新技术的应用就必须从技术嵌入这一"源头"上的问题入手，也就是应该解决以何种方式决定是否以及怎样引入新的技术。把新的技术应用到政府治理过程之中的基本目标是改变政府

---

① C. M. L. Chan, R. Hackney, & S. L. Pan(et al.), Managing E-Government System Implementation: A Resource Enactment Perspective, *European Journal of Information Systems*, Vol. 20, No. 5, 2011, pp. 529-541.

僵化的运作模式以提升效能,但是,当技术的嵌入成为一种现有制度对技术单向建构的时候,技术就会成为一种完全意义上的工具,并强化现有的制度逻辑。从技术的逻辑出发,为技术的运行营造更加有效的新的制度空间,适时推进组织体系和结构的变革,也就是推进新技术的"去制度化"与"再制度化"是目前规范新技术应用,减轻基层政府负担的重要内容。

一、以技术嵌入为契机推动制度变革

从技术应用规范的角度来说,减轻基层政府的负担必须从技术嵌入机制的建设开始。正如前面章节所述,新技术给基层带来的增负效应在很大程度上是从新技术嵌入的那一刻就决定了的,技术被强有力的自上而下的权威所塑造,表现为"强组织弱技术"的必然结果,就是技术成为一种自上而下的加压工具的表现。科层体系等级化运作具有体制性压力传递的惯性,特别是在国家向乡村社会大规模推行基层数字化治理之后,乡镇干部实际上承担了较以前更多的治理任务,技术工具的不恰当应用反而使基层干部面临来自上级(跨层级)、横向(跨部门)以及社会(跨时空)的压力,构成了技术增负的背后制度逻辑。虽然技术对行政体制的影响具有两面性,但技术规制的出现是由人进行主观建构的一种结果,受机制与人的共同作用,技术通常会被官僚行动者寄予不同的期望和设定,使得技术的运用具有明显的理性偏好。新技术成为政府部门为了在竞争中取胜的一种趋利避害的"理性计算",马克斯·韦伯将这种现象称为"工具理性"。工具理性主要是通过精细化的计算方式有效地完成任务,其核心是技术主义或技术工具崇拜。[1] 强大的权威结构形式在增加基层负担的同时还为技术主义或工具主义的出现与盛行创造了条件,基层新技术应用的异化可以说是行政权威强化下的工具理性模式化的选择,或者说是技术工具理性思维在中国官僚科层体制下不断被放大与失控的表现。所以,从总体上来说,信息技术嵌入是一个选择的过程,这个选择过程会受到具体现实情况和主观意图等多种因素的影响,并在技术运用的过程中再调整。当技术的逻辑被嵌

---

[1] 董礼胜、李玉耘:《工具——价值理性分野下西方公共行政理论的变迁》,载《政治学研究》2010年第1期。

入强有力的压力型体制的逻辑的时候,技术就被异化成上级政府达成自身目的、层层施压的工具,基层负担由此而产生。

正因为如此,在决定引入新技术应用的时候,就必须建立清晰的理念,是把技术作为一个简单的工具还是把技术作为一个撬动体制机制改革的重要嵌入点。从治理体系和治理能力现代化的角度来说,无疑应该是后者。以新的技术嵌入为契机,必须积极推进新技术对组织体系和压力型体制的塑造过程。技术并非全然被行动者控制,技术也有其自主性,它参与社会主体规范行为的建构,并深刻影响着技术设计和使用目的之外的存在维度。也就是说,信息技术会对组织制度的某些方面进行调整与修正,以适应信息社会的发展。技术在推动制度转化为治理效能的过程当中也会催生出新元素、结构以及信念等综合效应,加强、削弱或改变着现有的制度结构,进一步影响并推动组织制度的变迁。推进新技术基于新环境的"自我强化",把技术的嵌入视为一个连续推动组织变革和体系优化的过程。特别是将新技术视为一个政府组织和运行模式变革的催化剂,通过整合、共享知识和资源,建立更加有效的合作体系。[①] 把技术视为一种优化现有体制的手段,而不是强化压力型体制的工具,这是规范新技术应用减轻基层政府负担必须建立的基本理念,也是政府有效应用新技术的基础性前提,否则减负的效果将是空中楼阁。

因此,我们提出:

建议 1:基层政府新技术的应用从一开始就必须避免把技术的嵌入视为单一的技术问题,而需要把技术嵌入和制度改革视为同等重要的事情。

二、为新技术嵌入做好必要的制度性准备

新的技术应用如何才能产生良好的绩效?技术适配被认为是一个关键因素,对这一问题,学界很早就关注到了。所谓的适配,是指技术与所处的环境、组织等相互适应、耦合和匹配。早在 1995 年,古德休(D. L. Goodhue)和汤普森(R. L. Thompson)就提出了技术—任务适配(technol-

---

[①] T. Janowski, Digital Government Evolution: From Transformation to Contextualization, *Government Information Quarterly*, Vol. 32, No. 3, 2015, pp. 221-236.

ogy-task fit，TTF)模型，提出只有当技术与任务匹配时，才会对绩效产生影响。① 基于这一模型，不少学者对这种适配问题进行了深入研究，霍华德(Matt C. Howard)和罗斯(Julia C. Rose)提出了技术—任务错配(technology-task misfit，TTM)模型，并细化了技术"太多"和"太少"两种错配可能导致的相反效果。② 这种适配涉及与技术应用相关的方方面面，但是，核心在于技术与人、组织之间的关系，如有学者提出了人—组织—技术适配(human-organization-technology fit，HOT)的三角适配模型，并具体细分为人—技术适配、人—组织适配、技术—组织适配三个具体层面。③ 在国内，数字治理中的"适配性改革"成为一个越来越重要的问题，一些学者认识到需要不断推进"技术—制度—工具—环境"适配④和"技术—价值—结构—生态"的多向度适配⑤，从权力、行动、空间等多维度建构技术赋权与国家治理之间的适配机制。⑥

具体到基层数字应用领域，技术的适配问题同样被认为是基层治理绩效的关键因素，数字化技术本身不能带来效率的提升，但与之相关的工具可以成为更广泛的治理组合重要而有力的补充——前提是，技术与其所处的特殊制度环境等相互适应。数字化治理中的应用需要解决技术与制度、结构之间的适配性问题，把技术、功能、行动者和关键性的前提条件等因素整合起来。这种前提性的条件最重要的是技术与制度的调适从而实现有效的耦合。正如计算机领域中的适配逻辑一样，需要把技术系统映射到特殊的制度体系之中去。数字技术与整体的制度安排产生良性的适配反应

---

① D. L. Goodhue & R. L. Thompson, Task-Technology Fit and Individual Performance, *Mis Quarterly*, Vol. 19, No. 2, 1995, pp. 213-236.

② Matt C. Howard & Julia C. Rose, Refining and Extending Task-Technology Fit Theory: Creation of Two Task-Technology Fit Scales and Empirical Clarification of the Construct, *Information & Management*, Vol. 56, No. 6, 2019, pp. 1-16.

③ J. Xu & W. Lu, Developing a Human-Organization-Technology Fit Model for Information Technology Adoption in Organizations, *Technology in Society*, 2022, Vol. 70, pp. 1-11.

④ 曹银山、刘义强：《技术适配性：基层数字治理"内卷化"的生发逻辑及超越之道》，载《当代经济管理》2023年第6期。

⑤ 陈勋、胡洁人：《技术治理的适配性：基层治理数字化改革的效度及逻辑反思》，载《中共天津市委党校学报》2023年第5期。

⑥ 朱婉菁、刘俊生：《技术赋权适配国家治理现代化的逻辑演展与实践进路》，载《甘肃行政学院学报》2020年第3期。

链,才能产生良好的绩效①,如果出现"制度空洞"(institutional voids),新技术反而可能带来新的更加难以应对的治理风险。为了解决这些技术嵌入中的问题,需要做好前提性的制度准备。技术嵌入的领导者必须是制度企业家(institutional entrepreneur),需要把主要精力放在技术运用中的制度创新。② 通过有效的沟通或"谈话",对技术应用的组织愿景进行呈现和动员,促使认知合法化,对技术嵌入的必要性和过程、方式等实现普遍的理解,在此基础上推动制度的革新。做好新技术应用的长期规划,并制定相关详细的技术运用规则,从而让所有人遵守并有效执行。基于技术应用的目标,推动政府组织结构和制度的革新(见图8-1)。因此,对于上级政府或部门来说,涉及基层的信息技术应用问题不是一个随意的或某个人决定的事情,在技术嵌入之前,或在决定引入新技术的时候,就必须把相关的制度规范和规划做好,从而有效地保障技术应用不会产生明显的异化。

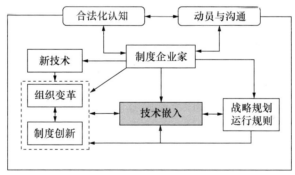

图 8-1　制度变革与技术嵌入

因此,基于上述分析,笔者提出:

建议 2:基层信息化的推动者需要做好制度性的规划,在理解新技术的治理目标这一前提下,制定相关的规则,并有意识地推动相关制度的变

---

① 董石桃:《技术执行视域中的大数据反腐:情境、结构与绩效》,载《行政论坛》2019 年第 6 期。

② Rana Tassabehji, Ray Hackney, & Aleš Popovič, Emergent Digital Era Governance: Enacting the Role of the "Institutional Entrepreneur" in Transformational Change, *Government Information Quarterly*, Vol. 33, No. 2, 2016, pp. 223-236.

革,建立与技术相适应的运行机制和规则体系。

三、在技术的嵌入过程中实现再制度化

新技术的应用必须推动原有制度的变革并在新的技术基础上建立新的规范体系,也就是再制度化。在不少人看来,信息化工具是一种外源性的、全新的、与政府官僚制逻辑明显存在着紧张关系的技术,其嵌入应该是一种循序渐进的方式。默格尔(Ines Mergel)和布雷施奈德(Stuart I. Bretschneider)在吸收前人相关研究的基础上提出了一个信息技术嵌入政府的三阶段渐进模式,描述了新的技术如何首先进入政府机构并被应用,然后随着时间的推移,成为常规和标准化的基本过程,并在这一过程中实现技术与制度之间的不断融合与相互塑造(见图 8-2)。① 这为在基层政府层面应用新的技术工具提供了有价值的启示:

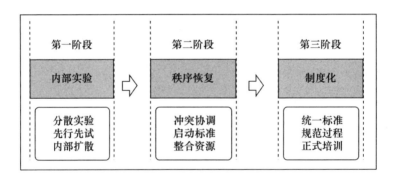

图 8-2 信息化技术在政府组织中的嵌入过程

资料来源:Rana Tassabehji, Ray Hackney, & Aleš Popovič, Emergent Digital Era Governance: Enacting the Role of the "Institutional Entrepreneur" in Transformational Change, *Government Information Quarterly*, Vol. 33, No. 2, 2016, pp. 223-236.

首先是基层政府内部技术应用的实验。这一阶段是在新技术全面推行之前小范围的实验过程,也就是政府内部对新技术先知先觉、先行先试的人推动新技术在局部使用的过程。具体可以由上级政府推动,也可以由

---

① Ines Mergel & Stuart I. Bretschneider, A Three-Stage Adoption Process for Social Media Use in Government, *Public Administration Review*, Vol. 73, No. 3, 2013, pp. 390-400.

基层政府自我发起,通常是由在成为组织成员之前或从与工作无关的活动中具有一定技术经验的个人非正式使用的。在这一阶段,变革的推动者,通过典型的沟通模式,在组织内部局部扩散技术。除了个人偏好和之前的经验,技术的多种竞争形式是可用的,在这个早期阶段,新技术还没有被整个组织正式承认为一种可接受的实践,实验发生在现有的技术使用规范和标准之外。这一阶段往往不是被动地对自上而下的指令作出机械的反应,而是在空闲时间进行的自愿尝试,并在现有任务中有意识加入新技术的活动。在这一过程中,基层干部的感知和对基层干部产生的影响成为试验阶段需要特别注意并加以评估的因素。

其次是基层政府内部技术应用的协调。不同的新技术应用程序可能在政府内部产生冲突,新的多种实验可能面临新的问题,这需要协调和整合。在技术实验过程中,与信息的隐私、信息的准确性、信息的产权和所有权以及获取信息有关的紧张局势也在涌现,在基层政府与上级政府、基层干部与政府组织等之间都可能呈现某种紧张关系。组织结构和组织文化将在一定程度上影响这一过程的展开。例如,就现有技术的数量和类型而言,分散的组织可能比集中的组织经历更多的异质结果。尽管如此,可能的结果基本上是相似的,只是采用多种相互冲突的技术,或者至少在技术的适用性观点上有所不同。为实现新技术的标准统一,政府将启动某种形式的标准制定过程,包括但不限于组织内部工作队、指导委员会、政策委员会等来进行技术性规则的制定。在某些情况下,也包括正式资源的分配协调,以人力、关键人员的培训和财政支持的形式来扩大整个政府的新技术应用工作。

最后是基层政府新技术应用的再制度化。在这个阶段,政府机构要为政府互动和政民互动制定可接受的网络行为规范和政策,促进创新技术实践的制度化,包括创建新的组织角色和/或专门单位。新技术应用的组织角色应包含正式职位描述、主要职责及成功的评价指标等要素。有一组标准、规则和流程,用于管理流程和一些与这些协议的实施相关的资源。在新技术使用中创造可预测性,可以减少组织问题和组织失败,特别是那些与基层干部的负荷、心理状态、价值感知、态度等有关的问题,这在基层治理中的新技术应用问题上作为非常重要的风险点从制度上加以完善。标准规则和协议的存在也允许创新惠及更广泛的参与者。这通常通过为基层工作人员提供技术支持来完成。总体而言,第二阶段的特点是高度规范化和标准化,制定了选择和使用新技术应用程序的标准。新的政策主要集中在适当的行为中,以增加社会对所采用技术的使用意识,并减少或减轻对基层政府的风险和负担。

基于这种分析,笔者提出:

建议3:在正式的大规模的技术应用之前,做好新技术应用的实验工作,在实验中不断标准化、规范化技术应用过程,并把基层负担的风险作为重要的考量因素纳入这种标准化和制度化的过程之中。

第二节
新技术在基层的运行机制变革

现有的新技术应用总体上是基于上级政府或政府部门的视角来推动的,而基层政府基本上处于被支配的地位,是被动的技术接受者,新技术大多时候并不是出于基层政府的治理需求推动的,因此对于基层政府来说往往意味着负担。在基层治理中,基层政府无疑是最重要的治理主体之一,新技术的运行过程必须把基层政府作为最重要的核心行动者,基于基层政府这一核心行动者的视角和内在需求建设新技术的运行机制是规范新技术应用、减轻基层政府负担的重要手段。

一、把基层政府视为新技术应用中的核心行动者

现有的以行政化的、依托于权威自上而下嵌入技术的方式是导致基层政府负担的重要原因,这是一个非常重要而又经常被忽略的问题。很多时候,新技术的引入往往是"领导"的事情,或者说是领导具有决定性的影响,但是,新技术的嵌入是一个非常复杂的过程。在奥利科夫斯基看来,新技

术的引入是将想法和意义转化为实际目标的管理机会①,在技术嵌入这一问题上,必须认真思考几个重要的问题:

一是预期是什么,也就是新技术到底要达成怎样的预期效用。新技术是为了提升基层政府的效能,更好地实现政府纵向与横向之间的沟通互动,提升基层公务人员的行动能力,而不是自上而下的行政化技术触角,这是首先必须明确的目标。

二是由谁决定是否引入新技术,也就是主体问题,即新技术嵌入是由谁"说了算"。新技术的嵌入是"管理者对不同的组织需求作出的反应",还是管理者应该在充分了解组织内部不同主体的现实需求和态度、看法的基础上决定的,必须充分考虑组织内外部之间的相互关系,考虑可用的组织能力,是"整合、重新配置、获取和释放资源(并)实现新资源的过程"②。因此,基层新技术工具的嵌入必须基于基层治理内在的需求,而不是完全由上级政府或各条线部门简单的个人意志的单向决定。

三是使用新技术的对象,也就是客体问题。任何技术都有针对的特定"用户",必须针对特定对象的特征、能力、习惯等选择合适的技术工具,必须从基层干部的群体特征和工作角色出发来思考技术的工具问题。

四是采取何种方式嵌入。借用制度变迁的术语,技术的嵌入方式也可以分为有强制性的嵌入和诱致性的嵌入两种。前者强调在上级一致的牵引下以行政化的手段层层推进,而后者则强调以基层需求为导向,通过利益引导的方式渐进化推行。采用前一种方式,可能在很短的时间内实现技术的落地,但是可能由于偏离基层的需求而给基层带来新的负担,而后者则能更好地满足基层需求,但却可能导致技术嵌入的过程漫长。因此,有效的方法是把二者更好地结合起来,在充分体现基层需求的基础上,把自下而上的需求表达与自上而下的嵌入过程融合起来。

尽管各个层面的政府都可能是新技术应用中的核心行动者,但是就基

---

① W. J. Orlikowski, Using Technology and Constituting Structures: A Practice Lens for Studying Technology in Organizations, *Organization Science*, Vol. 11, No. 4, 2000, pp. 404-428.

② B. C. Wheeler, NEBIC: A Dynamic Capabilities Theory for Assessing Net-Enablement, *Information Systems Research*, Vol. 13, No. 2, 2002, pp. 125-146.

层治理而言,相较于其他层级的政府,基层政府毫无疑问是其中最直接的"核心利益相关者"。在基层治理中,基层政府因为接近社区居民以及能更好地协调线上和线下的过程,所以更加适合运用信息化的治理工具。卡尔-韦斯特(Carr-West)认为,基层政府运用这种新的信息化工具似乎更加适合和有利,但前提是需要在四个方向建立基础:让人们自由创新;尝试新的想法;拥抱开放;有机地允许好的想法出现,尽管这些想法可能会破坏传统的结构和文化。①

基层政府之所以是基层治理新技术运行中的核心行动者,原因在于,基层政府与居民关系最密切,直接与居民互动和为居民提供服务。从基层政府的角度来说,其自身有更加强烈的动因去主动拥抱新技术。卢宝周等在吸收伊内斯·梅格尔的研究成果上,从政府与居民关系的角度建立了一个基层政府作为核心行动者的新技术应用收益框架。从政府的使命来看,作为一种扁平化的互动网络,新技术可以实现政府透明、公民参与和多元合作的目标;从结果来看,新技术可以提升居民对于基层政府的满意度、信任度等。② 基层政府要想与社区之间形成联系更加密切的关系网络,需要通过新技术纽带与居民保持更加密切的互动与合作。由于基层政府直接面对民众,作为直接的基层治理的行动主体,基层政府无疑会面对来自民众更加强烈的问责压力。

把基层政府视为新技术应用中的核心行动者意味着必须把基层政府置于基层新技术应用中的核心地位,把基层政府从过去被动的技术接受者转变为主动的新技术行动者,把基层政府对技术功能和目标的期待而不仅仅是上级政府的意志置于新技术的应用核心考量,使基层政府在新技术的运行过程中扮演更加主动的角色,通过更加有效的途径激发基层政府在新技术的运作过程中更加突出自主性,使得基层政府能够基于基层治理的具

---

① J. Carr-West, From E-Democracy to "Here Comes Everybody" a Short History of Government and the Internet, in Local Government 3.0: How Councils Can Respond to the New Web Agenda, Local Government Information Unit, 2009, pp. 4-9.

② Baozhou Lu (et al.), Social Representations of Social Media Use in Government: An Analysis of Chinese Government Microblogging from Citizens' Perspective, Social Science Computer Review, Vol. 34, No. 4, 2016, pp. 416-436.

体情境更加自主地决定新技术应用的方式和过程。因此,基层政府应主动积极地拥抱新技术,主动运用新技术应用构建民众与政府之间新的沟通桥梁,及时更新知识与理念,主动运用新技术把民意更好地迎进来,学会用新的手段与民众打交道。

基于以上分析,笔者提出:

建议4:有关基层治理的数字化应用有必要改变自上而下的技术应用方式,把基层政府视为核心行动者,从其内在需求出发建立新技术应用的运行体系。

二、从基层政府的"用户"视角进行新技术运行建设

在基层各种信息化平台中,基层政府是核心行动者,是新技术应用的核心"用户"。从根本上来说,新技术应用是针对"用户"使用设计和提供的应用程序。新技术应用从一开始就是以"用户"为中心的,是从"用户"的角度和立场来思考和解决问题。[①] 因此,技术的应用过程需要从基层政府这一"用户"的价值出发来建构运行机制。用户价值一般来说包含"使用价值"和"期望价值"两个方面,前者是指用户在购买或使用情况下对所获得的商品的评估或判断,后者指的是用户在使用产品或服务时所希望发生的事情。[②] 也就是新技术应用应该把基层政府的使用价值和期望价值更好地呈现出来。为此,首要的是把响应基层政府这一特殊用户的需求纳入技术运行的目标之一。响应性意味着增强回应用户的能力,以便根据他们的需要促进或诱导机构的适应。政务App、微信公众号、信息化平台等应用被认为是更加熟悉个人需求和更具"用户友好"性的渠道。在基层治理中,新技术应用到底在多大程度上有效回应了基层政府的需求是其价值和功能的重要体现之一。从基层政府的角度来说,新技术是需要为自身的办事效率、横向与纵向的治理过程提供更好的便利性,而不是负担。在基层政

[①] Diana Ishmatova & Toshio Obi, E-Government Services: User Needs and Value, *Journal of E-Government Policy and Regulation*, Vol. 32, No. 1, 2009, pp. 39-46.

[②] D. J. Flint, R. B. Woodruff, & S. F. Gardial, Exploring the Phenomenon of Customers' Desired Value Change in a Business-to-Business Context, *Journal of Marketing*, Vol. 66, No. 4, 2002, pp. 102-117.

府作为用户的视角下,新技术就是汇集政务服务的终端,政府把所有的资源和要素集中整合在一起,从而改变基层政府权小责大、资源匮乏的困境。最终浓缩成政务 App、微信公众号等一个个"端点",从而为基层政府联通更有效的资源提供更强有力的支持。打破不同政府部门之间高度分散和不相关的应用程序相互重叠、冲突的困境,破解实践中的"技术孤岛"问题[①],建设基于基层政府感知的新技术运行机制。

这需要从基层政府的角度出发,强调用集约化的思路去统筹、建设和管理基层治理中的新技术应用,基于顶层设计,实现技术架构、功能、组织和结果的统一,要素全面整合、资源归集,建设面向基层政府能力提升和使用便利性的多种服务渠道、多种层级,以及多政府部门和多组织的集约化平台。首先是从基层政府的感知集成不同部门、不同层级之间的各种技术和系统,主要包括:端口集成、数据集成和平台集成。端口集成就是实现各种端口的高度整合;数据集成是指打破不同部门、不同组织之间的信息壁垒,改变部门自建数据系统、自设标准、自我运行的信息孤岛现象;平台集成是指整合与基层政府、基层治理密切相关的其他类型平台端口之间的对接等。

其次是赋能基层治理和基层政府目标的功能整合。烟道式、自我组织化的部门主义根源于政府职能的分工体系。新技术的功能整合就是通过移动应用程序等实现各项公共职能在基层这一维度的高度集成,把不同部门面向用户的最终产品形态(公共服务)放到超越组织边界的统一平台。从赋能基层治理和基层政府的角度出发,建设枢纽型基层治理信息化平台,把与基层政府职能相关的新技术应用集中、统一。正因为如此,综合性的、一站式的基层信息化治理应用成为必然的趋势,越来越多的基层开始打造综合性的智慧平台,实现多元化新技术应用工具的高度集成,基层政府不再需要进入不同部门的形形色色的各种应用。除特殊性或敏感性的部门之外,理论上来说,各个部门专业性的技术应用在基层治理中将慢慢

[①] V. Peristeras & K. Tarabanis, Towards an Enterprise Architecture for Public Administration Using a Top-Down Approach, *European Journal of Information Systems*, Vol. 9, No. 4, 2000, pp. 252-260.

被减少、撤并,最终建成统一的移动服务平台。

最后是优化基层政府有效运行的流程。新技术工具的集约化建设最根本的是政府组织和权能意义上的整合与集成,"以用户为中心"导向迫使政府重新考虑政府的管理结构,并促进开放的、由用户驱动的治理。[①] 从基层政府的角度出发,需要不同组织和部门之间的横向整合以及各个环节之间的纵向一体化,沿着为用户(这里指基层政府)提供价值服务所需的供应链[②],推动政府流程的再造,实现不同部门之间在权责运行流程方面高度协同和整合,实现最优、最简洁的协同过程。

基于以上分析,笔者提出:

建议5:把基层政府的"用户"感知和体验作为技术运行的重要依据,为了强化这种感知,有必要在技术设计的时候就把基层政府等相关行动者的用户视角协同起来,实现技术运行的功能集成与流程整合。

三、基层政府有效参与的自主行动机制建设

在理性制度主义来看,制度与行动者之间是一种复杂的相互建构关系,制度是人为设计、塑造行动者互动关系的特定约束,制度为行动者提供了参考框架,展示出独特的组织原则和象征,进而影响到行动者的行为。[③] 有效的制度安排须为行动者设定合理的制度空间以及在这种空间内行动的资源与权力以应对外部的压力。制度规范一方面形塑行动者的偏好、行动空间与资源,从而影响其行动能力;另一方面,也为行动者提供合理的机会和行动空间,为其提供有效的激励和机会。当制度空间趋于紧缩时,行动者能够自主支配的资源有限,动用各种手段应对压力的能力就有限。

在新技术的运用中,有必要为基层政府建构有效的制度空间,使其能

---

① Manuel Pedro Rodriguez Bolivar, Governance Models for the Delivery of Public Services Through the Web 2.0 Technologies: A Political View in Large Spanish Municipalities, *Social Science Computer Review*, Vol. 35, No. 2, 2015, pp. 203-225.

② Christine Bellamy, Joining-Up Government in the UK: Towards Public Services for an Information Age, *Australian Journal of Public Administration*, Vol. 58, No. 3, 1999, pp 89-96.

③ 〔法〕帕特里夏·H.桑顿、〔加〕威廉·奥卡西奥、龙思博:《制度逻辑:制度如何塑造人和组织》,汪少卿等译,浙江大学出版社2020年版,第3页。

够基于本地的治理需求自主地设定技术运行的目标和方式。有效地减轻基层政府负担，需要在新技术运用中建构基层政府作为核心行动者的互动网络。在基层治理信息化技术运用中，基层政府是一个具有自身利益诉求和主体权能的核心行动者，具有"依据自身利益诉求而采取行动的能力"的自主性①，而不仅仅是负载治理压力的被动承载者，因而需要正视基层政府的这种理性诉求，并将其纳入技术运用的框架之中。上级政府在设置任务考核与绩效考评指标时需合理考虑、研判基层干部的职权与能力，充分与下级沟通交流，主动关怀基层干部，了解并理解基层干部在基层数字治理中的困点与难点。赋予基层政府在技术建构中的自主行动空间，基层政府可以基于自身的需求建构"自主的技术架构"，而不只是为了对上交代。② 在此基础上，在基层新技术应用中，有必要建构基层政府有效参与的互动机制。在自上而下的技术应用嵌入中，上级行动者有必要通过"强制通行点"（obligatory passage point，OPP），也就是上级政府或各"条条"部门根据自己的目标，对包括基层政府在内的各行动者的需求和面临的问题提出基本的原则、框架和解决措施来重新界定、交换和分配行动者自身与他人（非人）的利益、角色、功能和地位，使不同的行动者之间可以建立某些关联，形成利益共同体联盟，达成集体共识，共同参与并推进行动者网络的构建与运行。③

这种互动机制包括几个方面：一是技术设计中的基层政府参与机制。技术本身就是受到使用者建构的，作为重要的使用者，从技术设计一开始就应该让其更好地参与其中。④ 特别是在一些基层治理数字化平台建设中，应该让基层政府有更多的参与机会，把基层政府的目标、利益和诉求在技术的设计阶段就更好地融入进来。二是技术运行过程中的参与机制。

---

① 田先红：《韧性：县乡政府如何运行》，中国人民大学出版社 2024 年版，第 258 页。
② 陈晓运：《从模糊走向清晰：城市基层治理的全景敞视主义——以乐街"智慧平台"建设为例》，载《中国行政管理》2020 年第 7 期。
③ 吴旭红、何瑞：《智慧社区建设中的行动者、利益互动与统合策略：基于扎根理论的探索性研究》，载《甘肃行政学院学报》2019 年第 6 期。
④ 邱泽奇：《技术与组织的互构——以信息技术在制造企业的应用为例》，载《社会学研究》2005 年第 2 期。

技术并不应该仅仅作为一种自上而下的任务派发和监督工具,而是一种有助于纵向沟通互动、协同的交流纽带,因此,在技术运行过程中应该建设自下而上的基层政府意见表达机制,在技术窗口的设定上把基层政府的诉求传达作为独立的技术环节纳入进来。三是技术运行结果的反馈机制。对应用效果的评估是新技术应用过程中非常重要的环节,原则上来说,需要定期对新技术应用效果和相关主体的表现进行及时评价,对其中存在的问题进行反思,并及时修改原有的技术应用机制和规范。因此,上级政府部门需要建立并完善评价机制,从而及时地从基层政府那里获得有效的反馈是这种评估的必要途径。

基于以上分析,笔者提出:

建议6:在基层信息化技术应用中,需要建立从技术设计、技术运行到技术运行结果的基层政府全周期参与过程,赋予基层政府在新技术应用中更多的基于具体治理情境作出自主选择的行动空间。

第三节
新技术赋能基层治理的行动者网络建构

只有当数字化技术与更有机、更有凝聚力、更去中心化、更相互联系、更活跃的行动网络相结合时,也即与权力监督相关的行动者形成相互适应和融合的关系状态,才能创造出现代治理的新效果。新技术的嵌入之所以会增加基层政府负担,从治理结构来说,是因为基层政府承载了基础治理的"无限责任",在属地化管理的原则下,基层政府成为基层治理的单一责任主体,成为政府封闭化责任的兜底者,在压力型体制的逻辑中,技术成为上级政府施压的工具,成为任务派送的手段,而在技术高效化和精准化的作用机制下,基层政府的压力和负担被不断放大,从这个意义上来说,基层政府负担的有效减轻需要建构多元化的治理责任体系,需要基层多元治理主体共治的共同体建设,从单一的自上而下的行政化主体走向扁平化的多元行动者网络。而新技术需要从仅仅对上级政府单一行动者的赋权工具向对多元行动者赋能工具的转型,以新技术内含的现代治理价值建构基层治理的逻辑。

一、从技术赋能政府到技术赋能治理的转型

当前,我国基层治理中的新技术运用总体上是一种政府内部、自我封闭的技术应用模式,技术的应用悬浮于社会,悬浮于基层治理主体,现阶段的基层治理信息化工具的应用过程依然在很大程度上存在技术工具与治理体系、治理机制相对脱离,新的技术目标与治理效能不相匹配,以及技术应用的方式与治理需求存在断层等短板。① 技术成为赋权政府特别是赋能上级政府的途径,上级政府及其部门借用新技术的手段,实现了对基层政府强有力的加压和精准化的监督。在新技术条件下,这是一种典型的"技治主义"取向,其最大的问题在于强调"工具主义"的社会机制之"形"而较少关注社会主体之"实"②,以外化的新技术这一现代化的"外衣"替代内在的现代治理机制。突破这种困境的关键在于将信息技术作为官僚组织任务运行的工具,扩展到转变政府和治理的手段,以新技术之名推动治理机制变革之实。③ 把新技术应用作为单一的赋能政府的工具扩展为赋能多元治理主体的工具,在强化其他主体的治理能力的基础上,通过共同治理的模式分担基层治理的责任,从而真正达到减轻基层负担的目的。有必要把新技术作为推动原有压力型体制改革的"触发器",从现代治理的理念出发,以信息化转型的不断深入为契机,将基层治理的合作伙伴关系推广到社会、基层组织和公民个人,实现新技术从赋能政府到赋权治理的转型。这意味着:首先以新技术的应用推动基层治理"单轨政治"结构的转型,以技术网络的建设把基层多元的资源纳入基层治理的过程之中,建立多元化的治理协同体系。其次是推动基层治理过程的去任务化。政府单一中心的行政任务化运作使得技术沦为任务的派送工具,基于自上而下的行政触角,借助于现代技术手段,大量来自上层的各种任务进入基层,政府部门满

---

① 陈荣卓:《从五方面着手突破基层治理信息化"堵点"》,载《国家治理》2020 年第 40 期。
② 黄晓春、嵇欣:《技术治理的极限及其超越》,载《社会科学》2016 年第 11 期。
③ G. Gran & D. Chau, Developing a Generic Framework for E-Government, *Journal of Global Information Management*, Vol. 13, No. 1, 2005, pp. 1-30.

足于"技术带来的信息便利",让技术充当行政部门的"耳目",容易陷入行政化过密的"陷阱"。① 新技术赋能治理需要基于新技术构建更加开放的、多元化的、包容性的治理模式,营造面向基层治理真实问题的共同治理场景。最后是把新技术更好地嵌入基层治理过程,让政府与社会以及不同主体之间进行有效的横向互动。

技术赋能治理意味着新技术的应用是多元社会治理结构的塑造过程,把技术的应用视为社会建构的过程,而不仅仅是政府单一主体的建构过程:一方面,通过新技术的跨层级、跨部门、跨时空的链接功能,在充分了解基层治理前后端的需求的基础上,将政府部门公务人员、社区、企业和居民的多元需求全面融入全链条、全领域的基层治理过程之中,将基层治理全过程有效组织起来,并由此激活政府对基层精准和高效的治理;另一方面,更重要的是,必须尝试搭建数字技术与基层社会治理之间的"赋能关系"②,充分发挥新技术在扁平化组织之间的协调、资源整合和互动方面的优势,对组织内外部的资源进行更好的重组,将党建、群团、行政和市场等分散的社会力量和闲置的社会资源再组织化,从而实现对社会的赋权、赋能,充分激活社会自身的活力。这是一种双向赋能模式,从而实现双向激活,本质上是利用数字技术对发现社会问题和解决社会问题这两个中心环节分别赋能,推进基层治理的转型③,通过多元行动主体的能力共同化解基层治理的压力。

基于以上分析,笔者提出:

建议7:基层信息化技术应用必须打破对政府单一赋能的逻辑,需保持更好的开放性与包容性,面向基层多元治理主体的互动需求,建构技术赋能基层治理、赋能基层社会的机制。

---

① 吴青熹:《资源下沉、党政统合与基层治理体制创新——网格化治理模式的机制与逻辑解析》,载《河海大学学报(哲学社会科学版)》2020年第6期。
② 叶勇、吴懿君、陈燕:《数字技术何以赋能城市基层社会治理——基于福州市鼓楼区"一线处置"的考察》,载《华南理工大学学报(社会科学版)》2023年第1期。
③ 陈天祥、徐雅倩、宋错业、蓝云:《双向激活:基层治理中的数字赋能——"越秀越有数"数字政府建设的经验启示》,载《华南师范大学学报(社会科学版)》2021年第4期。

二、基于新技术平台的基层行动者互动机制建设

从根本上来说,有效地减轻基层政府的负担需要真正建立共建共治共享的现代治理体系和结构,而新技术的平台化应用则是建立这种现代治理体系和结构的重要路径。从技术运行的角度来说,促进新技术应用的有效应用以减轻基层政府的负担,需要充分发挥技术在提升不同行动者之间的沟通、协同方面的效能。这要求在基层数字化治理转型中,政府更应具有"平台治理"的思维,建立一种较少控制的任务模式,而必须把技术作为一个有效的平台,基于不同行动主体的内生治理需求,搭建合作纽带,促进行动者之间的互动与协同。与现有的技术应用方式相比较,把新技术打造成基层治理平台意味着:

首先,在技术平台的建设中,应该更加充分地扩展行动者网络。为了扩展行动者网络,需要进一步强化政府(包括上级政府和基层政府)的协调者而不是命令者的角色。在平台化的数字网络中,为了更好地实现治理的价值,政府需要在协调和促进互动方面发挥更加积极的功能,政府的行为和角色在某种程度上就是一个团队的教练,教练很多时候做的不是简单的命令和控制,而是为团队成员提供更多的支持和授权,并创造条件有效促进成员之间的交互和协作,这涉及复杂网络的安排、监督、协调和管理。[1] 政府应该把更多的注意力放在如何有效地促进第三方服务平台、政府信息系统与其他组织的信息系统之间建构有效的互动共享生态网络方面。从技术的角度来看,平台将服务、应用程序、技术人员聚集在一起,相互连接并可以以设计者没有预想到的方式修改技术功能和运行方式,随着时间的推移,通过技术人员、用户、决策者和其他参与者的相互作用来适应不断变化的需求。[2]

---

[1] T. Janowski, T. A. Pardo, & J. Davies, Government Information Networks: Mapping Electronic Governance Cases Through Public Administration Concepts, *Government Information Quarterly*, Vol. 29, Suppl. 1, 2012, pp. S1-S10.

[2] T. Janowski, E. Estevez, & R. Baguma, Platform Governance for Sustainable Development: Reshaping Citizen-Administration Relationships in the Digital Age, *Government Information Quarterly*, Vol. 35, No. 4(Suppl.), 2018, pp. S1-S16.

其次,基于新的平台,需要建立新的行动者互动机制,激发基层不同的治理行动者更加积极地加入这一网络,并使这一网络体系对基层动态化的需求变化作出积极的响应,通过交互的方式创造公共价值。基于新技术平台的基层治理呼吁利益相关者之间的交流、公民参与以创造社会价值、透明度和开放性作为共同创造的驱动力,以及通过网络治理促进地方发展,这进一步形成了机构与机构之间相互构成的制度安排、制度制定和共同创造的关系。① 新技术平台不仅是促进基层扁平治理网络的纽带,还是共同治理的最重要载体。在一些学者看来,"平台"的"平"既包含结构上、流程上的"平坦性"特征,也包含参与权利、参与机会和参与价值导向方面的"公平性"。② 平台型的基层治理在很大程度上秉承了多元治理理念,把新技术的逻辑与治理的理念更加有机地融合在一起,以更为包容的姿态和形式吸纳多元基层治理主体的参与,营造更好的技术环境确保公民参与基层治理的机会均等,更为敏捷地响应不同主体的差异性诉求,以更加有效的方式创造更加高效的互动和协同,以谋求一个生态、协同、开放的治理共同体。为实现基层各个行动主体之间基于新技术平台的良性互动与协同,应该在数据信息透明性、政府部门与新平台结构之间的衔接性方面不断强化和优化。

当然,建立这种包容性的、扁平化的行动者网络在赋予行动者更加自主性的行动空间的同时,需要建立更加严谨的、科学的制度体系以规范行动者的行为过程。从这个意义上来说,政府也是一个规范者,在激发各方积极性的同时试图管理、规范各方的行为。需要基于新的行动者网络拟定大家普遍遵守的行动框架,这种行动框架要素包括在技术上的信息开放性(主要是针对政府而言,也就是信息开放的边界)、行动者的边界、行动者的过程,是基于行动者的相互关系共同设计基层治理中的组织形式和制度安排。

---

① Vasiliki Baka, Co-Creating an Open Platform at the Local Governance Level: How Openness Is Enacted in Zambia, *Government Information Quarterly*, Vol. 34, No. 1, 2017, pp. 140-152.
② 韩万渠、柴琳琳、韩一:《平台型政府:作为一种政府形态的理论构建》,载《上海行政学院学报》2021年第5期。

基于以上分析,笔者提出:

建议8:在基层数字化应用中,政府(尤其是上级政府)应该具有平台治理思维,转变自身职能,由命令的发布者转变成以协调为核心职能的"教练",以促进基于技术纽带的多元互动与协同。

三、智慧党建引领下的基层行动者网络建设

对新技术应用的有效应用以减轻基层政府的负担需要把技术网络与党组织网络有机结合起来,充分发挥党组织优势,通过技术赋能基层党组织,更好地赋能基层党组织在基层治理中的引领作用,以党组织为核心调动基层行动者的行动能力,建立智慧党建引领下的有中国特色的基层行动者网络。数字化工具深刻地改变了现代政党政治的运行规则。[①] 与西方国家的治理结构和网络不一样的是,在我国基层治理中,党组织无疑处于行动者网络的中心地位,拥有绝对的统领和引领功能。把基层党组织网络与新的技术网络更好地融合起来,充分发挥新技术的平台功能,打造新时代党建引领下更加高效和灵敏的基层行动者互动网络对减轻基层负担来说意义重大。随着信息技术的不断发展,现代政党越来越依赖于新技术,新技术大大提升了政党履行关键职能的能力,大大提升了对支持者的动员能力,也大大提升了组织成员的参与能力[②],这些技术、服务和应用已经成为当代政党建设新的标志。作为一种新的政党建设模式,智慧党建在西方更多地被称为"数字化政党"(digital party)建设或"平台政党"(platform party)建设,强调把数字技术更加深入地嵌入政党过程中,承诺提供一种符合当代社会和技术条件的民主,通过利用设备、服务和应用,将基于智慧技术的新沟通形式和组织形式整合在一起,以克服传统政党组织内部的官

---

① 陈家喜、陈硕:《数字时代的政党政治:变化、形态与争议》,载《国外社会科学》2018年第6期。

② Katharine Dommett, Glenn Kefford, & Sam Power, The Digital Ecosystem: The New Politics of Party Organization in Parliamentary Democracies, *Party Politics*, Vol. 27, No. 5, 2021, pp. 847-857.

僚主义。① 新技术由于其特殊的优势能够有效地解决传统组织形态和权力结构下的各种问题,智慧党建能够营造出一种新的基于互动和协同的数字化动员模式,从而更加有效地动员组织成员和支持者更好地参与到政党活动之中。

通过即时性的图片、声音和视频能够轻松打破过去传播上的物理障碍,使得党员、组织可以实现直接的交流沟通,为政党打破物理空间、实现内部治理现代化提供了很大的便利。② 新技术由于突破了传统传播链条的限制,不仅使得党组织的意志和行动策略能够更加直接地抵达党员,避免"地区总部和基层组织成员间的日常沟通成本"③,而且基于"更开放、更即时、更直接、更真实、更透明"的特点,能够提供一种新的"数字技术支持的政治"。政党基于智慧技术数据驱动的逻辑,能够不断寻求扩大联系的广度,以增加权力,通过在线平台来促进成员参与,而不仅仅通过传统的党组织来组织成员,从而激发组织成员参与的热情,提升成员对政党的认同。另外,这种数字化动员能力体现在新的技术能够轻松跨越纵向科层结构障碍,实现对基层党组织的赋权与赋能。数字化的政党建设模式结合了两个过去政党中似乎不可调和的元素:敏捷的指令结构和积极的战斗基础。④在数字化技术新功能的"加持"下,以前在政治上被边缘化的党员和组织有了更大的参与空间。政党在信息和通信技术的实施中应用了一个系统框架,以便利用信息和通信技术向党的成员和组织赋权⑤,这有效地激发了党员参与的主动性和自信。除此之外,这种数字化动员能力还体现在新技

---

① P. Gerbaudo, *The Digital Party: Political Organisation and Online Democracy*, Pluto Press, 2019, pp.4-8.

② 孙会岩、郝宇青:《人工智能时代的西方政党政治:机遇、发展与困境》,载《国外社会科学》2019 年第 5 期。

③ L. March, Russian Parties and the Political Internet, *Europe-Asia Studies*, Vol. 56, No. 3, 2004, pp. 369-400.

④ P. Gerbaudo, *The Digital Party: Political Organisation and Online Democracy*, Pluto Press, 2019, pp. 78-79.

⑤ R. A. Yaacob, A. M. Embong, M. N. Endut, & A. M. Amin, Information and Communication Technology (ICT) Implementation in Malaysian Political Parties, *International Journal of Social Science and Humanity*, Vol. 4, No. 3, 2014, pp. 189-193.

术提供了一种精细化的激励手段和精准化的督促机制,从而使得政党所倡导的集体行动能更有效地达成。智能技术能够动态地了解组织成员的行动状态,能够实现奥尔森所强调的对每一个成员进行赏罚分明的、有选择性的激励和回应,有效地解决"搭便车"、规避责任或其他机会主义行为的产生。

以基层党组织为"节点"带动基层行动者更加积极地加入基层治理的共建共治共享的行动者网络建构中,从而全面盘活基层治理的过程,使得基层治理不再是基层政府这一单一行动者的责任与负担。把更多的资源、权力向基层党组织下沉,发挥基层党组织统筹各方、总揽全局的引领作用,把基层党建和社区服务、社会治理有效衔接起来非常重要。① 党组织特有的组织性和嵌入性使其由权威管控功能向引领治理功能转变,通过党的组织动员、资源链接、服务链接等机制,引领基层治理,通过强组织的方式实现对现代治理的"低成本撬动"②。新技术平台推动了政党自身建设的转型,同样重要的是,由于与现代治理的逻辑和方向的契合性,在新的技术条件下党建也日益与现代治理更加紧密地融合在一起。把新的技术嵌入党建过程不仅仅是纯粹以工具性的方式使用数字技术来实现特定目的,同时也保持了过去的组织形式和动力机制,这种变化更加深刻、系统。充分发挥党的强组织优势撬动治理的现代化是党建引领下基层治理转型的基本方向和路径。新动员模式的特性在于,基层党组织通过调用和盘活体制内(外)大量(闲置)的党员资源,以党员为抓手推动各类问题的解决。③ 把智慧的技术网络与党的组织网络有机融合,建立新技术环境下的党建引领、政府管理、社会组织广泛参与的治理格局,从而有效化解基层政府负担与压力。

---

① 曹海军、刘少博:《新时代"党建+城市社区治理创新":趋势、形态与动力》,载《社会科学》2020年第3期。
② 吴晓林、谢伊云:《强组织的低成本撬动:党建引领城市基层群众自治制度效能转化的机制》,载《广西师范大学学报(哲学社会科学版)》2021年第1期。
③ 王铮:《旧传统的新机制:城市基层治理中的"党建动员社会"》,载《甘肃行政学院学报》2021年第4期。

基于以上分析,笔者提出:

建议9:在基层数字化应用的行动者网络建设中,党组织必须发挥更加主动的引领功能,以组织优势牵动基于技术平台的行动者互动结构的形成,建构起党建引领下的、多元协同的基层数字治理体系。

后　　记

　　本书是2020年立项的国家社科基金一般项目"基于政务新媒体应用规范化的基层政府减负机制研究"（项目编号：20BZZ088）的研究成果。大概从2015年开始，我就把研究的关注点聚焦于基层治理，这是因为在前期的政府治理研究过程中我经常接触到大量的基层干部，日益深深地感受到基层干部这一庞大群体工作上的不易。在我国特殊治理体系和治理结构中，基层干部承载了太多，一方面他们既是国家各项政策和战略的最终执行者，另一方面也是基层群众、基层社会冷暖的"感触器"，是国家与社会的"交切点"，可以说，基层干部的角色和能力在很大程度上决定着基层治理体系和治理能力的效能。近年来，随着各种信息化技术平台和应用日益深入地嵌入基层，对基层干部产生了很大的影响，有关基层"电子形式主义"和"电子负担"的问题也引发了广泛关注。课题立项后的几年，我利用各种机会深入基层进行调研，总体感觉是，基层干部对工作的投入、责任担当令人感动，他们拥有开阔的视野、较高的服务热情和工作效率，但值得注意的是，他们对于基层形式主义等突出的问题有着明显的排斥和无奈。在基层调研中，我能够强烈地感受到基层干部对于"电子形式主义"的抱怨和对于解决这一问题的期待。

　　本书终于完成，一方面是对研究课题的一个总结，另一方面也是对基层干部期待的一个交代。实际上，基层"电子形式主义"和"电子负担"是一个结构性的问题，也是一个老大难的问题，尽管各地近几年都大力推进对基层"电子形式主义"的整治，也取得了一些成绩，但很难在短期内从根本上加以解决。本书只是希望能够在学理上反思这一问题，并为实践部门提供一定的启示。特别感谢在基层调研中提供大量帮助的基层干部,他们的热情、真诚和在访谈中开诚布公的交流让我受益匪浅。在本书撰写过程中,我偶尔会收到来自基层干部的信息,询问书出版了没有,让我倍感压力,很担心让他们"失望"。

非常感谢浙江财经大学公共管理学院领导与同事的帮助与支持,尤其是郭剑鸣院长对我在学术上提供了诸多的帮助和提携,本书的出版也得到了郭院长的大力支持。感谢我的研究生陈灵楠、秦玉贤、黄璐瑶同学仔细认真的校对工作。本书中的一些内容在一些学术会议进行了分享,一些学者提出的宝贵意见使我受益颇多,在此一并感谢。感谢北京大学出版社的朱梅全老师,与朱老师在一次学术会议上相识,其认真严谨的工作态度给我留下了深刻印象。当然,本书的文责由作者承担。

钟伟军
2024 年 11 月 17 日